SOCIAL POLICY
REVIEW VOL.3

社会政策评论

福利向何处去

2012年冬季号

（总第三辑）

王春光 / 主编
潘屹　房莉杰 / 副主编

中国社会科学院
社会政策研究中心 / 主办

社会科学文献出版社
SOCIAL SCIENCES ACADEMIC PRESS (CHINA)

编首语

中国的改革开放已经走过了三十多年，其间取得的成就举世瞩目。进入21世纪，种种迹象表明，以经济增长自然带动社会大众生活水平提高的时代已经结束，目前的核心问题是如何使经济发展的成果"普惠"社会大众。正因如此，自2002年以来，社会福利日益成为社会各界关注的议题，城乡最低生活保障制度、新型农村合作医疗、新型农村养老保险、城市居民医疗保险、农村义务教育等多项福利制度出台并发展迅速。这表明我国正在构建面向全民的社会福利框架。

然而在十年后的今天，中国社会收入差距仍然很大，看病贵和看病难问题仍然突出，不少农村地区的教育条件仍然很差，养老问题仍然没有缓解……之所以出现这种情况，跟我们出台政策的"问题"导向不无关系，也就是说一项政策的出台是为了解决某个具体问题，这就难免陷入"头痛医头，脚痛医脚"的肤浅路径。对于福利原则、理念和模式的讨论的缺乏，导致在社会政策的制定上缺少系统的、宏观的、全局性的视野，因此具体政策措施也是"支离破碎"的，失去了方向。

社会政策不仅是关于一个国家福利制度的设计，而且涉及国家财富的再分配，是对百姓福祉的预先设计和整体规划；社会政策同时涉及社会核心价值体系的构建，事关社会理想、社会公正的原则；社会政策探索的是经济发展的最终目的。因此社会政策不只是一系列具体制度的简单组合，而是一种关注如何建设一个理想社会的理念，以及实现这个理想的手段，因此对于其原则、理念、模式的探讨，事关中国发展方向。

我们编辑出版《社会政策评论》，试图吸纳国内外社会政策研究成果，以推动对中国社会政策的讨论和研究，更重要的是想为中国社会政策决策和设计提供强有力的理论和知识支持。每期的《社会政策评论》将会有一个明确的选题，尽管在选择文章的时候我们尽量保持客观，但是选题本身代表了编者的态度。我们认为对于福利原则、理念和模式的讨论是当下最为重要和最为迫切的，因此将其作为《社会政策评论》复刊的第一期选题。本期选择了十篇文章，除了钱宁关于社会福利学科方法论的探讨外，都是关注福利模式这一主题，希望能对读者有所启发，以及引发相关各界对这个问题的关注和讨论。

目　录

专题论文

底线公平与福利社会
　　景天魁 / 3
论"福利国家"与"福利社会"
　　——兼论"新福利国家理论"要点
　　关信平 / 28
论需要为本的中国社会福利目标定位
　　彭华民 / 43
全球化背景下的社会政策
　　——国家福利功能的演变及启示
　　潘　屹 / 57
面向 21 世纪的社会政策
　　大卫·匹查德（David Piachaud）/ 75
社会投资型国家：新的社会支出趋势，还是流行的政治演说？
　　约尔玛·席比勒（Jorma Sipilä）/ 90
告别"桃花源"：台湾福利体制的变化和连续性
　　古允文 / 111
回归之后：香港和澳门的社会发展挑战与应对策略
　　莫家豪 / 131

方法论

社会福利理论的总体性研究论纲
　　——关于社会福利哲学的理论性质与方法论问题探讨
　　钱　宁 / 155

研究报告

福利需要、多元供给与福利模式
　　——苏南 T 市的案例分析
　　房莉杰 / 177

专题论文

底线公平与福利社会[*]

景天魁[**]

摘　要：中国能否以及如何建设福利社会？本文认为，按照底线公平理论建设中国特色福利社会，是一条最切实可行的道路。为论证这一观点，本文回顾了底线公平理论的形成过程，概述了底线公平制度结构、基本机制和原则，总结出底线公平福利模式的主要特点，认为据此可以实现社会保障的动态均衡，增强社会福利的自我维持能力，收到以较小成本获得较大福利、最大限度地防止福利依赖、大幅度地降低社会紧张度、在促进社会公平的同时保持社会活力等预期效果。因此，建设中国特色福利社会是社会建设的合理目标，是实现基本现代化的应有之义。

关键词：底线公平　福利社会　社会保障动态均衡　社会福利自我维持

我认为中国应该并且也可以建设福利社会。但是，我们有13亿人，人均收入水平很低，我们能够建设像欧洲那样的"福利国家"吗？这是一个很大的疑问。可是，反过来问，我们中国有13亿人，难道没有足够的智慧使我们找到并走出一条通向中国特色福利社会的道路吗？我从1996年以来不断探索这一问题，得到的结论是：按照底线公平理论建设中国特色福利社会，是一条最切实可行的道路。当然，这只是一种探索，

---

[*] 本文是作者2011年5月14日在广东岭南大讲坛的演讲记录稿的修改稿，原演讲记录稿曾收录于广东省省情调查研究中心、广东岭南文博研究院编辑的《与幸福同行——转型期社会建设专家谈》一书（2011年广东教育出版社出版）。此次修改主要是删掉了带有现场情景的内容，对演讲时没有讲清楚的地方做了补充和修改。在此，谨向讲坛的主办者和主持人陈实先生以及现场提问和互动的朋友们表示感谢！

[**] 景天魁，中国社会科学院社会政法学部，学部委员。

可以并且希望有其他的各种探索，探索应该是开放的，每一种探索都可能各有长短，互相取长补短，最后就有可能得到正确的结论。

一 底线公平理论形成的背景

不论是国内还是国外，任何一个理论，当要触及福利问题的时候都要陷入非常困难的境地。福利这个东西，缺少了不好，但过分了也不好。那些被称作"福利国家"的发达国家，纷纷陷入了福利危机。但是当它们遭遇危机之后，像撒切尔夫人、里根总统都曾试图对此进行改革，可改来改去，福利的基本框架都动不了，说明福利这个东西在老百姓那里有根。直到现在，虽然经过了经济危机、金融危机，欧美国家社会福利的基本框架却没有被撼动。

当我们探讨这一问题的时候，就面对一个核心问题：一方面，要提高社会福利水平，增加福利支出；另一方面，如何既防止西方所谓的"福利病"，又让社会保持相当的活力，也就是要处理好社会公平和经济发展之间的关系，这是一个鱼和熊掌能不能兼得的问题。这是所有讨论这一问题的人面临的最大的智力上的挑战。如果光顾一头，那就可能陷入福利危机；如果搞到另外一头，那就可能陷入社会动荡。社会福利与经济发展怎么协调，怎么结合？

1996年，我主持"中国社会保障体系研究"课题的时候，遇到的就是这么一个问题。我们课题组经过四年时间的研究写了一本书，叫做《基础整合的社会保障体系》。在中国建设社会保障也好，建设社会福利也好，必须在基础、基本层面，面向老百姓最基本的需求来解决问题。所以，我把它总结成六个"基础"和六个"整合"：（1）以最低生活保障线为底线，整合多元福利；（2）以卫生保健为基础，整合多层次需求；（3）以服务保障为基础，整合资金、设施、机构、制度等多方面保障；（4）以就业为基础，整合多种资源；（5）以社区为基础，整合政府作用和市场作用；（6）以制度创新为基础，整合城乡统筹的社会保障。

2001年这本书出版以后，我感觉我们这些做社会保障和社会福利研究的人，还是没能回答基本的理论根据问题。就是说，在中国搞福利，核心的理念是什么？理念的基础是什么？我们到底选择什么模式？很明显，欧洲高福利、高税收的模式在中国不可行。这一点大家都很明白,不单我们看得很明白,欧洲人也看得很明白,欧洲人自己也在改革,我们就更没有必要去照搬他们的模式。我们的路怎么走,首先就要弄清楚理念的问题,社会保障问题在中国的理论基础是什么?

2002年我应邀到吉林大学演讲,讲的就是中国社会保障的理念问题。我意识到要从社会保障最根本的社会功能出发考虑这个问题,在中国怎么实现社会公正,你就怎么实现社会福利。尽管当时还没有形成"底线公平"这一个基本概念,但是已经触及了这个问题。经过2003年的研究,到2004年,在第36届国际社会学大会上,我的主题演讲题目就是《论底线公平》,正式提出了"底线公平"的概念,这个演讲的基本内容此后摘要发表在《光明日报》上(景天魁,2004)。那么,为什么要提"底线公平"呢?"底线公平"这个词一开始很容易引起人们的误解。因为中国人的读音,"底"和"低"差不多,所以很多人以为底线公平就是低水平的公平。其实"底线公平"是指在福利权利上确定一致性的基础,在政府责任和市场作用之间找到一个界限。为什么要找到这样一个界限呢?因为,无论是欧盟国家,还是我国,所有在福利上出了问题的,就是界限没有划好。或者是政府大包大揽,完全靠财政,财政没钱就去借贷,形成了所谓的福利危机;或者完全听任于市场,忽视或者过分削减福利,社会严重不公平,导致社会危机。

譬如说农村的义务教育,在1985年以后,我们提出一个"人民教育人民办,办好教育为人民"的口号。义务教育本应是政府的责任,但在这个口号下,首先是中央财政不出钱了,接着,省级财政也不出钱了,最后要乡镇财政、村级经济去出钱。可是,20世纪80年代随着家庭承包责任制的确立,大多数乡镇财政已经没有什么力量了,最后义务教育只好由学生的父母出钱,义务教育已经完全谈不上"义务"了。这是教育方面出现的问题。根源在哪里呢?就是政府和市场的界限没有把握好。到了2000年左右,大家都感觉到这一问题的严重性,才改由中央和地方财政出钱。同样的问题也发生在医疗领域。看病也是这样,特别是农民,在农村合作医疗体系解体以后,看病完全要自己掏钱。再往后大家看到住房也是这样,福利分房停止了,所有人,不论穷富,都要到市场买房,结果又造成了很大问题。所以社会福利中的第一个大问题,就是政府和市场的关系到底要怎么处理?

第二个问题，就是在福利结构里面要不要分基础部分和非基础部分。社会是分层的，福利需要也是可以分为不同层次的。如果不做区分，或者全部由政府和社会负担，或者全部由家庭和个人承担，就谁也完全承担不了。我们可以在福利需要中，区分基础部分和非基础部分，政府承担基础部分，政府承担的部分不能有大的差别，差别大就摆不平了；非基础的部分由社会、家庭和个人承担，就可以采用市场机制，可以有差别。

第三个问题，是权利与义务的关系问题。1942 年，著名的《贝弗里奇报告》就强调"权利和义务相结合"（贝弗里奇，2004：9）。你必须缴费，有劳动能力者必须劳动、必须工作，然后才能获得福利。这跟我们国家传统的生活伦理观念非常合拍。后来，马歇尔提出"公民权"，主张福利的获得是每个人基本的权利，无论有没有承担义务都有权获得福利（彭华民，2008：76）。在这种理念的基础上，在欧洲高福利国家，我们可以看到形形色色的社会现象。比如在伦敦的公园里，你会看到年轻力壮的人背着睡袋，在草地上睡懒觉，饿了到饭馆吃饭。钱是哪里来的？是福利金。在剑桥大学的商业区，每天都可以看到一些人在那里晒太阳，都是有劳动能力的人，不但他们本人有福利，连他们养的狗都有福利。这种现象是贝弗里奇当初所反对的。这就引出了另一个问题，在福利问题上权利和义务要不要结合，是否可以分开？在"公民权"的理念下，权利和义务是分开的，不缴费，不劳动，不对社会有任何贡献，也照样可以有获得福利的权利。当然，如果是一个残疾人、一个失去劳动能力的人，如果是一个儿童，或者是一个老人，这是完全可以的。但是，如果是年轻力壮、有劳动能力的人都这样做的话，那这个社会还了得吗？福利的来源就枯竭了。

这三个基础性的问题，是研究社会福利模式问题所必须回答的。然而，从欧洲国家搞了那么多年的福利研究来看，要想解决这些基础性问题，得到大家都认可的结论是很难的。而我们国家搞社会福利、社会保障研究，大多都是属于应急性的，是考虑具体的问题怎么办，失业了怎么办，医疗问题怎么办。搞了多年，还是没有搞清楚社会福利的基础理论、基本理念、基本模式到底应该是什么。

二　底线公平的制度结构

我提出"底线公平"，就是想把这三个关系搞清楚。在一些涉及老百姓生活的基本需要问题上，政府应该管什么，市场和家庭、个人应该管什么？我们国家在计划经济时期有处理这个问题的经验和教训，进入市场经济时期以来，特别是20世纪80、90年代的社会保障制度改革，又走到另一个极端，有了许多新的经验教训。基于这些实践经验，我提出三件事，也就是有三项需要和权利，应该是政府必须承担的责任、必须把握的界限。这些事情政府哪怕砸锅卖铁都要保，都必须要做，我把它叫做"权利一致性的底线福利制度"。所有的人在这几件事情上都具有一致性的权利，这就是底线公平。这是无差别的公平，此外，底线公平还包括有差别的公平。

第一项是最低生活保障。为什么提出最低生活保障是政府必保的呢？我们至今还记忆犹新的是，1998~1999年，国有企业改革加大了力度，当时有几千万的国有和大集体企业职工下岗、失业。这些人怎么办？在那之前我们国家也有最低生活保障制度，但是最低生活保障金的来源，主要是靠地方财政，中央财政不出钱。然而，越是下岗失业人数多的地方，就越是地方财政困难的地方，叫这些地方自己解决低保的财政资金，那是无法做到的。当时，像沈阳铁西区，是老工业集中区，那里的工厂一片凋敝。解决这些地方的问题，中央财政必须出手。1999年中央财政拿出23亿元解决城市低保问题。此后几年，一年翻一番，到了2001年是92亿，此后达到一百几十亿，几年时间就把城市低保制度完善起来了。试想，如果在其他国家发生几千万职工集中下岗这样的问题，足以使几届政府倒台了，但我们国家没有发生大的社会动荡。这充分显示出这项制度在解决老百姓最基本生活问题上不可替代的作用。从2003年开始，我又积极鼓吹要在农村也建立最低生活保障制度。当时，很多人说我们国家农村贫困人口那么多，而低保是全部要财政出钱的，财政承担得了吗？那我们就计算，要在农村搞低保，到底怎么搞，到底需要财政出多少钱？最初我们测算，一百来亿就够了。经过多年努力，2007年3月5日，温家宝总理在政府工作报告中宣布，要在全国农村普遍实行最低生活保障制度。

最低生活保障制度有什么社会功能呢？正像前述城市低保所显示的作用那样，它可以极大地、明显地降低社会紧张度。在市场经济情况下，收入差距不断拉大，社会贫富阶层之间的关系趋于紧张，甚至可以说是极度紧张，靠什么来降低紧张度呢？如能迅速缩小收入差距当然很好，但缩小收入差距往往需要比扩大收入差距更长的时间，那么，在收入差距一时难以明显缩小的情况下，主要就是靠低保制度。老百姓只要衣食无忧，轻易不会采取过激行为。我们中国社会福利建设中很成功的一个经验，就是以中央财政出钱解决老百姓吃饭问题为开端，开了以财政力量普遍地、制度化地解决民生问题的先河。过去也有面向特殊群体的福利救助、福利补贴，但面向全体国民、普遍化的福利制度是从这里开始的。

第二项具有标志性的制度是义务教育制度。每个人的基本权利中有一个与发展息息相关的权利，就是受教育权。中国虽然具有高度重视教育的文化传统，但是我国教育的平均水平，人均受教育年限在世界上仍是偏低的。近些年，我们虽然高度强调教育公平，但义务教育的城乡差距、地区差距仍然很大，东部大城市一个小学生的生均财政投入相当于西部省份一个小学生的生均财政投入的二三十倍。所谓的起点公平也好，教育公平也好，其难度是可想而知的。但是教育无论是对个人、家庭还是对社会，都是可持续发展的最重要的源泉。所以，在底线里面我们必须要满足所有人受教育的权利，特别是九年义务教育的责任，要由财政承担起来。

底线的第三个标志就是公共卫生和基本医疗制度。2003年"非典"危机，暴露出我们国家公共卫生体系太脆弱了。当时北京市郊区就像防备"鬼子"进村一样，每个村都设岗放哨，见到城里人就堵回去。城市之间也是这样，那时你到另一个城市出差，到了就先被隔离起来，关到宾馆十几天。为什么呢？就是改革开放以后，我们国家特别是农村基层的公共卫生防疫体系，虽然不能说完全瓦解了，但也是很脆弱的，经不起那么严重的传染性疾病的威胁。因此，公共卫生和基本医疗也应该成为政府责任的底线。

最低生活保障制度、义务教育制度、公共卫生和基本医疗制度就是我说的"底线公平"划分基础部分与非基础部分这条底线的界限，是政府责任和市场作用之间的界限。

那么，在这三件事情上，权利的一致性就是"底线"。超出这三件事情，其他的一些问题，其他一些更高的要求，可以通过市场手段，可以通过社会、家庭和个人来满足，那就是底线以上的部分。在底线以上的部分，也要讲公平，只是不是无差别的公平，而是有差别的公平，有差别的公平是另外一种公平，如多劳多得也是公平，市场竞争也得讲公平。底线公平，既包括无差别的公平，也包括有差别的公平，并不是只讲无差别的公平。这是我对社会公平做出的一种划分，划分的界线，就是以前述那三件事情、三个制度为标志的"底线"。

自从我提出"底线公平"这个概念以来，总有人把"底线公平"误读为就是低水平的公平。我相信他们肯定没有看过我的文章，当然，我没有权利，也不想要求别人来读我的文章或专著，但是，如果把"底"和"低"的字面含义相混淆，就想当然，望文生义，误读了我倒是小事，影响了学术批评的严肃性就不好了。

这种经历，确实促使我思考过，是不是要把"底线公平"换成一个不容易引起误读的词语来表达？我非常感谢一些同行给我的建议，例如，我在广东岭南大讲坛演讲时，广州大学一位教授（显然看过我的一些著述）当面向我提出了建设性的建议——可否把"底线公平"改称"基本公平""适度公平"？我回答说，这些词语，我不仅反复考虑过，而且也用过。"底线公平"确实与"基本的""适度的"意思相近。但为什么我不用"基本"或者"适度"呢？因为我觉得它们都是意思比较宽泛的形容词。我们在选择概念用语的时候，最好是选择可以准确界定的，就是可以说得清楚的。不要含糊不清，什么叫基本的，什么叫适度的，多少才适度？都是形容词。而"底线"在伦理学上，或者在经济学上，都是一种可以定义的东西。"底线"不是低线，而是指不能含糊、不能推卸，必须坚持、必须做到的事情，底线就是"界限"，不是高低的意思。道德底线、责任底线，作为行为准则的底线，这个"底"，是不可含糊、必须明确、必须坚持的意思。政府责任有一个底线，什么意思呢？老百姓吃饭问题你不能不负责任。老百姓看不起病，政府不能不过问。从伦理学上和经济学上说，底线是一种伦理的底线、行为的底线。

而"基本的""适度的"，都没有这层意思，或者说，不足以表达我想强调的那种意味。在思考和形成"底线公平"这个概念的时候，我强烈感觉到的背景情况是：自20世纪80年代中期以后，在九年义务教育问题上，因财政不出资，农村学校办学困难，校舍倒塌，民办教师领不到工资；因原来的农村合作医疗解体，广大农民看不起病……社会上"上学难、上学贵""看病难、看病贵"呼声甚高；社会保障制度覆盖面太窄，城乡居民遭遇难以逾越的制度区隔；社会福利供给严重不足，原来得到一定补助的农村"五保户"生活艰难，乡村养老院岌岌可危，乡镇卫生院难以维持；如此等等。这使我感到必须明确政府与市场的界限，明确基础部分与非基础部分的界限。这样，我就选择了"底线"这个词，形成了"底线公平"这个概念。早在 2004 年写作第一篇论述底线公平的文章时，我就担心会有人误以为"底线"就是"低水平"，为此专门做了说明："'底线公平'是不是最低水平的社会保障？不能这么说。……'底线公平'不是就保障水平高低的意义上而言的，而是就政府和社会必须保障的、必须承担的责任的意义上而言的，它是责任的'底线'。"(《光明日报》2004 年 8 月 10 日学术版）后来，我又多次做了说明，特别是在 2009 年出版的《底线公平：和谐社会的基础》一书序言（"民生研究自述"）中，做了集中的说明。如果是我仍然没有说清楚，那是我应该自责的，并要进一步去努力的，但面对不读我的著述仅靠望文生义、想当然的"批评"，我也只能很无奈了。

需要当作认真的学术批评看待的是这样一些问题："底线公平"是否可能解决"福利刚性"问题？"福利"这个东西确实有一个固有的特性——只能增加，不能减少，一减少，职工就罢工，老百姓就不高兴，就要闹事。欧洲国家的福利也是在慢慢增加，经济发展得好的时候要求提高福利，经济不好也要提高福利，结果弄得许多政府都欠了一大堆债务。为什么底线公平可以解决福利刚性问题呢？因为它满足的是最基本的需要：低保，可以保障温饱；教育，解决了上学的问题；医疗，解决看病的问题。底线公平并没有要求政府用财政手段解决所有的问题。底线以上的那些更高一些的需求，某些发展型需求，例如参加兴趣培训，看病找权威专家，以及享受性质的需求，要通过市场来解决，或者要自己付费，那就不是刚性的了，个人和家庭可以选择、可以调节，就是柔性的了。为什么我不用养老保险作为划分底线的标志呢？不是因为它不重要，而是因为养老虽然很重要，但它是很复杂的事情，养老里面有基本的部分，有非基本的部分。比如我想住很豪华的养老院，过享受型的养老生活，譬如去旅游等等，政府如果全部都管起来那可不得了，但是养老里面也有一些政府必须管的部分，基础养老金是必须管的。老年人，只要解决了基本生活问题，解决了看病问题，其他就是可以用有差别的、柔性的机制来解决的了。所以，像养老这样复杂的、多层次的需求，最好把它看成跨底线的问题、跨底线的制度，也就是说，有底线以下的部分，有底线以上的部分。这样，它本身就不宜作为划线的标志了。

我决定把低保、义务教育、公共卫生和基础医疗作为划线的标志，也是受了联合国开发计划署（UNDP）长期所做研究的影响。他们依据印度籍英国经济学家阿玛蒂亚·森提出的发展理论，制定了后来不断完善的用于衡量人类发展的指标。很显然，可以用来衡量人类发展的指标，可以说有很多很多。他们却主要选择了三个指标：第一是人均 GDP，第二是人均受教育年限，第三是平均预期寿命。我用来划底线的三个指标，与人类发展指标差不了太多，而且更符合中国的情况。

这样，我们依据底线的划分，就可以把所有的社会保障和社会福利制度，区分为基础的部分和非基础的部分。在我们后来的改革实践中，在经过改革的养老保险、医疗保险制度中，在新型农村合作医疗制度中，基本上每项制度都是这样做的。可以说总体的实践效果是好的，改革是成功的。

由此，我们可以得出的底线公平制度结构是这样的。

（1）体现权利一致性的底线福利制度，反映无差别的公平理念，主要包括最低生活保障制度、公共卫生和基本医疗制度、义务教育制度和公共福利服务等。

（2）体现需要差异性的非底线福利制度，反映社会福利的效率理念，主要包括各种形式的"个人账户"制度、完全积累制度和商业保险制度等。

（3）兼顾权利一致性和差异性的跨底线福利制度，包括医疗保险制度、养老保险制度、失业保险制度，以及社会互助、社会服务制度等。

（4）按照底线公平原则确定制度的基础部分与非基础部分。

三 底线公平的机制设计

（一）刚性与柔性相结合

2000 年以来的最初几年，我们的劳动社会保障部门每年都提出要扩大社会保险覆盖面。但因为那时候不论是养老保险还是医疗保险，主要是限定在城市范围内实行，而城市里面又有越来越多的农民工、有越来越多所谓的灵活就业者、个体户等却纳入不进来。为什么纳入不进来呢？因为当初设计的社会保险是刚性制度，所谓的刚性制度就是要求参保者要有比较稳定的收入、稳定的工作，能够定期定额缴费。然后，社保部门每个月从你工资里扣多少，连续扣多少年，扣足了年头以后，你再按照一定的比例领取社会保险金。这套制度所预设的社会条件是以工业化和城市化为背景的，针对的主要是以工厂制度为基础的收入制度、行政单位的工资制度。很显然，这套很硬的规定用到农民工身上行不通，农民工工作不稳定，收入也不稳定，固定和连续缴费有困难；用到灵活就业者身上也不行。所以，尽管我们那几年费了牛劲来扩大覆盖面，但是每年也只能增加1000万人左右。1000万人如果拿到欧洲国家，可不是小数字。但我们国家不同，我们国家有13亿人，一年才扩1000万人，那这个制度要100年才能扩大到全民，我们哪能等得起啊，100年好几代人都过去了。

从2004年开始，我就呼吁要按照底线公平原则，把基础部分和非基础部分划分开来。对城镇职工、广大农村居民，还有城市非职工的居民参加社会保险，区分基础部分和非基础部分，分清政府责任和个人及家庭责任。养老保险有基础养老金，也有个人账户，以各级财政为主承担每个人的基础养老金，这个钱掏得起，但是财政不管所有人的全部养老金，这个财政掏不起，也不能全部承担。底线以上的部分，就由个人账户解决，你辛勤劳动、积极缴费、积累得多，那你个人账户上钱就多，退休以后就可以享受比较好的待遇。这就既体现了公平，又照顾了差别。或者说，既包括无差别的公平，又包括有差别的公平。我们的医疗保险也是这样，也是分基本医疗部分和个人账户。

（二）强制与自愿相结合

我们在制度设计方面有一个重要创新，对于在我国国情下扩大社会保障覆盖面具有特殊意义，对于突破当年欧洲人创造的刚性的社会保险制度也具有不容低估的意义。这就是强制性与自愿性相结合。

当我们面临8亿农民的时候，我们怎么扩大覆盖面呢？农民缴费能力低，而福利需求极大，居住很分散，交通很不便，内部差距很大。20世纪70年代，当时的农村合作医疗，完全依靠人民公社制度，就是给"赤脚医生"记工分，就是依靠一根银针、一把草药，当时政府其实没掏钱，就给广大农民初步解决了缺医少药的问题。但是，后来人民公社解体了，"赤脚医生"也就解散了，农民的看病问题没着落了。所以在90年代中期的时候，中央曾经想恢复农村合作医疗，但是恢复不了。为什么恢复不了？财政不想掏钱，还是叫村、乡（镇）两级来出钱，这个事情怎么可能办成呢？当时乡镇有什么财力啊？村级集体经济基本解体了，所以，全国绝大多数地区恢复不了。在第一次农村合作医疗解体以后，在我们广大的农村，只有江苏省苏州市的一些农村，山东省烟台市招远县全县，还有广东省肇庆市高要县的几个村，艰难地勉强维持了农村合作医疗。我非常敬佩他们，我专门去拜访了高要县大湾村的赤脚医生、访谈了招远县的赤脚医生。为了中国农民的健康，在整个制度缺乏支撑，国家不给他们补贴的情况下，他们还能坚守岗位，几乎是义务奉献，这很了不起！但是，随着人民公社解体后，这项制度在全国广大农村基本解体了。

1990～2004年这段时间，全国关于缺医少药的问题呼声甚高，特别是广大农民看不起病的问题相当严重。所以，2002年中央开始实施"新型农村合作医疗试点"。什么叫新型农村合作医疗？当时主持这项工作的副总理吴仪讲得特别透彻，她说新型农村合作医疗新在哪里？新在财政出钱。农民也很明白，说新型农村合作医疗就是政府出钱给农民看病。政府怎么出钱呢？2003年开始在全国推行新型农村合作医疗，最初的标准是每一个参保农民一年30元，其中，中央财政出10元，地方财政出10元，农民自己出10元。但是30元的标准很低，看个感冒都不够。农民真正得大病以后，报销的比例很低。2006年，广东已经给每一个参保农民的筹资标准提高到60元，我当时跑了广东的几个地方，我在云浮市、肇庆市发现了一个问题——住院报销的都是富裕农民。为什么都是富裕农民呢？因为在筹资水平低的情况下，报销比例就低，在60元钱的水平上，住院报销的比例就只能达到30%，连40%都不到。试想，一个贫困农民因病住院要花几万元钱，如果合作医疗只能给他报销30%的话，大部分要他自己掏，他是出不起的。另外，要住院先得交预付款，预付款就得交1万～2万元，贫穷农民肯定交不起。所以，得了大病，能住院治疗，能够交得起预付金，能够报销因而领到补助金的是富裕的农民。合作医疗制度本来是要解决老百姓看不起病的问题，结果穷困农民的问题没解决，政府财政补贴给富裕的农民拿走了，更该得到补贴的人反而得不到，看不起病的照样看不起病。这说明什么呢？说明我们必须提高合作医疗参保筹资水平，提高了这一水平，才能提高大病医疗的报销水平。所以，中央将筹资标准每年往上提，2012年将提高到200元。温总理在政府工作报告中讲，我们要努力使新型农村合作医疗的大病住院报销比例提高到70%，让农民自己只掏30%。这样农民才能看得起病。比如说，做核磁共振检查一次要2000多元，如果只能报销30%，我估计大部分农民都不会做。但是，你要给他报销50%，那很多人就动心了，如果报销80%，那很多农民都愿意做。提高报销比例直接影响了农民的就医行为，医疗保障制度的可得性就提高了。

按照底线公平理论，我们每一项制度几乎都区分了基础部分和非基础部分。在农民医疗方面，我们和欧洲的强制性保险制度的重大区别，就是我们实现了强制和自愿相结合。社会保险依靠的是大数法则，参加的人越多保险能力越强，制度的可持续性就越强。为了保障制度稳健运行，就必须对参保人实行强制，就是无论你怎么样都得缴费。如果你今天缴，明天不缴的话，制度就无法维持，后果就没法预期。缴费多少钱，报销多少钱，两头要稳定才能计算出来。所以很多人反对在农民参保问题上可以自愿。但是，我们最后还是从中国国情出发，坚持让农民自愿参保，你可以参保，也可以不参保，还可以分档次。云浮市搞了两个档次，这一经验很好。你可以选择高缴费的档次，报销比例就高，选择低档次，报销比例就低，让农民自己选，把自愿因素加进去了。

我们有了这一创新，在欧美社会保险制度上加入了我们中国特色，体现了我们中国国情，在中国行得通。我们从2003年推广新型农村合作医疗制度，只用了3～4年的时间就在全国普及了。2007年开始我们又在非职工的城镇居民里推行医疗保险。2009年开始我们又在农村试点推行农民养老保险，都在制度中加进了我们中国的元素，就是强制和自愿相结合，分档次，可以选择，给你自由。这个自由不仅是参保的自由，还有一个非常重要的因素，就是培养农民对制度的适应能力和参与能力。

（三）刚柔相济的运行和调节机制

在最初每个参保农民的筹资水平是30元钱标准的时候，有的人说"让农民出10元，算了吧，这点钱咱们让财政全出得了，不就30元嘛，财政全出了"。这是对这一制度的理解不全面。让农民出10元钱，农民就会关注这一制度，不负责任的就医和医疗行为就会减少，农民也才会关心这个钱怎么花，这一制度怎么运行。也就是说，可以提高农民的参与意识、主体意识，这是制度运行的非常必要的基础，必须培育这一基础。否则的话，不得白不得，不要白不要，这种制度实际上养不起。

我们在社会福利制度里面做了这样一些制度创新，解决了刚性和柔性相结合的问题，这是我们在机制上的一大创新。刚性和柔性的结合体现了制度上的底线公平。基本需要方面由政府来保，这是刚性的，超过底线以上的部分，由市场、家庭、个人来承担责任，这是柔性的。政府承担的部分，对每一个人都体现公平。底线以上的部分由市场、家庭、个人承担。所以，既体现了一致性，也体现了差别性，体现了柔性和刚性的结合。我们把中国传统思维的刚柔相济理念加入到福利制度的设计里面。在这一点上，我们解决了欧美福利制度没有解决的问题。

由是，我们可以将底线公平的机制表述为以下几点。

（1）刚性调节机制。"刚性机制"强调政府在满足社会成员的底线福利需求时负有不可推卸和不能回避的"底线责任"和"首要责任"，这种责任既是一种政治责任，也是一种经济责任，还是一种道德责任。

（2）柔性调节机制。"柔性机制"强调非底线福利责任主体的多元化，充分发挥市场机制、慈善机制、互助机制、自助机制在非底线福利供给中的作用。

（3）刚柔相济机制。"刚性"与"柔性"相互结合，二者结合有三种基本形式，即"刚性主导型""柔性主导型"和"刚柔平衡型"。我们通过强制与自愿相结合、基础部分与非基础部分相结合，实现了刚性与柔性相结合。

四 底线公平的原则

第一是全民共享原则，就是要实施"大福利"。我们把过去多年以来的社会福利叫做"小福利"。"小福利"就是只面向五保户、贫苦户、残疾人、智障儿童等一些特殊人群，由民政部门给他们提供福利，这就是我们大家熟知的民政福利。而上述底线公平的福利制度和机制是"大福利"。大福利就是全民共享，包括每一个社会成员，我们即使没有病，我们也需要健康；即使不上学，我们也需要教育；其实每一个人都需要福利，我们要健身，每个人都需要有好空气、清洁水、顺畅的交通、多样化的公共服务，这些都是社会福利。

第二是弱者优先原则。因为社会保障、社会福利制度的根本职能是应对社会风险特别是基本生活方面的风险。哪些人面对的生活风险最大？当然是弱势群体。哪些人应对风险的能力最弱？当然也是弱势群体。所以，弱者优先作为基本原则，对于社会保障、社会福利制度来说是不言而喻的。社会保障和社会福利还有一个固有的特点，就是需求永远大于供给能力，特别是我们这样的人口大国，即使每一个人的需求不算大，如果乘以13亿，就是一个令小国目瞪口呆的庞大数字；我们的供给能力确实是在不断增强，但只要除以13亿，就不是很强了。比如有100万元，如果每一个人发1分钱，解决不了任何问题，但如果用这些钱扶助面临辍学危险的学生，这些学生就可以完成学业，将来他们为社会做出的贡献难以估量。这就是弱者优先，就是要解决老百姓最急迫的问题。

第三是政府首责。政府的权力是人民赋予的，如果连人民基本生活都保障不了，有什么资格掌权？再者，在所有的社会机构中，政府是唯一一个依法具有强制力的行政机构，面对老百姓的生活困难，政府是当然的第一责任人。当然，不是说所有的问题都要政府直接解决，都要财政全部承担，这不可能。但是，即使不由财政全部承担，政府也要去组织、去制定政策，去引导、去鼓励，去想办法动员社会资源和社会力量，一句话，要承担首要责任。

第四是社会补偿原则。社会补偿的基本原理是，社会成员之间有个权利交换、利益交换问题，而这种交换或让渡要有一个原则，占有和使用资源与机会的一方，要给没有占用和使用资源与机会的一方适当的补偿。因为资源和机会总是稀缺的，一方占有或使用了，另一方就失去了，这种"失去"，视同"让渡"和"交换"，不然，社会就无法保持秩序，更无法维持公正。所以，社会补偿原则是社会公正原则的一种体现（景天魁，2009）。在实施社会保障和社会福利时，要给予市场竞争中处于弱势地位的群体一定的补偿，比如征地补偿、失业补偿、下岗补偿等。在市场竞争中获益的一方，千万不能洋洋自得、不思回报，那样的话，良好的、公正的社会秩序是无法建立起来的，获益者也难以自保。可见，社会补偿原理是强调获益者承担社会责任的根据，是纳税和捐献行为的依据，是社会慈善除道德原则之外的另一个利益原则。

第五是持久效应原则。我们不能够光考虑眼前的利益，不能只顾一时的政策效果，社会保障和社会福利具有刚性的属性，如果不能持续，就会失信于民，就可能引发社会动荡，所以，持久效应也是一个重要原则。特别是社会保障和社会福利制度必须具备应付经济疲软、金融危机、物价上涨、政治动荡以及自然灾害的能力，所以，应该把社会保障和社会福利制度看做基本的社会建设。从这个角度看，我们的一些制度在出台时具有明显的应急性，其持久效益是令人担忧的。在考虑建立农民养老保险制度的时候，有人说一个 60 岁以上的农民每月才给 55 元基础养老金，一年才 660 元，是不是太低了？这就需要考虑制度的持久性。为什么呢？追求福利的公平是一种刚性特征。一开始给他 55 元，一年 660 元，他很高兴，现在在农村也能够基本解决吃饭问题。以后逐步往上加，他就会持续地高兴。如果你一开始起点太高，一人给 200 元，两三年不给他增加，他就不高兴了，他会说为什么物价涨了，我们待遇不涨；或者别人的工资涨了，我们怎么不涨？可见，这里不简单是财政当下是否能够承担的问题，还有与物价、社会平均工资水平，以及宏观经济的许多基本变量的连带关系问题。所以，起步不能太高，同时要随着经济的发展，逐渐往上增加。

五　以底线公平为原则，建设中国特色福利社会

（一）面对老龄化社会，建设中国特色福利社会不仅是必要的，而且是迫切的

建设中国特色福利社会，面临的一大挑战就是怎么应对老龄化危机。我国现在已经有 1.8 亿老年人，很快就会超过 2 亿、3 亿人，很明显，用西方发明的那套高福利政策，在我国根本行不通。即使勉强朝着那条路走，恐怕还不待建成福利社会，福利依赖就很严重了，社会活力就衰弱了，发展的势头就维持不住了。所以，形势逼着我们必须走出一条切实可行的道路。底线公平理论无非是对此所做的一种探索，它所主张的划清政府责任和市场作用的界限、划分社会福利的基础部分和非基础部分、建立刚性和柔性互补共济的协调机制等，都是希望有助于在面对比西方国家更严重的老龄化危机的情况下，仍能保持发展活力，让中国人民过上有尊严的幸福生活。

当前，养老方面有两大突出问题。第一，过去在研究养老问题的时候，太偏向于资金供给。资金供给固然不可或缺，但把养老问题仅限于资金供给，就要出大问题。2010 年我在全国政协发言的时候，就批评了这种制度的局限性。有的老人在家里死了好几天了，都没人知道，后来邻居闻到臭味了，才知道他死了。这个老人可能有很高的养老金，但缺少福利

服务。所以，资金和服务这两个方面缺一不可，二者要有一个配套的关系。从某种意义上来说，周到服务比资金供给更重要，特别是在老百姓收入增多的时候，服务就显得更为重要了。事实上，福利服务的供给严重不足的问题越来越突出了。在这一方面，台湾做得比较好。我在研究台湾社会福利时有一个惊奇的发现，台湾福利总支出中，虽然最大一部分还是社会保险金，但是，福利服务在福利总支出中占的比例比欧美很多国家都高，这跟中华民族的传统和社区关怀有一定关系。要通过发展福利服务，加强社区功能，让福利支出成为老年人可及可得的东西。而在养老问题上，加强福利服务，可以弥补资金之不足，少花钱多办事，不花钱也能办事，而且让老人有亲切感、温馨感。处理好资金和服务之间的关系，可能是中国养老体制的最大亮点，搞得好，可能在这方面超过西方那种依赖较多资金消耗的高福利制度。

第二，要协调好各个主体的责任，形成一个符合中国国情的责任结构。这一点也特别重要。养老责任确实不能过于依赖家庭，相对而言，家庭养老功能弱化总体上也难以避免，但也不要片面主张"养老社会化"，都推给社会，社会又是由谁构成的？都推给养老机构，不用说根本不现实，而且也不符合大多数老人的意愿。子女不与老人住在一起了，人口流动了，只能改变自己尽孝的方式，不能推掉奉养老人的责任。中国养老问题的解决一定从中国的实际需要出发，动员中国的社会资源和文化资源。英国在"二战"以后，20世纪50年代初的时候，就曾走过集中养老的所谓"社会化"道路。单从概念上来讲，好像也说得通，因为家庭功能削弱了，社会当然要承担更多的责任。他们一开始把很多老人集中供养，但发现过一段时间，老人就跑回家了，不愿意在机构里面。穷家难舍、故土难离，不论中外，人同此心。后来英国发现这一制度不行，很快就改变了。

北京市2011年做了一个调查，老人愿意到机构养老的仅占3%，愿意居家养老的占90%，愿意在社区养老的占7%。这一调查仅仅反映了北京市的情况，是否符合其他城市的情况，是否符合农村的情况？也说不准。而且，这可能也是现在的情况，再过一段时间，这一比例是否改变也很难讲。但是，它告诉我们一个重要信息，我们在研究养老服务的时候，要充分尊重老年人的意愿。他愿意在家待着，他愿意孩子们常常来看看他，你把他送到机构里面去，他会觉得很受约束、很受冷落。我曾经去过日本的养老院看过一些老人，那里条件很好，老人还是哭哭啼啼，埋怨子女不去看望他们。我们一定要尊重老人们的意愿,不一定把他们送到养老机构里头就好。我们主张大力发展依托社区的居家养老,老人可以继续待在家里,子女上班后,由社区里的人管他,如果有点紧急情况就告诉孩子们。北京市现在提出以依托社区的居家养老为主,这是符合实际之举。

与此同时,也要重视发展机构养老,扶持民办养老机构健康发展,多方配合,才能破解养老难题。

(二) 以底线公平为原则,实现社会保障的动态均衡

社会保障的动态均衡,是大家都希望的,但真正做到很不容易。底线公平理论试图探索动态均衡调节的依据、寻找保持动态均衡的均衡点,但到目前为止,还只能说是在朝这个方向努力,难度还很大。

例如,多年来,我们总是说社会保障水平要与经济发展水平相适应,怎样就算相适应了?社会保障支出占 GDP 的比重到底以多少为好?我们能否搞出一种模型,经济发展到什么水平时,福利供给要达到多少,怎样在经济发展和福利供给之间建立动态平衡的关系?要想得到很准确的结论确实不易。因为福利受政治、文化等很多方面因素的影响,不完全是经济问题。甚至也不是完全客观的关系,这里还有许多随机的、主观的因素。在我们研究的初期,曾经以为欧洲国家是在经济水平提高以后才开始搞福利,但后来发现错了,原来很多欧洲国家在 GDP 不算高的时候,就开始搞福利了。所以,千万不要以为搞福利就是经济发展的负担,拿欧洲来讲,很多国家都处理得比较好,在发展福利的过程中自己才慢慢变成发达国家,经济发展与福利增长这两者是可以兼得的。这里面有什么好的门道呢?很多欧洲学者也在探讨这一问题,发现二者并不是线性的正相关的关系。有一个吊诡的现象,20 世纪 70 年代石油危机以后,欧洲的经济下滑,福利却在增加。所以,不见得经济向好的时候,福利就一定提高,经济不好的时候,福利就一定降低,不是这么简单的关系。我们不要把它看成固定的数值关系,还要看处理这一问题的能力和水平,时机掌握得怎么样,以及有没有制度性和非制度性的应对策略。

从我国来看,我们这些年城乡低保水平提高很快。这种提高过程依据什么?低保制度最主要的问题就是城乡之间、地区之间差别太大,像北京、上海、广州、深圳,低保标准都好几百元了,但是,在落后省份和农村,才几十元。低保制度有两个特点:一是全部由财政出钱,二是实际上只是补助差额。如何在逐步缩小城乡、地区之间经济发展差距的同时,相

应地缩小低保标准的差距？反过来，如何通过缩小城乡和地区之间低保标准的差距，增强发展的公平性，促进经济的协调发展，从而带动缩小地区、城乡之间经济发展的差距？低保标准的缩小不能靠拍脑袋，不能靠相互攀比，要找到真正的均衡发展之道。

教育方面就更加明显了，我们现在基本上普及了九年义务教育。前年讨论"2010~2020年的教育发展规划纲要"时，我极力主张扩大义务教育年限。随着经济水平的提高，不能局限于九年义务教育，义务教育要提高到12年，甚至15年。中国未来要把人口资源大国变成人才资源强国，最根本的问题，就是要大幅度提高人均受教育年限。我们现在人均受教育年限才8年多一点，太低了，要提高到12年以上。像芬兰那些国家，人均受教育年限比我国高得多，相当多的人都达到了大专教育水平。强国必先强教育。奥巴马应对金融危机的时候就提出这一问题，美国在教育方面的投入比我们的力度大很多。

医疗方面最主要的是要改革医疗制度，提高卫生健康公平性。无论是新型农村合作医疗，还是城市医保，都要逐渐提高报销比例，否则解决不了老百姓的"看病难"问题。中央政府已经采取了很有力的措施，在未来三年内中央财政拨款8500亿元，让农民看病的报销比例提高到70%。这是"十二五"期间我们要做的主要事情之一。

在上述各个领域都有一个如何探寻实现动态均衡的机制问题。目前在全国经济最发达的珠三角地区，社会保险方面就出现了一个问题，一方面，企业老板认为给农民工买保险提高了企业成本；另一方面，要农民工每月按规定缴纳保险金，他们也不愿意。政府部门也知道如果强制企业参加社保的话，有些经营状况不佳的企业会倒闭，或者外迁，那政府就没有财政收入来源了。所以，政府也是睁一眼闭一眼。

从底线公平理论出发，怎样看待这个问题呢？我到深圳、东莞、广州番禺调查过。深圳曾发生过大批农民工退保的问题，农民工是流动的，他迁移的时候，只能把社会保险金的个人账户部分带走，但统筹部分不让带走。农民工很有意见。番禺的农村社保水平提高了，很多原来在城市里参加社会保险的人，要求回到村里参加农民保险。为什么呢？因为农村户口的养老、医疗保险，特别是医疗保险，有财政补贴。按照底线公平原则，无论你是城里人还是农村人，无论你是富人还是穷人，基础部分由财政和企业以及用人单位按一定比例缴费。当然，政府和企业可以有一个比例，企业不能推卸责任。总之，是把基础部分和非基础部分严格区分开。既然基础部分是属于社会统筹的，那么，无论你走到哪里都应该是一样的。这样的话，可以缩小城乡和地区之间的差别，也可以扩大制度的覆盖面，解决保险金的接续和转移的问题。至于基础部分与个人账户部分，怎么明确它们的比例，那可能要体现城乡和地区差别。比如富裕地区人均收入高，可以鼓励个人多缴费，收入低的地方，个人缴费就低一点。差别不要体现在基础部分，体现到基础部分就会遇到各种各样的障碍。

总之，政府要守住底线，不能叫任何一个人食不果腹，不能叫任何一个学生因贫辍学，不能叫病人无医而终。当然福利需求和供给之间永远是矛盾的，需求永远大于供给。依据底线公平原则，有可能在合理配置资源的前提下，寻求到社会保障需求与供给的均衡。

（三）以底线公平为原则，增强社会福利的自我维持能力

依据系统论原理，一个完全依赖外部条件的系统，比一个具有自我维持能力的系统，其稳定性和持续性要差得多。社会福利当然是一个高度依赖经济条件的社会系统，但也要努力培育和增强自身的维持能力。仍以养老为例，如何发挥家庭和社区在养老服务上的主体作用，如何发挥老年群体自身的作用，对于增强老年福利的自我维持能力关系重大。

现在广州市老龄化水平很高，截止到 2010 年有 1070 多万老年人，广州现在差不多有 11 万家养老机构。有些养老机构也接收自费老年人，机构养老要发展，这一点是确定的。但从全国来看，我们一定要从国情出发，我国老年人口占的比例太大，养老机构的服务能力毕竟是有限的。到 2011 年为止，65 岁以上失能、失智、自己完全不能自理，需要机构来照顾的老人，有 5000 多万人，他们需要由机构来解决养老问题，而且需要有一定的医疗服务来配合。光这一部分人，我们专业机构的服务人员，需要 8000 多万。在瑞典，一个患有老年痴呆症的人有四个人看管。机构养老，仅仅是为了应对失能、失智的老年人，这个量就已经相当大。而我国专业化的养老机构服务人员目前只有 22 万人，远远不能满足需要。尽管民政部门提出每年要加大专门养老机构的建设，但在未来若干年内，要想完全满足这一需要不可能。所以，我们要通过提高社区服务能力，提高社会救助能力和服务能力，让老年人无论选择在哪里，都可以得到较好的服务。

广州市荔湾区逢源街道有一个极其重要的经验，我曾到处宣传过。就是老年服务由谁提供？除了要让青少年去给老年人服务外，还让老年人给

老年人服务。逢源街道有一位孤老太太，她老伴早就去世了，她所在社区只要是哪位老人丧偶，她都要去做工作，而且绝对比年轻人做得好，因为她有经验体会。要在社区里面，通过社会组织发挥老年人的作用，让年轻一些的给年老一些的服务，身体好的给身体差的服务，老人之间相互服务。荔湾区创造了很好的经验，减少了服务成本。我们不要一讲老龄化就觉得没办法，不要想得这么可怕。我们既然能够让老年人提高平均寿命，还解决不了养老的问题？我们可以想出办法。比如说加大社会服务力度，加大青少年志愿服务力度，提倡老年人之间相互服务，发扬中华民族互助友爱的传统，这都可以有效增强福利系统的自我维持能力。

（四）以底线公平为基础，增强社会保障研究的确定性

社会保障和社会福利内容广泛，有些情况很难准确掌握，如果我们不加区分，总是笼而统之地谈问题，连社会保障的结构、社会福利的范围都莫衷一是，说不清楚，那学术研究就很难得到确定的结果。相比较而言，底线公平理论用来界定底线的标志性制度——最低生活保障、义务教育、公共卫生和基本医疗制度，内容比较稳定，数据较易获得，而且比较确定。虽然它们不能代表社会保障和社会福利的全部内容，但它们是其中比较确定且稳定的部分，加强对这一部分的研究，有可能增强整个研究的确定性。

比如享受低保的人口，经过多年的实践，在目前低保标准不变的情况下，城市低保人口基本维持在 2300 万人左右，农村低保人口维持在 5500 万人左右；义务教育年龄段人口也很容易确定；就医人口和大病住院人数也比较容易统计获得。特别是这些标志性制度所涉及的福利需求，一般属于弹性小的需求，人际差别不是很大。例如，满足果腹之需、中小学生的人均公共教育费用都很容易限定在一个确定范围内；医疗费用复杂一些，也可以设计一些指标，获得统计数据。

对于底线公平涉及的基础数据，我们不仅仅是统计，还要核实，还可以通过其他办法，把它搞得更精准一点。比如深圳就做得很好，深圳市人口到底有多少？按统计数据大概也就是 1200 万。但是，他们发现，如果把耗电量、用水量都核定起来的话，就不止 1200 万了。因为居民的用水量有一定的标准，你不可能一天喝好几桶水，也不可能一天不喝水吧。把耗水量、耗电量一核对，就会发现深圳人口恐怕有 1800 万。我们都希望统计数据能够更加接近实际，而底线公平理论所涉及的基础数据相对而言比较确定，由此可能增强学术研究的可靠性和科学性。

六 按照底线公平理论建设中国特色福利社会的预期效果

（一）底线公平福利模式的主要特点

底线公平理论是对建设中国特色福利社会的必要性、可行性和现实途径所做的探索与回答，它在一定程度上触及了这些问题，试图在总结中国自己的实践经验的基础上探讨社会福利内部和外部的基本关系。千万不要望文生义，以为"底线"就是低水平的公平，甚至以为底线公平主要就是最低生活保障制度，主要就是救济穷人。其实，底线公平，是指一种责任结构，特别是政府责任的底线；政府机制与市场机制的关系；经济发展与社会福利的均衡机制，以及社会福利发展和运行的调节机制等。

总之，我们要建设的福利社会，立足于总结新中国成立60多年、改革开放30多年来的基本经验，汲取发达国家以及一些发展中国家的福利建设经验，但根本不同于西方福利国家模式。不仅是福利水平明显不同，更主要的是制度设计和机制设计不同、理念基础不同。

（1）在制度设计上，我们区分了基础性部分和非基础性部分，是这两种制度的整合，而不是一种单一的制度。

（2）在机制设计上，我们区分了政府作用和市场机制的性质、界限和关系，限制了福利刚性，加进了柔性调节机制，从而可以做到福利水平和经济发展水平基本相适应。

（3）在理念上，底线公平既包括无差别的公平，也包括有差别的公平，不是一般公平、绝对公平和抽象公平；保障基本人权，但不是抽象人权，例如凡有劳动能力的人都不能不劳而获；承认贡献和所得挂钩、权利和义务相统一等，这些都是体现社会主义原则而又符合中国国情的，并且在实践上证明是成功的。

（4）在体系上，这样的福利体系或福利社会，要与中国的经济、政治、文化模式相协调、相适应。

（二）底线公平福利模式的预期效果

1. 以较少的成本获得较大的福利

底线公平理论不是主张只建立几个像最低生活保障那样的制度，也不是主张只维持低水平的公平，它是发现，如果按照一般公平、抽象公平去做，撒"胡椒面"，没有重点，不讲究时空条件，看起来很全面，要求很高，实际上不能有效地实现全面的、高水平的公平；而按照底线公平的模式和道路，可以以较少的成本获得较大的福利，可以建立起合理的责任结构，实现需求和供给的均衡调节，从而真正实现全面的、高水平的公平。底线公平模式所体现的，是公平实现的规律，也可以看做一条理论假设，即底线公平比一般公平更有利于实现社会公平。这在新型农村合作医疗中已经得到证明，即普遍提高医疗费报销比例的社会公平效果，不如在普遍提高医疗费报销比例和提高对中低收入户的医疗救助金之间寻求平衡的公平效果好，因为后者更能反映农村居民的收入结构。同样道理，在这次应对金融危机中，人人发放一份消费券，对于刺激经济的效果，也不如完善社会保障、加强以改善民生为重点的社会建设的效果好。

2. 可以最大限度地防止福利依赖，在促进社会公平的同时保持社会活力

（1）工作福利。凡是有劳动能力的人必须以参加劳动作为取得享受福利的条件。中国自古以来之所以能够繁荣发展，根本原因是我们民族的勤劳品质。我们现有 13 亿人口，众人拾柴火焰高，每人多一分勤劳，积富成山；但如果因制度设计不当，造成福利依赖，哪怕有劳动能力的人中只有1%的人不劳而获，那要比世界上大多数国家的全国人口总数还多，难负其重。所以，按照中国文化，我们可以讲基本人权，不能讲抽象人权，不能上西方人权蛊惑的当。我们的人权概念中，首先是劳动权、就业权。

（2）缴费与享受适当挂钩。凡是有缴费能力的人，必须以缴费作为享受福利的条件。而且必须有共济部分，不能绝对地讲缴得多就享受也多，那就成了个人积蓄了。不能以商业保险的原则办社会保险，更不必说社会福利。没有共济，就形不成利益共同体，也就达不到增强社会共识，增进社会团结的目的。

（3）保基本。对无劳动能力、无缴费能力的人，要举政府和社会之力，保障其基本生活需要得到满足；对于非基本需要部分，要运用柔性机制，动员社会力量予以资助，但要承认差别。我国社会保障制度改革 30 年的成功经验之一，就是几乎在各项制度中都区分了基本和非基本两个部分。

3. 可以促进实现经济发展与社会公平的均衡

（1）讲究供需平衡。不是片面地以需定供，而是在充分调动各种社会资源的前提下，量入为出。新型农村合作医疗的成功经验之一，就是筹

资标准与报销比例挂钩，筹资总额决定起付线和封顶线。应该承认，起付线和封顶线是一个重要发明，它比源自西方的社会保险制度更有弹性，更有适应能力，更有研究价值。

（2）中央与地方按比例分担财政责任，避免了福利过度的可能；如能有效调整分担比例，也有解决福利不足的可能。在地方财政有能力的前提下，不能中央全包——那会鼓励"不要白不要"；在底线公平所涉及的各项福利中，一般也不要地方全包，那既会扩大地区差距，也有可能造成竞相攀比。

（3）不轻易去搞普遍的全部免费、一般不搞所有人免费。坚持国家与个人之间的责任平衡。从城市医保和新农合的经验看，只要个人承担医疗费用的一定比例（比如10%~20%），就医行为就会理性得多。

我们从底线公平原理出发，可以找到经济发展和社会公平的均衡点。既让社会保持活力，又让社会福利逐渐增加。鱼和熊掌是可以兼得的。当然要解决的问题还很多，很多地方要细化，要创造很多条件，包括制度上要完善，包括遇到新的问题如何进一步调整等。

4. 对于社会管理来说，底线公平福利模式有助于大幅度降低社会紧张度

从而大幅度降低恶性事件的发案率，大幅度减少因福利待遇太低而导致的群体性事件，大幅度减少民事纠纷，增强社会和谐度。

5. 对于社会建设来说，底线公平福利模式有助于加强社会的基础建设

从而大幅度增强社会认同感、归属感和幸福感。

这在2008年金融危机以来的政策效果中可以看得非常明显。当金融危机爆发的时候，中央提出"改善民生""扩大内需"。但很多人在思想上有顾虑、有障碍，认为要想渡过金融危机，还是首先得多投资于企业，企业继续开工，才能有钱拿来解决民生问题。对于"民生优先"是不是有助于我们从金融危机里面尽快走出来，很多人有疑虑。事实证明，只有扩大内需，让老百姓有购买力，把需求激发起来，相当一部分制造业，特别是中小企业才能够开工，才能够有收入，才能够解决就业问题，这是一种良性循环。当然，中国从金融危机的阴影中最早走出来，还有很多别的原因，但我们思路上的改变很明显是一个重要原因。

（三）底线公平理论的实质

基于上述预期效果，我们可以对底线公平理论的实质作如下概括。

底线公平理论不仅仅是"穷人社会学",它如果说有什么原理的话,就是:(1)只有满足穷人的利益,才能真正满足富人的利益(一种社会变化的合理性,取决于让获益最小的群体的状况得到最明显的改善);(2)底线公平比一般公平更有利于实现社会公平;(3)以增进普遍福利为目的的发展,比单纯的经济增长更有利于经济的健康和持续发展;(4)全民共富比一部分人富裕更能够真正富裕中国。

在一个存在明显的社会差距而又想实现社会和谐的社会里,这些是社会政策的基本原理。

七 底线公平理论的不足与缺陷

就目前已有的认识来说,至少有以下三个。

第一,底线公平理论的适用性可能存在局限。当我们社会存在较大的城乡差距、居民收入差距、地区差距时,我们本着底线公平理论来明确我们发展社会福利、完善社会保障的重点,效果肯定很明显。但是,再过几十年,我们国家更富裕了,我们不仅仅 GDP 总量成第一了,我们人均收入也和发达国家差不了太多了,到那时候会形成什么样的情况,底线公平理论是否适用?这有待检验。

第二,在经验数据支持方面还有待进一步研究。现在,公立医院的改革就遇到这种问题,到底怎么推行,市场和政府之间的责任关系到底怎么样,还需要进一步研究。拿新型农村合作医疗来说,每个参保农民一年筹资水平是 150 元钱,财政出 120 元钱,农民出 30 元钱。到筹资水平是 200 元钱的时候,可能就是中央财政和地方财政加起来出 160 元钱,农民出 40 元钱。就是说,目前新型农村合作医疗出资结构,财政和个人之间的比例是 4∶1。那么,4∶1 这个比例在筹资标准是 150～200 元这一水平的时候,像广东这样经济条件好的省份还能承担得起,但有一些省份地方财政就有点吃紧,给每个参保农民掏 120 元、150 元还是很大一笔开支。问题是我们现在的标准仅仅是 150 元、200 元,150 元、200 元行不行?显然不行。现在城镇职工的医疗保险是什么筹资水平?1000 多元、2000 多元。北京市城镇职工医疗保险是 2200 元。也就是说,即使明年农村合作医疗水平提高到 200 元,也仅仅是城镇职工的 1/10,显然水平太低。问题出来了,如果按照 4∶1 的比例不变的话,当人均筹资水平达到 1000 元,或者更高的时候，财政还承受得了吗？也就是说，随着农民收入的提高，随着广大农村富裕起来了，财政出资和个人出资的比例可能慢慢变成3:1或2:1。这都说明制度还需要进一步完善。所以，这一理论还需要随着实践的发展而不断发展和修正。

第三，底线公平理论不具有宣传性，不如幸福、普惠、绝对公平等具有吸引力。

从欧洲情况来看，面对债务危机、失业严重等问题，他们也在反思，也在研究，他们也深知福利制度的刚性问题必须解决。将来他们也会逐渐改变，也可能搞出一些更严密的理论，但是在原则上，在方向上来说，很可能都要朝着刚性和柔性相结合、基础和非基础相结合的方向转变。中国在福利制度改革方面的实践，在福利模式上的探索和创新，对于将来的发展应该是有意义的。

参考文献

〔挪威〕库恩勒，斯坦恩等主编，2010，《北欧福利国家》，复旦大学出版社。
〔英〕贝弗里奇，2004，《贝弗里奇报告——社会保险和相关服务》，中国劳动社会保障出版社。
〔英〕吉登斯，安东尼，2000，《第三条道路：社会民主主义的复兴》，郑戈译，北京大学出版社，生活·读书·新知三联书店。
〔英〕皮尔逊，保罗，2007，《拆散福利国家——里根、撒切尔和紧缩政治学》，舒绍福译，吉林出版集团有限责任公司。
蔡汉贤、李明政、徐娟玉编著，2011，《中华社会福利经典选析》，松慧有限公司。
广东省省情调查研究中心、广东岭南文博研究院编，2011，《与幸福同行——转型期社会建设专家谈》，广东教育出版社。
景天魁，2004，《论底线公平》，《光明日报》8月10日。
景天魁，2009，《底线公平：和谐社会的基础》，北京师范大学出版社。
彭华民，2008，《社会福利与需要满足》，社会科学文献出版社。
徐学陶，2009，《社会福利：台湾的经验》，松慧有限公司。
张正中总编，2011，《社会福利模式：从传承到创新》，中华救助总会、财团法人中华文化社会福利事业基金会。
郑功成主笔，2008，《中国社会保障改革与发展战略——理念、目标与行动方案》，人民出版社。
周建明主编，2005，《社会政策：欧洲的启示与对中国的挑战》，上海社会科学院出版社。

论"福利国家"与"福利社会"[*]

——兼论"新福利国家理论"要点

关信平[**]

摘 要: 在经过20多年改革和发展后,我国社会福利发展进入了一个新的时期。在新时期中建构我国的社会福利制度,关键的议题之一是要合理建构社会福利的主体责任模式。本文认为,新时期我国社会福利主体模式的关键在于强调国家的主导作用,在国家主导下推进广泛的社会参与。为此,本文从我国社会福利制度发展的实际出发,结合国外的理论和实践经验,分析了"福利国家"和"福利社会"的关系,提出并简要分析了"新福利国家"的概念和理论要点。

关键词: 社会福利 福利国家 福利社会 新福利国家理论

社会福利制度是以非市场化的方式分配资源,并为弱势群体提供公共服务的制度。社会福利制度得以有效运行的一个关键要素是有一定的组织或群体来承担资源分配和服务提供的主体责任。工业化社会以来,形成了通过国家权力而建构的社会福利制度,在其中,国家担当了社会福利的责任主体。20世纪中叶以后西方国家形成了"福利国家"的制度体系,国家全面承担了福利资源分配和服务提供的责任。我国计划经济时代也曾经形成了以国家为主导、国家与企业及农村集体经济组织共同负责的社会福利制度体系。但从20世纪70年代后期以来,西方的"福利国家"的制度模式和我国社会福利制度的国家责任主体模式都受到广泛的质疑。西方

---

[*] 本文最初载于《社会福利研究》(第二辑),中国社会出版社,2010。此次发表作者对原文做了一定的文字修改。

[**] 关信平,南开大学社会工作与社会政策系教授。

国家越来越多地强调降低政府的责任，鼓励民间组织更多地参与社会福利供应和承担社会福利主体的责任。我国改革开放以后开始试图以"社会福利社会化"而重新建构社会福利制度体系。然而，20多年以来我国社会福利社会化的改革中没有明确社会福利社会化的具体制度模式。近年来，我国学术界又提出建构"福利社会"的理论主张，并力图以此为我国社会福利发展的理论基础，引领我国社会福利制度未来的发展。本文认为，要发展我国未来的"福利社会"，关键是要确定相关的制度模式，而社会福利的主体责任模式是最主要的制度议题。为此，本文从我国社会福利制度发展的实际出发，结合国外的理论和实践经验，通过分析"福利国家"和"福利社会"的关系，从理论上探讨我国新时期社会福利制度中国家与社会的制度化责任关系，从而为我国新时期的社会福利制度建构提供参考。

一　西方福利国家制度建构及其问题根源分析

当代西方的福利国家体制是工业革命以后为了应对工业化所带来的贫困等严重社会问题而出现的重要制度创新。工业化的发展一方面给人们的生活带来很大的风险，另一方面也破坏了过去农业社会长期稳定的家庭和社区的福利功能，迫切需要建构新的社会福利制度体系。从19世纪80年代开始出现的现代社会保障体制正是在工业化、资本主义制度和市场经济制度框架下，通过转变和提升国家的功能而解决工业化社会各种矛盾，满足人们基本需要的途径。新的社会保障制度模式开创了通过国家力量而构建新型社会福利制度的实践模式，是工业化社会以后在社会福利制度上重要的制度创新。这种新的制度模式一出现，就显示出在市场经济条件下满足人们的基本需要，缓解贫困、解决社会问题和维护社会稳定等方面的重要功能。"二战"以后，欧洲等发达国家和地区沿着这一方向继续提升国家在社会福利体系中的作用，建立了"福利国家"的社会福利体系，国家（政府）在社会福利体系中发挥了更加重要的作用，甚至是承担了完全的责任。

这种由国家完全负责的福利国家体制为当代社会福利制度奠定了稳定的制度基础。它最重要的特点是找到了一个能够替代过去农业社会中的家庭和地方社区，能够在工业化和市场经济条件下稳定地承担社会福利资源调动、资源分配、福利规划和服务提供的公共主体——国家。从而能够建立起超越传统的家庭福利和其他非正规制度的现代社会福利制度，以及超越地方社区的全社会统一的社会福利制度，从而使现代社会福利制度能够在抵御市场风险，保障基本民生和促进社会平等方面发挥稳定的作用。

战后西方福利国家体制有几个重要的制度基础：一是民众的社会权利得到了法律的确认；二是国家被赋予了满足民众基本需要的制度化责任，并因此而具有相应的资源调动和分配的权力；三是福利国家具有大众民主的政治基础，即政府是通过民众普选而产生，因此政府的社会政策必须满足选民的需要。不论从理论上还是制度设计上，战后西方福利国家的制度体系最初都是比较完整的。但由福利国家体制的运行而产生了相应的利益集团，即依赖社会福利制度的群体，如福利受益者群体、福利服务供应组织及人员等。这些附带产生的制度基础和社会变化，使得福利国家制度的运行产生了最初可能没有预想到的后果。首先，社会权利的理论和制度实践将获得社会福利服务界定为老百姓的基本权利，并因此要求政府承担维护这种权利的责任，但很难清楚地界定这种权利和责任的边界。从另外一个角度看，福利国家的理论和制度实践要求国家必须满足民众的基本需要，但对什么是"基本需要"却缺乏客观的界定标准。其次，更重要的是，大众民主制度最初是作为福利国家重要的政治基础，但在后来的实践中它却将政府的社会政策推向了政治斗争的火线，使之成为选举中党派斗争的焦点问题，使社会福利成为政党斗争的政治工具：政府和政党为了赢得选举的成功而不得不用社会福利去迎合选民的需要。更进一步看，随着政府社会开支的增大，社会福利本身逐渐成为各个利益集团争夺的资源，尤其是依赖福利制度的各种利益集团以各种方式影响政府的社会政策，在不同程度上使社会福利偏离了其原有的目标，从而持续性地推高了社会福利供应的水平，并使政府的社会政策失去了调节社会福利供应的弹性，从而使政府背上越来越沉重的财政负担。概括起来看，西方福利国家体制在缺乏客观界定福利需要、社会权利和政府责任标准的条件下，政府受到选举和选民的压力而难以坚持科学合理界定福利供应水平和方式的基本原则与标准，并且在政治多元化和公民社会不断发展的情况下，难以抵御利益集团的影响，从而使社会福利开支逐渐失控。再加上20世纪60年代以后经济全球化逐渐加深，人口老龄化逐渐加剧，给各国政府带来了严重的财政负担，并损害了经济运行的效率，最终在70年代石油危机后导致了西方福利国家的危机。

总结西方福利国家的经验教训，可以看出，在当代工业化和市场经济条件下由国家来承担社会福利的责任，担当现代社会福利制度的责任主体，是一个最佳的和不可替代的选择。但西方福利国家体制的一些具体制度安排未能适应经济与社会变化的情况而做出合理的调整，并且一些西方国家的政治制度扭曲了福利国家的最初目标，使其整个制度体系出现了明显的缺陷。在分析西方福利国家社会福利体制的成败时，应该将其国家责任主体的基本制度与导致其出现危机的原因做具体的分析。应该看到，导致福利国家危机的原因不在于国家责任主体的制度，而主要在于西方国家的选举制度对政府科学决策的制约，以及利益集团对政府社会政策的影响。政府社会政策的科学决策要求从国家长期发展的战略目标出发，依据经济、政治、社会和国际环境的诸多因素来协调国内各群体的利益，有步骤地解决各种社会问题，并兼顾民众的眼前利益和国家的长期发展的要求。而在西方国家的多元政治和竞选制度下，社会政策容易成为各群体利益争夺的工具，以及选举中政治炒作的工具，从而制约政府的科学决策。过去的福利国家理论将大众民主看成是福利国家的政治基础，认为大众民主为福利国家提供了必要的政治支持。但从事实上看，西方式的多元政治和竞选制度对福利国家制度是一把双刃剑，它既支撑了福利国家制度，为福利国家提供了民意基础，又限制了福利国家制度下政府的科学决策，并最终削弱了福利国家科学运行的能力。

因此，改革西方的福利国家制度不是要整个抛弃国家在社会福利制度中的主体责任，而是应该改革那些不适应福利国家制度科学发挥作用的制度，或者改革国家的政治制度以便使政府在社会福利事务中能够更好、更科学地发挥作用，从而引导社会更加科学地发展。

二 我国社会福利制度的发展及目前的问题分析

我国早在计划经济时期就建立了适合当时国情的社会福利体系。在计划经济时代，我国在政府主导下，依托城市国有企事业单位和农村集体经济组织，建立了一套比较适合当时公有制、计划经济体制和社会管理体制与经济发展水平的社会福利制度。当时的社会福利体制后来被称为"国家－企业模式"或"国家－单位保障制"（郑功成，2002），即在国家主导下，在城市中由企事业单位具体负责，在农村中由集体经济组织具体负责的主体责任模式。在当时的体制下，与经济制度一样，社会福利制度是国家的社会职能之一。国家在整个社会福利制度中扮演最重要的主体角色。其作用有以下几个方面：首先，国家负责建构社会福利的基本制度体系。其次，国家规定了企事业单位和农村集体经济组织在社会福利方面的职责。尽管企事业单位和集体经济组织承担着直接的福利供应职责，但它们不是完全独立的行动者，而是受国家管理的，它们在社会福利方面的制度体系、机构设置和几乎所有的社会福利行为都严格按照国家的具体规定办理，其本身的自主性很低。再次，国家为企事业单位和集体经济组织履行社会福利职责提供着保障，当企事业单位和集体经济组织遇到资源困难时，由国家承担资源保障的责任。因此，当时的制度体系在本质上是一种国家福利模式，而企事业单位和农村集体经济只是国家福利体系中的具体执行者。但是，相对于当时经济发展水平而言，我国计划经济时代的社会福利水平也比较高，也就是说，在整个社会财富的分配中，福利性分配的比例比较高。因此，从国家主导福利体系和相对较高的福利水平这两个重要的特征上看，我国计划经济时代的社会福利模式与西方福利国家的社会福利模式有很大的相似。所不同的是，西方福利国家体制依托的经济基础是市场经济体制，而我国依托的是计划经济体制；西方福利国家体制依托的政治基础是西方式的民主体制，而我国依托的是当时党的一元化领导下的政府－企业管理模式和农村政社合一的人民公社制度。

计划经济时代的"国家－企业"和"国家－集体经济组织"社会福利体制最大的好处是能够比较方便地调动各种资源，在人均收入水平较低的情况下，可以最大限度地保障人们的基本生存，并且能够调动必要的资源，在经济发展水平较低的情况下保障基本的教育、卫生等社会事业的发展。在人均资源很有限的情况下，这种国家福利模式为维持基本的民生和发展社会事业发挥了关键性的作用。同时，通过由城市企事业单位和农村集体经济组织承担福利供应责任，国家避免了大部分直接供应福利和管理福利体系的成本。但是，当时的福利制度也存在一些问题，一是国家在城市安排就业和提供住房等方面几乎完全采用福利供应的方式，排斥了市场机制，而当时经济发展的条件使政府难以有效地保证足够的福利供应，因而事实上制约了就业和住房供应，并最终使政府难以继续履行在这些方面的责任。二是当时的劳动保险制度依托全民所有制企业的管理体系，而经济体制改革以后，失去了政府财政支撑的劳动保险制度就变成了企业保险，许多经营状况不佳的企业难以维持职工的退休金和医疗费。概括起来看，计划经济时代的社会福利制度的问题不在于国家为责任主体的福利体制，而主要在于计划经济体制下的社会福利体制承担了过多的福利供应，并且在制度上不适应经济体制改革以后新的企业制度。

20世纪80年代的社会福利改革主要针对上述这些问题，在劳动就业和住房供应方面采用了扩大市场供应的办法，在全民所有制企业劳动保险方面采取了统筹的办法，并增加了失业（待业）保险制度。但进入90年代以后，社会福利改革逐渐朝向降低政府责任，扩大市场供应和社会福利社会化的方向。90年代的改革在建构适应市场经济的社会福利体制方面取得了成功，但过分强调降低政府和企业的社会福利责任则带来了很大的问题。一是政府责任降低后在许多领域采用过分的市场化供应方式，使医疗、教育、住房等方面的服务价格不断攀升，降低了这些服务对普通民众的可及性；二是政府希望通过社会福利社会化的方式让"社会"来分担福利供应的责任，但却没有采取有效的措施去培育和加强具备福利供应功能的社区与社会组织，并且也没有建构合理的体制和机制去让社区和社会组织能够有效地承担福利供应的职责。因此，社会福利社会化在资源渠道和组织体系两个基本的方面都没有落到实处，导致在政府和企业的福利责任弱化后，没有其他的组织体系能够有效地承担起政府和企业卸掉的责任，因而导致了整个社会福利水平的大幅度下降。

因此，不论从西方福利国家的实践还是我国计划经济时代的国家－企业福利制度看，其问题的主要根源都不在于国家福利制度本身，而在于具体的制度安排、福利水平，以及社会福利制度与经济制度、政治制度之间的关系不协调等方面的因素。国家福利制度本身确实也存在脆弱的方面，它需要有合理的制度设计，良好的经济和政治制度的保障，并且需要有科学和高效率的管理体系。当这些条件不能满足时，国家福利体制就会出现问题。但是，从理论和实践上都无法否认国家福利制度是当代工业化社会最佳的社会福利制度。它不是完美无缺的，但在当今社会中是最佳的，不可替代的基本制度体系。因此，社会福利制度改革与发展的基本思路应该是不断地完善国家福利制度，而不是弱化或取消它。

三 对"福利国家"的理论争论及与"福利社会"的关系

西方福利国家的主要基础是社会公平的价值理念、大众民主的政治制度和国家干预下的市场经济体制，在此基础上主张通过国家的力量来建构全面性的、普惠型的和高水平的社会福利体系，以满足民众的福利需要，并维护社会稳定。但由于完全排斥市场机制和忽略社会参与，缺乏对效率与发展的关注，并且在应对经济全球化、人口老龄化等方面的新变化时缺乏理论变革意识，因此西方福利国家在理论和实践上都陷入僵化。随着"福利国家危机"的出现，西方"福利国家理论"也受到来自各个方面的质疑，其中新自由主义社会福利理论对"福利国家"理论的批评最为激烈。概括起来看，新自由主义的火力主要集中在"福利国家"理论强调应该由国家承担社会福利责任的核心观点上，认为这是福利国家理论最大的谬误，认为国家在社会福利方面承担超出最低限度的责任，不仅会损害经济运行效率，还会损害个人的权利和自由。并因此而认为，要解决西方福利国家的种种弊病，就应该回到"最小国家"的理论，让国家全面"退位"，只扮演有限责任的角色，只完成靠个人和市场所不能完成的任务。

20 世纪 80～90 年代，新自由主义的社会福利理念在全世界产生了很大的影响，尤其是对一些发展中国家的社会福利改革产生了很大的影响。然而，在实践当中大量出现"自发秩序"（市场机制）失灵的情况，而新自由主义从理论和实践上都没有解决在市场失灵的情况下，离开了国家的干预由谁来提供公共服务的问题。从理论上看，个人和市场在满足人的需求方面的作用都是有限度的，仅靠个人责任难以使所有人都满足基本需要，仅靠市场机制也难以达到社会公平意义上的资源最优分配。因此客观上需要有一种超越个人责任和市场机制的公共权力去干预。尽管国家干预确有其不足的方面，但新自由主义没有能够从理论上证明还有其他哪类组织能够在总体上有效地替代国家的干预。从实践上看，尽管新自由主义理论来自西方思想家，但这套理论在西方国家的实践却遭到很大的抵制，给拉丁美洲国家和一些转型国家又带来了很多的混乱。

鉴于福利国家理论与实践的困境和新自由主义的缺陷，"第三条道路"的理论另辟蹊径，试图从国家与社会相结合的角度去解决问题。在这一背景下，"福利社会"的理论应运而生。"福利社会"概念最早由安东尼·吉登斯于 1998 年在其著作《第三条道路：社会民主主义的复兴》里提出。他从分析福利国家的矛盾出发，试图通过建构"积极的福利社会"的思想而找到新的出路。他认为，"今天我们应当倡导一种积极的福利，公民个人和政府以外的其他机构也应当为这种福利做贡献。……

'积极福利'的福利开支将不再完全由政府来创造和分配,而是由政府与其他机构(包括企业)一起通过合作来提供。这里的福利社会不仅是国家,它还延伸到国家之上和国家之下。……在积极的福利社会中,个人与政府之间的契约发生了转变,因为自主与自我发展——这些都是扩大个人责任的范围的中介——将成为重中之重"(吉登斯,2001)。可以看出,在社会福利的主体责任这一关键性的问题上,第三条道路理论试图在传统的福利国家理论和新自由主义理论之间寻找一条中间道路,并以此来更新和发展福利国家理论。在这一理论框架下,20世纪90年代以来社会福利理论研究出现了"福利多元主义""积极的福利社会""社会投资型国家"等概念和理论。

应该说,第三条道路理论及其框架下的各种理论观点在很大程度上是在总结过去传统福利国家理论与实践中所存在问题的基础上,为应对全球化时代的新问题和"华盛顿共识"形成以来新自由主义对社会福利理论的挑战而产生和发展的。这种理论试图摆脱过去传统福利国家理论中的一些不适应新形势的内容,建立更具适应性的社会福利理论。然而,在面对新自由主义理论的压力下,第三条道路框架下的一些理论观点没有能坚守住国家在社会福利体系中的主体地位这一基本原则,在"福利多元主义""福利三角理论""福利社会"等理论中在不同程度上模糊了国家在社会福利体系中的主体和主导地位。

"福利国家"一直是一个西方的概念,在我国官方话语体系中没有这一概念,学术界也对此小心翼翼。在计划经济时代,由于政治、经济和意识形态等方面的差异,我国没有采用这一概念。改革开放以后,尽管在政治和意识形态方面的限制减弱了,但我国改革以后的社会福利理论在一定程度上受到新自由主义的影响,对福利国家理论仍多持批评的态度。然而,在经历了20多年的社会福利制度改革后,在面向我国未来的社会福利制度发展时应该重新审视这一概念,并在此基础上作出新的理论创新。近年来,我国学术界在消化吸收西方社会福利理论最新发展成果的基础上,提出了构建我国"福利社会"的概念,并对此进行了理论探索。本文认为,应该在认真总结国内外社会福利理论与实践发展的基础上,从我国的实际出发,认真分析"福利社会"和"福利国家"的关系,从而建构和发展新时期我国的社会福利理论。

从理论上看,"福利国家"与"福利社会"是两个既相互关联,又各有侧重的概念。"福利国家"是指由国家来承担社会福利主体责任的制度，同时也指一种高水平、全面性、普惠型的福利体系。"福利社会"也具有两种含义，其基本的含义应该是"具有较高福利水平的社会"。除此之外，它还有"社会成员和社会组织广泛参与的福利制度"的含义。从前一种含义上看，福利社会应该是我们追求的一种理想的社会，而不是指特定的福利制度形式。因此，这个意义上的福利社会并不排斥福利国家。相反，福利国家可以是实现福利社会的一种制度方式。从其后一种含义上看，"福利社会"与"福利国家"就有一定的差异。尽管"福利社会"可能并不排斥国家的干预，"福利国家"也可以容纳社会成员和社会组织的参与。但概念使用上的不同，表明在社会福利责任主体的观点上有明显不同的理论倾向。"福利国家"的概念更加强调国家在社会福利体系中的主体和主导地位，而"福利社会"的概念则更加强调公民和社会组织的责任和平等参与。

更进一步看，即使在后一种含义上，"福利社会"与"福利国家"也不必然矛盾。首先，"福利社会"的概念虽然强调了公民和社会组织的参与，但也并没有排斥国家的主体责任。其次，社会福利体系中的社会广泛参与是一个基本的原则，但需要通过具体的方式来实现，而国家福利制度也是社会参与的方式之一。事实上，早在传统的福利国家理论那里，支撑国家全面负责社会福利事务的理论依据之一，就是认为通过国家的力量能够更好地体现公民的利他主义，是公民和社会承担社会福利责任的最好方式。

因此，我们认为，应该正确地界定和理解"福利国家"与"福利社会"的概念，并在此基础上建构这两个概念之间的关系。对于"福利国家"概念，应该超越过去狭隘的理解，将其界定为"由国家主导的社会福利体制，以及建立其上的适度水平的社会福利体系"，而"福利社会"的概念则应界定为"建立在公民和社会广泛参与并广泛满足公民福利需要及社会发展需要的社会福利体系"。按照这样的界定和理解，"福利社会"和"福利国家"就是两个紧密关联的概念。"福利社会"是建构社会福利体系的目标和基础，而"福利国家"是福利社会得以实现的重要方式。

根据上述对这两个概念含义的分析，本文认为，尽管社会福利需要有全社会的参与，但必须要有一套比较完整的制度体系和制度化的资源调动体系，而这又需要一个权威的公共机构来担当起组织的责任。在当前和未来一段时间里，我国社会福利体系中既难以离开政府主导而自发地形成

"公民福利社会",也难以发展起替代政府社会福利功能的公共机构。从我国的实际出发,"福利国家"的概念和以此为基础的社会福利理论更切合新时期我国的需要。理由是,首先,福利国家的概念并不排斥,并且能够兼容福利社会的含义;其次,更加重要的是,福利国家的概念更能突出国家在构建社会福利体系中的作用,也就是说,福利国家是实现福利社会的必要途径。再次,过去20多年我国社会福利理论和实践发展中最大的问题之一就是没有现实地、合理地处理好国家与社会的关系,而其中更关键的是缺失了国家在构建福利社会中的作用。为此,应该重新回到"福利国家"的框架下,构建以福利社会为目标,福利国家为途径的社会福利理论。因此,本文拟采用"新福利国家"的概念,以强调政府在社会福利发展中的责任。

四 新福利国家理论及其在新时期的特点

本文提出的"新福利国家"概念,其要点是坚持福利国家概念和理论的基本内核,即由国家负责为民众提供福利的基本观点。在此基础上,扬弃过去传统福利国家理论与实践中的缺陷,根据我国的经济、政治和社会制度,以及我国目前和未来经济与社会发展的需要,对传统的福利国家理论进行修正和发展,提出以社会公平为基础、国家主导与社会参与相结合、福利机制与市场机制相结合的新型福利国家理论与制度模式。新福利国家理论的要点如下。

1. 社会福利制度的主体:国家主导下的社会参与

新福利国家理论认为,社会福利制度应该建立在国家主导的基础上。政府应该在社会福利制度中承担最重要的主体责任,但同时也应该注重调动民间的资源和力量。在社会政策行动和社会福利制度建构中只依赖国家而忽略调动民间的力量,以及一味地强调"国家退位"和社会福利的私有化或民间化都不利于社会福利事业的发展,而只有根据本国的实际,探寻将政府与民间有效结合的制度化方式,才能推动社会福利的健康发展。在我国现阶段发展社会福利事业,政府的主导尤为关键。首先,政府具有调动庞大社会福利资源的能力;其次,政府具有实施社会福利所需要的宏大而严密的组织体系;再次,政府具有协调地方福利利益和抵御全球化对福利侵蚀的能力;最后,政府具有把握社会福利发展方向,制定各项社会保障政策及社会福利规则，以及社会福利宏观发展规划，并组织其实施的能力。政府所具有的这些能力都是民间社会组织所不能取代的。因此，政府应该在社会福利事务方面具有基本的和主要的责任，包括建立制度体系、调动资源、监管运行和培育社会福利组织等。民间组织在提供具体的服务方面具有灵活性和高效率的特点，可以承担政府委托的社会福利项目，并且可以在政府高度规范化的社会福利体制之外继续动员社会参与和调动更多的社会资源。因此民间的参与将在补充性的资源调动和服务运行方面发挥日趋重要的作用。此外，民间参与应该纳入国家的福利体制中，并得到政府的支持与引导。其主要内容包括强调企业社会责任，增强社区社会福利服务能力，鼓励福利性社会组织的发展并加强其制度建设和能力建设，以及调动公众的广泛参与。

2. 新福利国家的价值基础：社会公平与集体主义

公平是指按照基本的社会价值目标而对资源分配合理性的社会评判。当代社会的基本价值目标既包括促进经济与社会发展、维护社会稳定，也包括保障人的基本需要和提高人们的生活水平，以及关照社会中的弱者。按照这样的社会价值目标，一个合理的资源分配模式既要能体现对经济与社会发展的贡献，又要能体现保障人类安全和对弱势人群的关照。从这个意义上讲，市场经济和社会福利都应该建立在社会公平的基础上。社会福利意味着通过公共行动的方式来分配资源，以满足民众的需要。而任何公共行动都需要建立在为社会所认可的合理性价值基础上。社会福利的公平观的要义是要将政府和社会的福利行动建立在社会合理性的基础上。在此方面有两层含义：一是政府调动公共资源的福利性分配与市场性分配之间关系的合理性，即全社会的福利投入应该在总财富的分配中占有合理的比例；二是对政府公共资源分配本身的合理性，即政府应该合理地在不同的群体和不同的需求之间分配其掌握的福利资源。为此，新福利国家理论强调，社会福利的公平观应该强调所有公共资源分配中的全面性公平。尤其是随着经济发展和贫困的相对化，政府对社会福利投入的增多，以及普惠型福利的发展，如何公平分配公共资源的问题将成为社会福利公平问题的主要方面。换言之，如果过去我国社会福利发展中的主要矛盾是政府投入不足的话，那今后的主要矛盾则可能是政府如何更加公平地分配其日益增大的福利投入。在政府福利投入满足了"底线"并不断增大的情况下，对公平的要求不仅不会减少，而且还会增多和更加复杂化。如果我们不能在新的形势下提高公平的价值和发展对公平的理解，则可能不仅降低社会福利的社会效益，而且使社会福利事业的发展遭遇新的政治阻碍。

此外，新福利国家理论强调以集体主义为其重要的价值基础。只有在高度集体主义的意识中，社会福利才能得到民众的支持和参与。我们应该在集体主义基础上建立起个人权利与个人责任相结合的社会参与模式，在集体主义基础上发展社会福利领域的"举国体制"。

3. 新福利国家的社会目标：社会保护与经济和社会发展

社会福利制度的社会目标一是为所有的民众提供社会保护，使其免遭来自市场经济、经济和社会发展波动及结构变迁等方面的损害，使所有的人在任何情况下都可以得到基本的民生保障。二是要适应本国的经济与社会发展，为经济和社会发展奠定重要的社会基础，提供基本的社会条件。在此方面有两层基本的含义，一是通过有效的福利供应和社会服务而满足人们的需要并缩小人们在各种需求满足方面的实际差距，以维护社会稳定，为经济和社会发展奠定良好的社会基础；二是通过社会福利供应而提高全社会的人力资本，以促进高科技时代的经济与社会发展。在我国转变经济发展方式的背景下，以增大人力资本为目标的社会福利项目在当前尤为重要。

4. 新福利国家的政治、经济与社会制度基础：服务型政府、市场经济与计划社会

在我国，新福利国家的政治基础是公共服务型的责任政府，强调政府在包括社会福利在内的公共服务方面负有基本的责任。新福利国家的经济基础是社会主义市场经济，即社会主义的目标与市场机制的结合，以及在此基础上所展现的经济活力和取得的经济实力。新福利国家的社会制度基础是计划社会，即政府按照个人和社会发展的需要及条件，通过公共行动的方式去规划社会福利事业，并调动和投入必要的公共资金。应该指出的一点是，计划社会的体制只是强调社会福利运行的基本体制，它不应该排斥政府之外的社会福利行动，而且应该鼓励各种非政府的社会福利行动，并尽可能将其纳入社会福利的整体规划中。这一点是与传统的福利国家理论最大的不同之一。

5. 新福利国家的运行机制：福利机制与市场机制

在政府提供的公共服务体系中应该采用福利机制还是市场机制，一直是社会政策领域争论的焦点问题之一。所谓福利机制，是指按照福利性的

原则来分配产品和服务。在社会福利体制中，福利性原则包含三个方面的要素：一是平均分配或按照实际需要分配产品和服务，二是使用者可以免费或低费地享有产品和服务，三是由政府或其他公共组织来为产品和服务的生产与分配提供资金。而所谓市场机制，则是指按照等价交换、个人贡献和市场竞争的原则来分配产品和服务。

传统的福利国家理论强调社会福利体系应该按照福利性的机制运行，反对引入市场机制，主张纯福利的原则，即完全由政府的公共资金支付其费用，在社会事业中广泛实施再分配和收入转移，平均地分配其产品和服务，并且受益者可以获得无偿的福利性服务而无须直接付费。同时，福利性社会事业完全由政府直接管理，或者由政府委托的"准政府"部门管理。这种"纯福利"的运行机制受到来自新自由主义者的批评。他们认为，纯福利的运行机制一方面降低了社会服务运行的效率，导致了大量的浪费，另一方面使社会服务的实际收效也降低，再一方面是政府对社会服务的垄断损害了人们的自由选择。此外，纯福利机制还可能导致受益者福利需求的不合理扩大，进而导致政府公共开支的不合理增加，给国家带来严重的财政负担，最终将损害经济发展。

新福利国家理论认为，应该着眼于在社会产品和服务的生产与分配中建立以福利机制为主导，适度引入市场机制的运行模式。因为只有以福利机制为主导，才能使社会福利制度真正发挥其社会效益，实现基本公共服务均等化的目标，满足所有民众的需要，尤其是弱势群体的需要。同时，适度引入市场机制能够提高社会福利机构的运行效率和服务质量，约束不合理的和过度的服务需求，并且使居民在获得服务方面享有更多的自由选择权。因此，应该强调各种社会服务的公益性质和社会目标，坚持福利机制为主，有限制地、因时、因地、因人和因条件而异地引入市场机制，并采取有效的配套政策，降低其可能的负面影响。

6. 新福利国家理论强调社会福利运行中公平与效率的结合

公平与效率的关系一直是社会福利理论中的基本问题之一。传统的福利国家理论认为，社会福利只关注公平，与效率无关；而新自由主义认为高水平的福利制度注定会损害效率。这两种观点看起来完全不同，但其实质都是把公平与效率对立起来的偏颇之见。

要正确地理解公平与效率的关系，首先应该对这两个概念有准确的理解。对公平的概念前面已有论述。效率是指人们经济与社会活动中的投入和产出的关系。投入越低、产出越多，效率也就越高。毫无疑问，市场经济是以效率为其基本原则，但社会福利运行中也有投入和产出的关系，因此也需要讲效率。首先，社会福利运行中的效率分为微观效率和宏观效率等不同的层次。从微观层次上看，每个具体的社会福利项目都有投入和产出的关系，都应该强调少投入、多产出。公共教育、公共医疗卫生事业、社会福利服务部门等都应该通过合理的制度设计而提高其自身运行的效率。这与市场经济行为中的效率原则是一样的。从宏观层次上看，社会福利体系的效率涉及资源投入和资源分配与社会效益之间的关系，高效率的社会福利制度模式应该是在资源投入量一定的情况下，通过更加合理的资源分配和制度安排而达到更好的社会效益。例如，通过合理的资源分配而使社会福利体系能够在资源投入一定的情况下，更好地达到缓解贫困、提高人们的健康水平、减少文盲和提高平均受教育程度、改善人们的住房条件、维护社会稳定、促进社会平等与社会和谐等方面的目标。从宏观层次看，社会福利制度运行的效率与公平是一致的。所不同的是，公平的原则要求社会福利制度运行始终遵循正确的社会价值目标，而效率原则要求其高效率地达到目标。

社会福利制度的运行和发展应该是公平与效率并重，将公平与效率对立起来的观点和做法都有害于其发展。正确的做法是采用合理的机制，达成社会福利运行与发展上公平与效率的统一。同时，与市场经济相比，社会福利运行中的效率原则更加复杂，也更难以测量和管理，提高社会福利运行效率的难度更大。如何在现有的经济、政治和社会体制下，在把握好社会福利制度社会公平的目标基础上，提高其运行效率，使其发挥更大的社会效益，是摆在每个社会政策和福利制度研究者与实践者面前的一项重要课题。

7. 新福利国家理论强调社会福利的制度建构

新福利国家理论强调，社会福利是以制度化的方式去为老百姓提供福利保障和社会服务。要让社会福利体系正常运行，关键之一是要构建合理完善的制度体系，而不能长期按政府眼前的意愿只采取补缺式的行动。尤其是在当前和未来我国社会福利水平不断提高，强调基本公共服务均等化和建立适度普惠型福利体系的背景下，加强制度建设就显得尤其重要。一方面要加强法制建设，将政府和社会的社会福利行动的基本制度构架纳入到国家法律体系中，成为国家的基本建制。另一方面应该细化社会福利的制度安排，使社会福利运行有制度可依。再一方面应该加强社会福利运行体系管理体系的专业化建设，以提高其运行效率和社会效益。

参考文献

艾斯平-安德森，考斯塔，2003，《福利资本主义的三个世界》，郑秉文译，法律出版社。
陈劲松，2009，《转型时期我国社会福利体系的重构与社会认同的转型》，《中国人民大学学报》第2期。
哈耶克，弗里德里希·冯，2007，《哈耶克文选》，冯克利译，江苏人民出版社。
吉登斯，安东尼，2001，《第三条道路——社会民主主义的复兴》，郑戈译，北京大学出版社、生活·读书·新知三联书店。
刘继同，2009，《社会福利制度战略升级与构建中国特色福利社会》，《东岳论丛》第1期。
彭华民，2006，《福利三角：一个社会政策分析的范式》，《社会学研究》第4期。
杨伟民，2008，《论社会福利与国家福利的关系》，《中国人民大学学报》第1期。
赵定东、雷天怡，2009，《社会福利的国家道义与福利—社会化逻辑悖论分析》，《浙江社会科学》第8期。
郑功成，2002，《中国社会保障制度变迁与评估》，中国人民大学出版社。

论需要为本的中国社会福利目标定位[*]

彭华民[**]

摘 要： 社会福利目标定位是国家如何将社会福利资源提供给社会群体以满足他们需要的原则。中国在从国家重建、经济建设、"文化大革命"到改革开放阶段均以国家为本作为社会福利的目标定位，提供社会福利给特殊群体，形成了补缺型社会福利。社会福利目标定位的经典理论是马克思以人为本的需要理论以及社会需要类型理论。需要为本就是以人为本。当中国转型到经济建设与社会建设并重的过程中，社会福利目标定位需要从国家为本转型到需要为本。在需要为本的原则下，中国社会福利体系要从需要满足目标群体、需要满足目标定位的具体内容、需要为本的社会福利政策、需要满足的生产和提供部门发展、需要满足的行动协调原则、需要满足物（福利提供）内容等方面进行发展创新，转型到适度普惠型社会福利，促进和谐社会的发展。

关键词： 社会需要　目标定位　社会福利　社会福利政策　适度普惠

一　导言

中国社会福利体系建设走过艰难的发展道路。改革当初我们面临的问题是国家提供福利的体系抑制了市场经济的发展，损害了社会成员的利益，形成了新的不平等机制，以及僵化的和缺乏活力的保障，是满足部分社会

---

[*] 本文为国家社会科学基金重点项目 09AZD040 "中国社会福利制度发展创新"的成果之一，首发于《南开学报》2010 年第 4 期，此次发表作者对原文做了一定的文字修改。

[**] 彭华民，南京大学社会学学院副院长，社会工作与政策系教授。

成员需要的补缺型社会福利制度安排（黄黎若莲，1995）。但是直到今天，与社会主义计划经济匹配的社会福利体系解体了，社会主义市场经济机制下的中国社会福利体系转型却没有成功，在保障民生方面存在诸多问题。国家在社会福利提供上重视社会问题出现以后对社会群体的补救，重视特殊社会群体的福利提供，重视金钱方面的救助而忽视社会福利服务体系的建设，忽视国家社会福利责任的提升和能力建设，仍然是补缺型的社会福利制度安排。一些学者还认为这种补缺型的社会福利就是我国社会福利改革的目标（李艳军、王瑜，2007）。事实上，窄覆盖、低水平的社会福利完全不能满足民生需要，和谐社会的建设迫切需要社会福利制度从补缺型转变到适度普惠型[①]。而社会福利体系转型的核心任务是从理论和制度上反思中国社会福利体制发展的问题，重新定位中国社会福利体系的目标。

二 中国国家为本的社会福利目标定位

社会福利目标定位是一个国家社会福利制度的核心，是国家提供资源满足社会成员需要的依据，也是社会成员接受社会福利的制度保障依据。从20世纪的工业化和城市化开始，国家作为社会福利提供者，在承担社会福利提供责任方面的重要性不断增强。无论是建立福利国家的贝弗里奇报告（Beveridge, W., 1958），还是福利国家危机之后的福利多元主义者（Johnson, N., 1999），或者是对福利国家持批判主义观点的新马克思主义者（Gough, I., 1979），都无一例外地强调国家在社会福利提供中的责任。国家建立社会福利制度是建立社会公正、协调经济和社会发展、提高社会质量的手段。

社会福利研究从来不是国家缺位的研究。在中国社会福利发展转型特别是社会福利体系的目标定位讨论中，国家具有重要的地位。从国家开始讨论中国社会福利体系可以发现，（1）中国政府定位的社会福利目标人群和福利提供包括政府提供给困境儿童的儿童社会福利，提供给老人的老人社会福利，提供给残疾人的社会福利。这三种补缺型社会福利提供是民政部多年的传统，是一种在经济发展水平低下的情况下形成的非常狭义的

---

① 普惠型社会福利制度指国家提供社会福利普及到每个具有公民权的社会成员；社会福利不仅仅是作为解决社会问题的手段，而且也是提高社会成员能力的方式。根据中国社会经济发展水平，民政部于2008年提出发展适度普惠型社会福利的战略。适度的涵义是指普惠型社会福利必须与中国社会经济发展水平相适应。

社会福利提供①。在中国政府建设的社会福利行政体系中，社会福利提供是由民政部中的一个司即社会福利与慈善促进司完成的。大多数社会成员不包括在社会福利与慈善促进司提供社会福利的目标人群中。（2）随着经济发展和社会进步，中国的社会福利事业获得了较快的发展，已初步形成了以国家、集体兴办的社会福利机构为骨干，以社会力量兴办的社会福利机构为新的增长点，以社区福利服务为依托，以居家供养为基础的社会福利服务体系（窦玉沛，2006）。虽然有社会福利改革的建议，但与世界上一些发达国家普惠型社会福利不同，国家保障的还是特殊社会群体的基本生活权益，提供的是基本生活保障和服务保障，是一种补缺型的社会福利。（3）在社会福利管理体制上我国和大多数国家不一样，政府没有建立社会福利部，而是将广义的社会福利提供功能分散到多个政府部门：民政部（还包括社会救助），社会保障部（社会保险）、教育部（教育福利）、卫生部（卫生福利）、住房与城乡建设部（住房福利）、人口与计划生育委员会（儿童、妇女、家庭福利）、妇联（妇女、家庭福利）、共青团（青少年福利）、工会（职工福利）、民族事务委员会（少数民族福利）等也承担了广义的社会福利提供功能。由于社会福利提供分散在多个政府部门，社会福利提供的总量、质量和可及性受到很大影响，是一种典型的补缺型社会福利。

这种国家赋权的补缺型社会福利体系在特殊背景下建立，体现了国家为本的社会福利目标定位。它经历了我国经济社会发展的多个阶段，延续了多年。（1）新中国成立之初至"文化大革命"之前，我国建立中央人民政府内务部，内设民政司、社会司、优抚司，主要目标定位在维护刚刚获得的国家政权的稳定，管理其他政府部门不管的事务。这是一种以维稳为目标的国家为本社会福利定位。（2）"文化大革命"中，我国忽视社会福利体系的独立性，以国家政治形势发展为原则，取消内务部，将其功能分散到其他政府部门，社会福利提供与否完全成为一种满足政治需要的国家为本行为。（3）市场经济体系改革之初，我国政府于1978年在原来内务部的工作职能上建立民政部，设优抚局、农村社会救济司、城市社会福利

---

① 广义的社会福利包括正式的和非正式的两个部分。正式的社会福利由国家提供，包括收入保障和社会服务两大类型。收入保障包括社会救济和社会保险；社会服务覆盖社区、教育、就业、住房、矫治等领域，覆盖的人群包括儿童、妇女、老人、残疾人、少数民族、行为偏差者、流浪人口、流动人口等，每个公民都是社会福利的接受者。因此，目前国家为本的中国社会福利覆盖面极小，不利于中国社会福利的转型和发展。

司、民政司和中国盲人聋哑人协会，主管优抚、复退安置、生产救灾、社会救济和社会福利，并承办行政区划、婚姻登记和殡葬改革等工作，直到现在民政部功能加强，设社会救济司、社会福利与慈善事业促进司、优抚安置局、人事司（含社会工作管理）、救灾司、基层政权与社区建设司等机构，但是，国家为本的社会福利目标定位依然没有改变。改革开放后多个改革阶段都体现了国家为本的目标定位：民政工作要更好地为人民服务，为最需要帮助的困难群众服务，为改革发展稳定的大局服务（新华社，2002）；加强和做好新形势下的民政工作，是维护改革、发展和稳定大局的迫切需要（翟伟、李薇薇，2002）；以国家为本的社会福利，服务于社会稳定目标在多个场合被强化。由此归纳出我国社会福利体系的国家为本的目标定位的特征是：社会福利服务于国家政权的建设重于满足人民的需要，社会福利服务于国家形势的稳定重于社会公平与发展。

在国家承担社会福利提供责任，社会福利发展服务社会稳定的同时，社会福利提供以满足社会成员需要的目标也被提出，但是是从属于社会稳定的，具体来说是从属于国家政权建设的。(1) 民政部从内务部之始到现在，作为国家机构其基本职能一直没有改变。"上为中央分忧，下为百姓解愁"的宗旨没有改变，社会稳定机制的作用没有改变，发展社会主义民主、维护社会主义法制、改善优抚救济对象的生活、促进国防建设、移风易俗、建立新型的社会主义人际关系的功能没有改变（民政部，2009）。(2) 2006年在第十二次全国民政会议上，总理温家宝会见与会代表并讲话强调，民政工作直接为人民群众服务、为人民群众排忧解难，是党和国家一项非常重要的工作，是政府履行公共服务和社会管理职能的重要方面，在构建社会主义和谐社会中发挥着十分重要的作用（盛若蔚，2006）。毋庸置疑，这种国家为本的目标定位在中国政府建立初期对稳定社会局面、解决社会问题起到了非常积极的作用；在中国从计划经济向市场经济转型的过程中，对于解决改革带来的社会问题，稳定社会也起到了相当大的作用。但是，社会成员的需要满足目标始终隐藏在国家为本的目标下，缩小了国家在社会福利提供方面的责任；限制了社会福利的提供；影响了中国社会福利从补缺型向普惠型的转变；与社会福利的终极目标是满足人类需要的目标相差甚远。

社会福利国家为本的目标定位不仅仅体现在社会福利体系的建设中，也影响着社会福利的研究。通观三十年来中国社会福利的研究，数量很少的社会福利研究中的大多数忽视了需要为本的社会福利目标定位，多数是从具体社会问题出发来讨论社会福利的改革发展,导致社会福利研究定位相当模糊。社会福利学界以社会问题为取向的研究多,以社会需要为取向的研究相当少。中国社会福利学界与相邻的社会工作、社会政策、社会保险,还有社会学、公共管理等相比,在其他学科随着中国改革开放大发展时,该领域的研究仍然沉寂在边缘化地位中。社会福利作为一个学科的重要性一直没有得到重视,甚至有被社会保障学、民政学、社会学、社会工作取代的危机。究其原因,一是国家为本的社会福利目标定位限制了中国社会福利研究的发展,二是社会福利学界对社会需要满足的重要性认识不足,没有对中国社会成员的社会需要满足这个主题进行大规模和深入的研究;三是对国内外社会需要的理论系统研究很少,没有提供中国社会转型背景下社会需要实证研究的理论基础。

在中国经济发展和社会发展并重建设和谐社会的背景下,社会福利如果还是以维稳的国家为本目标为指向,显然不能满足全社会成员的需要。在这样的背景下,以社会福利视角下的社会需要为主题,以需要为本进行社会福利目标定位研究,讨论社会需要满足与社会福利体系发展创新的关系,以此提出以需要为本的中国社会福利转型战略就具有重要的理论意义和社会福利政策意义。

三 需要为本社会福利目标定位的人本主义分析

需要为本的目标定位是以人为本原则的体现,它的核心是将社会福利的目标定位从国家回归到人。这里的人不是单个社会成员,而是整体的社会成员。社会福利制度的服务对象是行动着的社会成员,国家建立社会福利制度是为了满足社会成员的社会需要。因此,社会需要是社会福利制度目标定位的依据。社会群体的多元性和社会行动的动态性使社会需要的涵义丰富而深刻,使社会需要满足的制度手段多样而具有弹性。因此,需要理论成为当代社会福利理论的重要组成部分,成为社会福利目标定位的理论基础(Taylor-Gooby, P., 1980: 27 - 28; Plant, R., 1980: 103 - 122)。需要为本的社会福利目标定位讨论可以回溯到马克思的人本主义社会观。马克思指出人类需要具有社会性。马克思认为"需要是人的本质属性"(马克思,1982: 514)。他认为人和动物的本质区别是他们的需要和需要满足的方式不同。人的需要含有社会的意义,而动物的需要没有。也可以这样来理解需要是人的本质属性的观点,当一个人作为社会人存在于社会之中时,他的需要存在，当他的需要不存在时，这个人在社会中也不存在。需要是人的本质属性还意味着他们的需要在社会中得到满足。需要是人成为社会人的根本。人的需要是人的实践活动的内在动力。因为人类需要不能通过个人行为去满足，人类组织起来生产、交换、分配，满足需要的实践活动把人们联系在一起。人类行为是社会需要满足的动态表现方式，是一个社会的本质。从此角度可以清楚地看到人的需要以及满足需要的实践活动的社会属性。人类社会一经产生，又反过来决定着满足需要的行动（Plant, R., 1991: 186 – 218）。

需要为本的社会福利目标定位体现了马克思的社会人自我实现过程观。马克思对人的自我实现的论述主要见于他《1844 经济学哲学手稿》和《哥达纲领批判》。拉费步尔（Lefebvre, H.）在研究了马克思的社会理论以后指出，马克思认为人们因为有需要而进行劳动，而劳动的目的在于消费享有。需要－劳动－消费－需要满足这个过程是人类实现自我的过程（Lefebvre, H., 1982: 39 – 43）。人从出生开始就在需要的引导下行动，他是一个需要的创造物。需要本身构成了人的生活情景。人的丰富多彩的活动，人低级和高级的活动，都因为需要而产生。马克思认为需要的差异性和多样性存在于社会之中：个别的和社会的、经济的和政治的、自发的和人为的、历史的和现代的。因此，以需要为本的社会福利目标定位是具有发展性和动态性的目标定位。

需要为本的社会福利目标定位还体现了马克思将需要视为一种特别的人的需要的观点。这个人是一个存在于社会整体中的人，他的需要与历史、社会关联。因此，马克思的需要理论是一个历史唯物主义理论。一个人的需要与他人的需要关联，个人承认他人的存在，个人在与他人进行社会互动，个人把他人的需要归入社会的需要体系中，个人需要的社会性基于个人活动中的集体和社会（Langan, M., 1998）。从历史唯物主义的角度，社会的发展是人的全面发展；在人的全面发展中，需要引导了人的实践活动。人类的创造性活动和享受性活动是历史发展的动力。因此，人类生存状态中的需要是历史发展过程中的动力。以需要为本的社会福利目标定位体现了需要是社会福利制度发展动力的历史唯物主义观。

需要为本的社会福利目标定位是马克思的需要满足物分配原则的具体化。社会福利制度是再分配社会资源满足需要的制度。马克思对需要理论的更进一步的贡献是他提出了需要满足物的分配原则。马克思在设计社会产品分配流程时把满足需要的社会分配原则纳入分配体系：第一次分配按照按劳分配原则进行，多劳多得；第二次分配按照需要满足原则即按需分配原则进行，有需要的人可以根据需要获得需要满足的资源。虽然马克思没有系统地论述社会福利制度，但是他提出的二次分配中分配原则是依据社会需要建立的，需要满足物的分配是按需进行。因此，以需要为本的社会福利目标定位实际上就是马克思需要满足物按需分配原则的体现。

马克思没有对需要如何界定进行详细论述。需要的界定需从人本主义观点出发。社会福利目标定位中的需要可以简单界定为在社会中生活的人在其生命过程中的一种缺乏的状态；当缺乏反映在人脑中，并要通过外在于人的社会体系提供资源进行满足时，需要就形成了。需要是人行动的动力。人的基本需要如果不能满足，这种缺乏状态将损害人的生命意义。社会福利视角下的社会需要一般被表述为人类为了生存和福祉的生理、心理、经济、文化和社会要求。这个表述将需要与人、社会福利和环境联系在一起，将需要与需要满足物的匮乏问题联系在一起，将需要与社会福利制度提供以及需要满足的必需品联系在一起。在这个意义上，满足社会需要成为社会福利目标定位的原则。

在个体社会成员的需要聚集成为一种在同一社会文化背景的社会群体成员具有的需要时，个体的需要就变成了社会需要。从个体需要的不满足状态发展成社会需要没有得到满足的状态，就成为一种影响社会发展的社会问题。由于这种社会事实的存在，使需要从个人活动不断外化为一个相对独立于个人意志的、不以个人意志为转移的社会需要。由此，社会需要有了更为丰富的社会性和客观性。与此相关，需求①是对于某一具体需要满足物的指向。需要是客观性的，需求是主观性的（Flew, G. N., 1977）。需要是长久的，需求是暂时的。需要具有普遍的意义，需求更多的是个体指向具体需要物品的意义。

马克思之后的当代社会福利理论也认同需要的不同特性。（1）需要具有普世性和客观性：需要可以抽象地理解为人们在某一社会中为了使自己的生存和发展成为可能而要满足的要求；需要具有这样的本质特征，它是某种必要条件，表现为至少要在某种程度上得到满足，只有这样，才能使得需要的主体作为人而存在；需要是人的一种避免问题状态的客观要求，所以，就像疾病状态是客观和普世的一样，需要也是客观的、普世的。（2）需要具有历史性：需要因为社会的不同而相异。（3）需要具有主观性：人意识到的需要就是他的需要；人们能够感觉到的需要必须被认为是真实的。需要包括人们意识到的需要，人

---

① 社会福利中的需要和以货币为度量工具的市场交换中的需要是不同的。需要（need）不等同于需求（want）、欲求（demand）、欲望（desire）。

们表达的需要和人们努力追求予以满足的需要（勒德雷尔，1988：2－16）。

需要类型划分也是从人本主义的观点出发的。在社会福利领域中由需要发展出来的关联的概念很多，如基本需要、需要类型（Maslow, A. H., 1970）、需要系统或者需要体系（勒德雷尔，1988）、需要的满足和需要的满足物（Doyal, L. & Gough, I., 1991）、需要满足测量（UNDP, 2000）、社会责任和社会需要（Culpitt, I., 1992：161－177，56－58）等等，其中最重要的是对人类需要的分类。因为以需要类型划分可以形成需要为本社会福利目标定位的具体内容。多伊和高夫（Doyal, L. & Gough, I.）在社会福利制度的背景框架下，将人类需要分成基本需要和中介需要。根据中介需要类型，他们建立了社会福利提供类型（Doyal, L. & Gough, I., 1991）。步瑞德山（Bradshaw, J.）指出在社会福利服务的过程中，人类的需要可以分为四种类型：感觉性需要（felt need）、表达性需要（expressed need）、规范性需要（normative need）和比较性需要（comparative need）（Bradshaw, J., 1972：496）。联合国在解决贫穷问题时，把人类需要分为基本需要与非基本需要，基本需要的满足是解决贫困问题的社会福利政策目标（UNDP, 2000）。马斯洛（Maslow, A. H.）从人类动机的角度出发把人的需要按需要满足的递进关系分为生存的需要、安全的需要、归属和爱的需要、自尊的需要、自我实现的需要（Maslow, A. H., 1970）。尽管他是心理学家，但是他的需要类型理论经常被社会福利研究者借用。对香港、天津、上海、台湾的华人社群的实证研究证明，衣食住行是华人社群基本需要的内容（周健林、王卓祺，1999）。上述研究对我国社会福利的具体目标定位具有非常积极的指导意义，需要类型使社会福利目标可以形成目标体系，便于进行政策制定和执行。

社会需要可以根据社会福利服务提供者、社会福利政策制定者和社会福利研究者获得的资料而进行需要评估（need assessments），进而发展成为需要目标定位的实际内容。埃费（Ife, J.）指出在社会福利体系中的角色不同而导致不同的需要内容表达：社会成员定义的需要（population-defined need）、照顾者定义的需要（caretaker-defined need）、从事社会福利服务的人推断出的需要（inferred need）等（Ife, J., 1980）。社会成员定义的需要是基于社会福利调查的，它是一种实际需要表述。照顾者定义的需要是由社会福利工作者定义的需要，是一种不像人口调查那样具有连续性和大样本抽样基础的专业报告。这种需要研究常常针对特殊的社区，社会福利工作者关心的是如何去定义、去满足这个特殊的社区的需要。推断的需要指的是另外一种需要的评估方法。社会福利的行政管理者、社会福利政策制定者、社会福利工作者、社会福利研究者从人口普查数据、社会福利设施使用情况、接受社会福利服务的个人、家庭环境中分析发现需要，并且进行需要满足的评估。

埃费的需要定义方式的优点是使用了社会研究方法具体化了社会需要的内容。在埃费的方法中，可以看到社会福利接受者、社会福利服务、社会福利政策制定、社会福利资源分配方式等要素的关联。但是这种方法也有局限。马亭（Martin, E.）认为通过需要评估而发展成为需要内容的三种方法实际上是以社会福利的接受者和提供者为基础的两分法，它可能模糊需要的本质（Martin, E., 1982）。需要由社会福利的接受者来评估和社会福利的提供者来评估有着明显的不同，因为他们一个是社会资源的使用者，一个是社会资源的管理者和提供者。前者的需要定义和社会权利、社会问题相关联，后者的需要定义和解决问题的社会责任以及满足需要的社会资源有关。因此，在确立了需要为本的社会福利目标定位后，如何测量社会需要仍然还有一些问题需要研究。

四　需要为本社会福利目标定位的制度主义分析

吉尔（Gil, D. G.）和斯皮克（Spicker, P.）强调社会需要满足应该由国家建立的社会福利制度来运作，通过社会福利这个制度性手段去满足社会需要（Gil, D. G., 1992; Spicker, P., 1995）。理想的社会福利制度可以通过以下三条途径来发挥需要满足的作用：（1）社会福利制度提供了人类需要满足所缺乏的资源，特别是提供资源给有特殊需要的弱势群体。（2）通过能力建设的社会福利行动项目，增强社会成员的能力，使他们自身的需要满足努力和国家努力结合，从而更好地实现社会需要满足。（3）减少社会生活的障碍，经济与社会协调发展，使社会成员的权利得到实现，社会需要满足的水平得到提高，社会生活质量得到提高。以中国经验为例，就是实现和谐社会。

社会需要是由多元制度提供满足物的，社会福利制度只是其中的一个制度。因此，社会成员得到的福利（需要满足物）是不同制度提供之总和。国家建立满足需要的社会福利制度必须和市场、家庭、社区以及民间社会协调，各种社会组织都可能是社会成员需要满足的提供者。20世纪80年代兴起的福利多元主义特别强调国家在需要满足的作用的同时，由多元的制度安排即市场制度、国家制度、社区制度和民间社会制度来共同满足社会需要（Evers, A. & Olk. T., 1996）。

以多元制度为一个分析框架，以中国社会福利的需要为本的目标定位为一个分析路径，可以形成提供需要满足的制度和需要满足的内容的新分析框架（见表1）。以需要为本进行中国社会福利的目标定位，需要从社会福利接受的群体、需要满足群体、需要满足的目标定位的具体内容、需要为本的社会福利政策、需要满足的制度安排、需要满足物的生产和提供部门、需要满足物提供行动的协调原则、需要满足物/社会福利提供内容等几个方面进行分析，由此形成一个需要为本的社会福利目标定位体系。尽管我们研究的是国家建立的社会福利制度即正式社会福利制度，但是我们仍然强调，正式的社会福利必须与非正式的社会福利紧密结合在一起，形成一个大的社会福利体系；在我国目前的经济发展水平中等偏下的背景下，国家不可能承担所有的福利提供责任；因此，我们需要建立适度普惠的社会福利制度。

需要为本的社会福利目标定位带动中国社会福利转型的意义在什么地方呢？在需要为本的社会福利目标定位下，接受国家提供社会福利的是具有社会权利的公民，而不是老人、残疾人和儿童这些特殊群体；需要满足的具体目标是国家有责任提供适当的营养和水、经济（收入）保障、基础教育的保障、适当的医疗保障、儿童安全成长环境、住房福利保障、安全工作环境的保障、社会成员的社会参与和基本社会关系的建立、自然环境福利保障、人口与安全节育等（见表1）。对应的是我国社会福利政策需要进行大的转型和改革：社会福利政策不仅仅限于少数特殊社会群体，而应将社会福利扩大到所有社会成员；社会福利政策的内容将从经济（收入）保障扩大到教育、医疗、住房、人口安全、环境安全等内容（见表1）。国家在需要为本的社会福利目标定位下扩大正式社会制度的功能，同时也需要扩大公共部门的管理范围和功能，实现国家在社会福利提供方面的责任，最终实现从以国家为本向需要为本的社会福利目标定位转变；实现中国从补缺型社会福利向适度普惠型社会福利的转型。

以需要为本的社会福利制度建设表现为社会需要从三个方面推动社会福利政策的发展：（1）社会成员的基本需要是社会福利政策发展的基本动力。例如，社会救济政策规定社会福利制度必须满足贫困群体的基本生活需要，以及残疾人群体接受医疗照顾的需要等。社会福利政策的主要内容都是以社会成员生理发展过程和基本能力提高过程的需要为本的。（2）由自然环境和社会环境的变化所引发的人类的社会需要是社会福利政策发展的重要动力。地震灾害引发的社会需要推动了中国灾害救助政策以及灾害预警政策的发展。为了获得更好的工作机会，经济不发达地区的居民迁居到其他地区，如我国农民工从农村向城市的流动，他们的迁移给迁入地的道路、住房及就学造成了压力，同时，他们本身也产生了新的需要：住房、就业、医疗、教育等。以这些需要为本，社会福利政策不断发展，给社会成员提供新的社会福利，解决他们的需要不能满足的问题。（3）基于社会成员的社会权利所提出的新需要是社会福利政策发展的新动力。社会福利制度不仅仅提供需要满足的物资、货币、服务，还提供人们需要满足的机会。发展型社会福利制度安排特别注重社会机会的提供，例如保障贫困儿童上学的机会，保障妇女、残障人士就业的机会，保障社会流动的机会等等。因此，基于新的需要目标定位，社会福利政策不断发展以回应社会不断出现的新需要，社会需要是社会福利制度发展的根本动力。

在强调以需要为本建立中国社会福利目标定位的同时，我们也必须关注社会福利制度转型与经济制度、家庭制度和社会制度的互动关系（见表1）。在建立需要为本的正式社会福利制度的同时，还需要加强非正式的社会福利制度的功能，如加强家庭制度和狭义的社会制度（包括社区、慈善、公益等）的功能，加强市场制度在福利提供中的作用，将市场制度提供的职业福利、家庭制度提供的家庭福利和社会制度提供的其他非正式社会福利作为大社会福利体系的组成部分，避免中国在实现需要为本社会福利目标的过程中重蹈西方福利国家的覆辙。

表1 中国需要为本的社会福利制度目标定位

福利提供制度 需要满足内容	国家 社会福利制度	市场 经济制度	家庭 家庭制度	社会 社会制度
需要满足/ 福利接受群体	拥有社会权的公民	消费者	家庭成员	社区成员 其他社会成员
需要满足 目标定位 具体内容	适当的营养和水 经济(收入)保障 基础教育的保障 适当的医疗保障 儿童安全成长环境 住房福利保障 人口与安全节育 安全工作环境的保障 自然环境福利保障等	经济保障 免于危险的工作环境 适当的员工健康照顾 职业教育与培训等	代内代际互动 儿童安全成长环境 重要基本社会关系 安全的节育与养育 老人等群体的照顾	社区服务 人际互动 儿童安全成长环境 重要基本社会关系 安全的自然环境与环保 社会互助与照顾 公民教育等

续表

需要满足内容＼福利提供制度	国家 社会福利制度	市场 经济制度	家庭 家庭制度	社会 社会制度
需要为本的社会福利政策类型	有关正式社会福利的政策	企业社会责任与职业福利的社会福利政策等	家庭和妇女、人口福利的社会福利政策等	社区、社会组织公益与慈善等的社会福利政策
福利制度安排	正式社会福利	职业福利	家庭福利	非正式社会福利
需要满足物生产/提供部门	公共部门	市场	家庭	社区、NGO/NPO
需要满足物提供行动协调原则	科层制 国家责任	竞争 个人责任	自助互助 个人责任	互助、志愿性 社会责任
需要满足物/福利提供内容	社会保险 社会救助 社会福利服务等	有偿服务 （商品）	感情、经济、照顾、互助等	社会互助 社会服务

社会成员可能接受满足需要的社会福利资源，也有可能放弃。其原因是：许多人由于自身能力和条件的限制，不能有效地利用社会福利资源。例如一些有家庭暴力问题的女性可能因为面子等社会习俗而不去寻求社会福利服务机构的帮助，因而丧失了得到社会福利工作人员帮助的机会。一些有社会问题行为的人也有拒绝接受社会福利来满足需要的问题。并不是每个有需要满足问题的人都想接受社会福利工作者的帮助。因此，社会福利管理者与社会福利政策制定者、社会福利工作者必须理解在社会成员需要没有满足时，现有的社会福利服务也面临着放弃的问题。如果满足需要的社会福利计划制定和实施中有了问题，那么，社会成员的社会需要满足也可能是不充分的。

以需要为主线，不难发现30年来中国社会福利制度以国家为本，将社会福利制度限制在满足特殊人群社会需要的狭小范围内，阻滞了中国社会福利体系转型改革的步伐。从需要研究的人本主义视角出发，回到马克思关于人的需要的经典论述，应重新建立社会需要满足和社会福利制度的关系，确认社会需要是社会福利制度建立的基石。基于国家为本的社会福利制度是窄覆盖、低福利、低满足的制度，这一制度与建立和谐社会的战略存在不相适应的问题。以需要为本的中国社会福利目标定位必须从需要满足（社会福利接受）群体、需要为本的目标定位的具体内容、需要为本的社会福利政策、需要为本的制度安排、需要满足物生产和提供部门、需要满足物提供的行动原则、需要满足物的内容等多个方面进行讨论。如果要建立中国特色的社会福利体系，成功实现社会福利从补缺型转到适度普惠型，就还需将正式的社会福利制度安排和非正式的社会福利制度都纳入社会福利的大体系中。建立在满足社会需要基础上的社会福利制度才是发展型的、适合和谐社会的制度。因此，中国社会福利转型已经是势在必行。

参考文献

窦玉沛，2006，《中国社会福利的改革与发展》，《社会福利》第 10 期。
黄黎若莲，1995，《中国社会主义的社会福利》，中国社会科学出版社。
勒德雷尔编，1988，《人的需要》，邵晓光等译，辽宁大学出版社。
李艳军、王瑜，2007，《补缺型社会福利——中国社会福利制度改革的新选择》，《西安电子科技大学学报（社会科学版）》第 2 期。
马克思，1982，《马克思恩格斯全集》第 3 卷，中共中央马克思恩格斯列宁斯大林著作编译局译，人民出版社。
民政部，2009，《民政部组织机构与职能演变》，http：//www.mca.gov.cn/article/zwgk/jggl/lsyg/，9 月 13 日。
盛若蔚，2006，《第十二次全国民政会议在京举行》，《人民日报》11 月 25 日第 1 版，http：//politics.people.com.cn/GB/1024/5092353.html，2009 年 9 月 13 日。
新华社，2002，《江泽民会见第十一次全国民政会议代表并讲话》，5 月 27 日，http：//www1.china.com.cn/txt/2002 - 05/27/content_ 5151091.htm，2009 年 9 月 13 日。
翟伟、李薇薇，2002，《朱镕基指出切实加强新形势下民政工作，维护社会稳定》，新华网，北京 5 月 27 日电，http：//news.xinhuanet.com/zhengfu/2002 - 05/28/content_ 411780.htm，2009 年 9 月 13 日。
周健林、王卓祺，1999，《关于中国人对需要及其先决条件的观念的实证研究》，《中国社会科学季刊》第 25 期。
Beveridge, W. 1958. *Social Insurance and Allied Services*. London：Her Majesty's Stationary Office.
Bradshaw, J. 1972. "The Taxonomy of Social Need." *New Society*.
Culpitt, I. 1992. *Welfare and Citizenship：Beyond the Crisis of the Welfare State*? London：Sage Publications.
Doyal, L. & Gough, I. 1991. *A Theory of Human Need*. Basingstoke：Macmillan.
Evers, A. & Olk, T. 1996. *Wohlfahrts Pluralismus：Vom Wohlfahrts Staat Zur Wohlfahrts*

Gesellschaft. Opladen.

Flew, G. N. 1977. "Wants or Needs, Choices or Commands." In Fitzgerald, R. ed., *Human Needs and Politics.* Rushcutters Bay, N. S. W.: Pergamon Press (Australia).

Gil, D. G. 1992. *Unraveling Social Policy: Theory, Analysis and Political Action Towards Social Equality.* Vermont: Schenkman Books.

Gough, L. 1979. *The Political Economy of the Welfare State.* London: Macmillan.

Ife, J. 1980. "The Determination of Social Need: A Model of Need Statements in Social Administration." *Australian Journal of Social Issues* 15 (2).

Johnson, N. 1999. *Mixed Economies of Welfare: A Comparative Perspective.* London: Prentice Hall.

Langan, M. 1998. "The Contested Concept of Need." In Langan, M. ed., *Welfare: Need Right and Risks.* London: Routledge.

Lefebvre, H. 1982. *The Sociology of Marx.* Columbia University Press.

Martin, E. 1982. "A Framework for Exploring Different Judgments of Social Need." *Australian Journal of Social Issues* 17 (3).

Maslow, A. H. 1970. *Motivation and Personality.* New York: Harper & Row, Publisher, Inc.

Plant, R. 1980. "Needs and Welfare." In Timms, N. ed., *Social Welfare: Why and How?* London: Routledge & Kegan Paul.

Plant, R. 1991. *Modern Political Thought.* Oxford, Cambridge, Mass.: Blackwell.

Spicker, P. 1995. *Social Policy: Themes and Approach.* London: New York: Prentice Hall/Harvester Wheatsheaf.

Taylor-Gooby, P. 1980. "Need, Welfare and Political Allegiance." In Timms, N. ed., *Social Welfare: Why and How?* London: Routledge & Kegan Paul.

UNDP. 2000. *Human Development Report* 2000. Oxford University Press.

全球化背景下的社会政策

——国家福利功能的演变及启示[*]

潘 屹[**]

摘 要：作为现代国家干预初始的英国济贫法和继而出现的德国社会保险制度，一起逐渐改进了人民福祉并创立了现代社会保障，但是其本质上都是应资本主义的需要出现的。直到社会民主主义福利国家建立，才明确了福利为全体人民的宗旨（普遍主义）。20世纪70年代前后，新自由主义挑战福利国家的普遍主义原则并对其效益做了无情的批判。90年代，英美两国首脑推崇第三条道路倡导的竞争的国家，导致市场化、私有化和去福利国家化。为保持福利原则和福利国家的持续有效，北欧国家启动社会投资、社会企业和准市场化的改革。但出现了不可预见的结果：促进了为富人的有选择的服务，而保护公民基本社会权利的国家干预功能缺失。2011年的达沃斯论坛明确宣布："普遍主义……最终将要被弃。"这意味着国家福利背离社会公正的原则。西方国家的发展道路警示，在社会福利的发展探索中，要坚持福利国家的基本原则和本质。中国在建设福利社会、福利多元化和公民社会以及探索具体有效服务提供方式的同时，要警惕对国家福利根本原则的背离。

关键词：福利国家　国家干预　普遍主义　市场化与私有化　社会福利

在中国社会福利事业的发展进程中，学术界对国家、社会、市场等主体的福利功能的研究越来越深入，有关讨论可以涉及多方面。这种研究与探索对中国社会政策发展战略决策的制定很关键。然而，这个研究探索不

---

[*] 本文发表于《东岳论坛》2012年第10期。
[**] 潘屹，中国社会科学院社会学研究所社会政策研究室副研究员。

仅仅关系到服务提供的方法，其实也关系到国家的体制和福利的性质。对这个探索特别是有关政策的制定，需要严谨慎重。为了中国的福利方向和慎重地选择，我们有必要阐述国家、社会、市场、企业等对社会福利的作用和各自提供社会服务的功能以及背后的多种因素。我们需要从历史的发展脉络入手，从根本上理顺国家、社会和企业等是如何介入社会福利制定和运作体系的以及所导致的福利国家变化，只有这样，才能对多元福利功能有一个清楚的认识。

一 国家对国民福利的干预是基于资本主义的需要

现代历史在对社会政策的理论阐述和记载上，通常认定国家对福利的最早干预为 17 世纪英国的济贫法。随后，德国对社会保险条例的干预，成为现代国家社会保障制度的伊始。

1. 英国济贫法：国家干预的初始

14、15 世纪的英国，由于圈地运动，大量失地农民沦为乞丐或流浪汉。最初，修道院和医院给流浪的乞丐提供衣服、食物和住所。在 15 世纪，英国有 1000 多家教会修道院和医院做这样的救济工作（陈良瑾、夏学銮、王青山，1994：3）。随着越来越多的流浪乞丐涌入城镇，打乱了贵族资产阶级的生活，在后者要求下，地方政府采取措施处理社会问题。16 世纪，英国政府开始出面干预，这些干预构成了社会管理的雏形。1536 年法令建立了英国政府帮助下的第一个公共援助计划，宗教让位给国家（陈良瑾、夏学銮、王青山，1994：3）。在 1530～1597 年，英国议会至少通过了 13 个有关解决此类问题的法案。到了 16 世纪 30 年代，教会和慈善机构受政府委托向贫民发放救济（黄素庵，1985：30 - 46）。

1601 年颁布的《伊丽莎白济贫法》是社会政策实践的发端。该法是英国王室为解决饥荒、战争、疾病等带来的一系列社会问题而建立的，把贫民流浪者收容在习艺所中，把惩罚作为救济，同时伴有污名化。1834 年的济贫法修正案发布，英国政府管理部门开始给习艺所的贫困者提供服务（Denney，1998：7）。

最早的国家干预社会福利在英国出现，体现并逐步形成了一些特征：第一，国家的干预最初由贵族资产阶级提出；第二，在一定程度上，提出国家干预不是出于对人民慈善的目的，而是出于对贵族资产阶级的保护和对于社会的治理；第三，最初国家仅仅救助贫困的乞丐；第四，国家支持了民间慈善活动，国家行为慢慢替代了由基督教等慈善组织倡导的慈善事业，逐步发展或者转化为干预贫困问题、承担福利的功能；第五，政府对国民福利的责任逐渐发展成为社会管理的组成部分。

2. 德国社会保险：国家社会保障制度的初始

工业革命带来的失业、贫困等社会问题推动了德国等国社会保险立法以及相关社会政策的相继出台。19 世纪末，德国颁布和实施了疾病、工伤和养老三项社会保险法，率先在西方国家建立起社会保险制度。这一里程碑式的事件，标志着现代社会保障制度的开始，预示着福利国家的萌芽。

德国社会保险出台的原因在于社会矛盾的增加，工人阶级要求改善生活条件（谢圣远，2007：77）。德国在俾斯麦的观念下，建立了社会保障制度。其保险基金是雇主和雇员各自按照一定的比例负担，政府仅在年金不足时提供一定的补助。之所以说它是政府干预福利的新进程，是指政府通过立法来推动社会保险的发展。"社会保险制度带来了一种与《济贫法》完全不同的社会保护方式，也没有济贫法的污名化的效应。……但是，无论如何，它不会为非工人提供福利。"（迪安，2009：23）即这是一种与就业和收入挂钩的社会保险体系。德国的社会保险并不是国家对全体国民提供基本福利，仅仅是为劳工而设，由雇主和雇员共同负担。因此国家干预，第一，只是给那些有工作的人提供保险，属于谁付出谁拥有；第二，国家干预的目的，主观上是维护资本主义的再生产体系。因此，德国建设社会保障的手段是"胡萝卜加大棒"。即 1906～1914 年自由主义的改革从根本上表达了自由放任资本主义的根本出发点，改革带动了社会保障制度的建立。

从英国济贫法救助穷人，到德国社会保险保障有工作的人，在西方国家，随着国家行为的逐渐增长，国家干预福利体现了以下变化：范围从小到大，作用从地方到中央，行为从随意性到强制性以及从分散碎片化逐步发展到相对复杂和相互关联的国家福利体系。国家对福利的干预是一个历史的进步。第一，是行政管理的进步，从教会等慈善机构接管下来福利的功能；第二，是社会保障制度的进步，有了专业的商业保险，进而转化为国家的社会保障制度。随着历史的进步，第二次世界大战后，英、德、美等西方国家都建立了有别于出发点的现代社会福利体系。

二 社会民主主义福利国家建设的原则：国家为了人民

"二战"以后，西方福利国家普遍建立。20世纪50年代至70年代是欧洲、北美、大洋洲等福利国家发展最繁荣的时期。在20世纪60年代到70年代中期，在经济合作与发展组织国家中，社会支出的增长非常迅速，10%的GDP的增长的一半贡献到公共支出特别是社会支出（教育、健康、收入维持和其他福利服务）中（OECD, 1985：14）。

社会民主主义的福利国家主要以北欧国家为代表，也称为凯恩斯主义的福利国家。北欧福利国家中，国家对福利的作用主要有三：第一，国家通过经济政策干预市场经济（同样尊重私有制和企业），也解释为国家和市场构成了混合的经济，而"国家改正了市场的错误"（Jessop, 2000：173）；第二，国家通过税收重新分配经济财富，福利通过再分配政策体现；第三，建设福利国家（Munk & Burau, 2009：209 - 226）。国家通过财富积累以加强福利国家建设，包括建设综合的国家健康服务项目、教育体系、抚育儿童和扶养老人等计划。例如，国民享有国家提供的免费的健康服务，资金和服务均来自公共资源，即来自国家的税收。同时，国民享有国家税收支持的免费教育，学校被称为"人民的学校"（Munk & Burau, 2009：209 - 226）。福利国家建设包括公共养老金计划和给老年人及儿童提供的照护服务等社会服务。北欧国家的社会支出此时增长最快，在发达国家中占据了最高点。凯恩斯主义的福利国家带来了经济增长的动力和人民生活的繁荣。通过社会政策的制定，国家支持了不同的生命周期和代际、个人与集体的劳动力再生产的力量（Jessop, 2000：174）。

北欧国家有原则、有计划、有目的地建设福利国家。北欧的福利体制覆盖了所有的公民，因此被称为普遍主义原则，这一原则体现了公民权思想。北欧福利国家把目标和功能定位于求得社会公正，形成各个阶级的社会团结，共同面对风险危机，保障全体公民的基本福利水平。北欧的社会民主党最初是工人阶级的政党，支持社会主义的政策，探求以福利国家这一平稳的形式向社会主义过渡。北欧福利国家通过政治民主的手段，例如集体的政治参与（Kjell, 1981：126）、民主协商制度等实现福利的再分配，此时，民主是手段也是目的（Baldwin, 1992）。

这种社会民主主义的福利国家，国家干预福利出现了性质的根本变化，即国家为人民。这种模式探索着人类社会的发展模式，曾经给国际社会带来美好的希望。

三 新自由主义对福利国家的批判

在福利国家的模式中，还有另外一种自由主义的福利模式。这种福利模式以剩余模式为特征、以美国为代表。即只在市场失灵和家庭的福利功能失效，个人的某些福利需求不能得到有效的满足时，国家才介入，起补救作用。而国家的服务是有弹性的、可变的、暂时性的，常取决于其他二者，一旦二者恢复功能，国家则撤出相关福利领域，此模式亦被称作"残补式"或"补救型"。新自由主义的思想支持这种模式。在这种模式里，市场的决定因素比较大，商业保险也发挥着很大的作用，如商业养老、医疗和健康等保险。

新自由主义流派的福利思想主要有以下特征。

第一，自发规律（belief in the spontaneous order）是批判福利国家的核心思想。自发规律思想很简单：社会机构和社会秩序是人类的自发行为结果，而不是来自人类的设计。哈耶克解释说，"秩序产生于没有计划"，来自社会事务的自发产生或者自发规律的发现（哈耶克：1977）。

第二，反对发展福利国家，认为福利国家是乌托邦式的信仰（Utopian belief）。新自由主义主张维护自发程序和捍卫个人自由，否定通过人为设计和集中控制社会秩序的政治理论；反对集权主义和国家对个人生活的过分干预（哈耶克，1977）。新自由主义认为，福利国家没有面对现实，这些国家认为人类所遭受的一切痛苦，例如贫困、失业和生病，都是可以避免的，并对每一个问题都制定相应的政策。而经济和社会的现实问题是固有的。例如劳工问题，劳动力就是商品，价格就是工资，应该被正常的市场的供需力量来决定。如果市场机制不被政府干预（例如政府的最低工资制度和建立工资委员会等），就不会出现非自愿的失业。新自由主义反对工会的法律地位，反对利用工会谈判来议价工资和控制失业（George & Wilding，1994）。

第三，崇尚自由和市场。认为自由具有至高无上的价值。市场的关系是自由的、自主的，比政治关系更真实。当国家具有力量和占主导地位时，市场的力量将不存在。

第四，否认社会公正。新自由主义拒绝社会正义这个词语的可能性，轻视每一个企图发展执行社会公正的概念。哈耶克说："如果市场的结果是意外的，它们不可能不公正，除非它们被有意图的行动影响。所以，'道德要求社会公正蒸发'。"（George & Wilding，1994）新自由主义认为，社会公正缺少一致的标准，通过非市场方法的分配将是随意的和酌情的。这意味着福利政策是随意的，由福利官僚主义、专家们来承担不可能承担的分配资源的任务，会酌情滥用。结论是：所有关于正义的概念应该被废除，市场应该从政府的干预中解放出来。

自由主义认为由于福利国家错误地理解了自由、社会正义、权利和需求的概念，把追求平等和再分配看得比经济增长和福利的创造更重要，削弱了个人的选择和个人对自己的责任（George & Wilding，1994）；因此要抵制福利国家对个人财产权利的侵犯，最理想的国家是"最弱意义的国家"。要保护个人的权利，国家无权以"社会""整体"或"公共利益"等名义，侵犯个人的权利，干涉个人的生活（诺齐克，1991：39-40）。总之，新自由主义的核心是反对福利国家，强调个人自由，不相信社会公正与平等，反对社会主义，推崇自由市场和自然法则。

对于新自由主义关于国家和福利的理论，西方学者早有道德批判。他们认为，在很大程度上，早期19世纪的古典自由主义接受了许多信仰和原则，而新自由主义哲学和理论已经拒绝了关于科学、合理和进步的启蒙的认同。新自由主义丢掉了人类完美的信仰，丢掉了全人类进步的启示，让所有自然和经济的力量最终征服了人类理性的力量。新自由主义不仅拒绝了实现这件事情的可行性，也拒绝了实现这件事情的价值。因此新自由主义不是追求一个和谐的社会和未来全体人民自由解放之间的平衡，追求的是岌岌可危和偶然的社会秩序；新自由主义提出不完善和不可预测性是人类社会的基础。在这基础上，新自由主义已经放弃了自由的计划（O'brien and Penna，1998）。

美国有深厚的自由主义福利思想基础。自由主义的文化和政治的遗产以及当代利益群的政治发展导致公共利益的明确表述与要求有一定的困难。美国福利政策的基础，一直具有几点特征：对贫困的计划，第一，以救济贫困为主；第二，以民间组织提供救助为主；第三，以社会工作的实践而不是社会政策为主。在宏观社会政策上，则强调个人的责任，市场的作用和商业保险占很大比重。当然，美国开创了并有非常好的社会工作专业实践。但是，其福利基础表明：第一，福利政策不具备保障公民基本的社会权利的属性；第二，国家不承担保障公民基本社会福利、干预福利分配的责任；第三，因为社会政策与社会工作的区别还在于社会政策事关国家性质、原则与理想社会等规划和设计的因素，社会工作仅仅限于传送和完成服务的过程，因此，它不相信社会政策对一个理想社会的设计与追求。

新自由主义福利思潮导向的结果是：对内国家并不保障全体公民基本的福利权利，总体追求保障经济利益最大化（好的投资环境要求社会保障降到最低以减少成本）。在新自由主义的趋导下，会出现另外一个结果：全球资本的肆意扩张，一味追求经济利益，无休止地对资源的占有以及掠夺导致对环境的破坏；自发规律（或者自然法则）的驱动不可避免地导向强权的世界，全球范围内帝国主义以及法西斯主义的产生。

新自由主义在 20 世纪 70 年代发展到了极致。在 70 年代中期，福利国家出现了危机与矛盾。首先是经济问题，在经济合作与发展组织国家中，失业率从 20 世纪 60 年代的 3.2%，到 70 年代中期上升到 5.5%；通货膨胀率从 3.9% 上升到 10.4%，国内经济增长从 4.9% 下降到 2.4%，生产率增长从 3.9% 下降到 1.4%（Pierson，1991：141 - 145）。经济危机发生的同时，是公共支出的增长。经济现实必须要求社会支出的降低。但是，此时的社会支出竟然从 60 年代的 47.5% 上升到了 1981 年的 58.5%（OECD，1985：14）。北欧国家出现了巨额赤字，特别表现在养老支持的高额支出。

于是，来自经济学家和政治哲学界的新自由主义的意识形态，他们对福利国家的抨击得到了政界的支持。里根、撒切尔的"新右派"以强有力的手段、以去福利国家的方式强化了新自由主义的意念及其实现。他们采用了三张王牌：超负重的国家（overloaded state）、新自由主义、全球化作为有力的战略武器，来呼吁选民和公共力量。他们强化市场趋导的经济进程，提倡私有化；认为福利国家是对抗生产的，提倡新的个人主义；政策转型为经济驱动和保护私有化的需要，制定新的政治经济规则支持私有化和市场，在福利的剩余模式上确立商业标准；把福利国家转型成以"家庭财产调查"为基础和救济补助式的支持，以及社会保险为主的国家。全球范围内，自由主义模式的福利国家在增长（Pierson，2001；George & Wilding，2002；Lewis，2003）。

英国以及其他的西方国家，为了减小自 70 年代以来经济的不景气导致的未来的滑坡，都企图让社会政策沿着商业的轨迹更加地有市场效率（Evans & Gerny, 2003: 19 - 40）。20 世纪 70 年代，西方国家开始了对福利的改革。第一，是提倡福利的多元化。倡导市场、私有、第三部门等多方提供福利支持。第二，是去机构化。即让居住在医院中的老人及慢性病人返回社区。去机构化意在解决长期住院的资金困难，但是，却把公共的福利资源拍卖（拍卖国有养老院），使福利资源成为私有。第三，是去官僚化。内涵是福利的去国家化，减少国家的责任。出现了福利降低标准、削减项目等。第四，是市场化，把人民的福利推到市场。第五，是强调福利的个人责任。总之，就是国家摆脱福利责任，加速福利的市场化和强调个人责任（Esping-Anderson, 1996; Clarke, 2000; Fink, Lewis, & Clarke, 2001; Lewis, 2003）。

四　竞争的国家：第三条道路还是新自由主义的变种

20 世纪 90 年代末，英国布莱尔和美国克林顿开始了英国的新工党政策、美国的新民主党再结构政策的改革尝试。他们试图在不改变现有的资本主义制度的基础上，通过超越传统社会民主主义和新自由主义，创立一种面向新世纪的更加灵活有效的策略。正如布莱尔所说的，"第三条道路"就是当代西方中左翼政党"新世纪的新政治"（郑伟，2003）。他们提出再结构民族的国家（national state）。其核心是把国家的性质定为竞争性的国家，国家的作用作为支持经济市场规则与国际竞争的推动者。在这个改革的前提下，一群新的政治企业家（entrepreneurs）相信全身心地拥抱全球化，恰当地通过新的公共管理来管理和控制，重新改造政府的原则。改革的核心精神是国家要直接投资经济，减少再分配，需要"结束福利"（Jessop, 2000: 177 - 180）。

西方学者概括了这个时期的四个经典战略类型：新自由主义、新合作（法团）主义（neo-corporation）、新国家主义（neo-statism）和新社群主义（communitarianism）（Jessop, 2000: 177 - 180）。新合作主义，即经过谈判探索私有、公共和第三部门的再建立，目的在于平衡竞争和合作。新国家主义意味着市场改革，国家寻求导向市场力量来支持国家经济政策。新社群主义强调了"第三部门"和"社会经济"的贡献以及草根经济

(自下而上）的作用。福利国家被全面市场化的具体做法是：在公共和社会服务领域创造内部市场；通过合同签订来提供服务和任务，扩大私有部门的利益；改福利为有偿服务；通过培训、创造就业机会让个人独立，脱离国家福利；把公民接收服务的权利或者福利津贴转化为经过申述要求的救济（Jessop，2000：180）。

私有化和市场化的趋势反射了全球化的现实。全球化要求民族国家更加开放与市场化，更多地采纳私有化，同时国家接受市场化的经济和政治结果；要求接受新自由主义的舆论，削弱国家福利的保护以降低投资成本；强调了通过合同提供的福利由个人负责，强化了个人主义；全球化不仅是外部的渗透，其也替代了国家对国内政策的选择（Evans & Gerny，2003：19－40）。全球化要求国家有效地围绕其革新，具体在社会福利政策上，正经历着从集体到个人的契约、从公共到私有制、从授权到签订合同的转变，把国民福利权利转向一个消费导向的价值体系。社会福利性质已经变化，已经改变了政策和公众、国家与社会之间的基础的社会纽带，意识形态的性质则是民主的社会团结在衰退（Evans & Gerny，2003：40）。

于是，西方学者分析，在此时，以英国、美国为主要代表的西方福利国家超越新自由主义和社会民主主义的第三条道路的改革，在强调竞争的国家和经济的发展目的上，创造出了许多新的有效的、科学的方法；但是，其本质上却导致了英国和美国成为更加典型的自由主义模式的福利国家。西方学者评议，继新右派以后，布莱尔、克林顿第三条道路出现，也是新自由主义的继续。到了20世纪90年代末，西方社会政策学者开始反思这些改革，用社会政策的标准评估福利，诸如《照顾在混乱中》（Hadley & Clough：1996）等诸多著作与文章，呼吁国家的责任与公民权利问题，但于事无补，不可逆转。此时，布莱尔政府说，在全球化下，国际主义已经难以实现。其实，在国家内部，随着福利的削减和变质，福利国家的公正原则缺失，一切是"二战"以后所创立的"人民的国家"的背离。

五 北欧福利国家的辩护与行动：社会投资与社会企业

20世纪70年代，福利国家，特别是北欧福利国家遭遇了挫折。无可置疑，西方福利国家确实出现了严峻的问题。当北欧国家担负巨额赤字，出现高失业率的时候，学界发出了北欧福利国家随风而去的哀叹。诸多文章表明，福利国家的理想似乎仅仅是一个乌托邦。北欧福利国家似乎展示给世人两点结论：第一，社会支出的不可持续；第二，福利国家不过是一个理想的童话。

在强大的全球化趋势面前，北欧国家尝试着做出改变。

1. 首先尝试了去国家化

北欧国家对国家社会福利制度作了改革，首先是去国家化。例如，北欧的养老社会服务，以前是由中央制定政策、中央拨款、中央监察督促、中央评估；地方市政府具体实施，地方市政府补充资金，地方市政府建设服务机构，地方市政府提供服务，最后地方的社会工作者执行。在20世纪80年代，北欧国家改革养老社会服务领域，把中央统筹的养老计划下放到了各地（Kroger，2011：150）。2011年，北欧学者发表文章评述这个改革：当中央统筹改革为下放到地方后，国家的干预小了，地方政府自己制定区域政策，可以不再拨款，这样不能保证给老人提供适当的服务；同时各地的服务标准不一，造成社会服务的混乱。缺少国家养老服务的标准，就不能保证基本服务的提供也不能保障服务的质量。因此，学者对国家失职做了批判，呼吁重新国家统筹，要求回到政府的宏观控制，加强社会照顾服务的中央政府管理，强化国家的作用（Kroger，2011：148－159）。

2. 理论的探索：社会投资

面对新自由主义对福利国家的强势批判，北欧专家探索了福利政策理论，以强化福利国家的立场。

他们首先发展了吉登斯的社会投资理论，这和以往的福利理论的出发点不同。北欧学者说，社会投资理论，"有一个从商品化到去商品化的改变，这个理论解释北欧福利国家可以提供更多的胜任的劳动力，回应全球化的竞争"（Sipilä，2009）的说法。吉登斯说，"老的福利国寻求保护人民避免来自市场的风险——社会投资国家让人们在市场中变成更加强大的行动者"（Giddens，1998）。过去区分福利国家类型的理论基础，是看这个国家的去商品化（de-commodification）程度。英美国家的国家福利的商品化程度高，因此被称为"自由主义的福利国家"；北欧国家去商品化程度高，被称为"社会民主主义的福利国家"（Esping-Anderson，1990）。艾斯平－安德森对北欧的福利模式给予解释：斯堪的纳维亚显示的策略是，"福利国家资源不断地从被动地收入维持向就业和促进家庭繁荣转移……北欧福利国家可以说是带头发起了一个社会投资战略"（Esping-Anderson，

1996)。席比勒（Sipilä）说:"社会投资是为了获取人力资本,改进人类在未来的生产能力。"与其说这是新的方法,不如说是在新自由主义的批判面前为福利国家的意义进行阐述与辩护。在全球化与刺激经济发展的语境下,福利国家是有效的,是为了长远的经济的发展。当然,这个理论确实试图给福利国家找到走出困境的出路。福利国家的神话没有结束,在全球化的经济的新形势面前,还在延续着独特的功能。席比勒认为社会政策有三个功能:第一,控制收入风险;第二,人类投资;第三,保持社会融合。这些理论阐述让北欧福利国家继续保持着福利国家的理念与实践（Sipilä, 2009)。

3. 实践的探索:社会企业与市场化——新公司管理模式

北欧福利国家也探索着许多新的实践方法:社会企业与社会产业、准市场与购买服务等。我们这里列举北欧国家的具体方法——丹麦的新公共管理模式,以窥其福利改革的内涵。这一模式的基本理念是:如果公共部门、福利国家按照市场准则运作,那么公共部门、福利国家工作会更加有效。丹麦的奥胡斯郡公司引入了市场逻辑模式（Munk & Burau, 2009: 219-221)。过去的地方政府既要负责资助公共服务机构,又要负责运营服务。丹麦公司模式的目标是把服务机构变成独立的供应者,即社会企业机构,由地方政府委托它们服务。地方政府为郡内所有服务聘用者创造一套共同的语言和参照系;总体目标和决议应该由郡议会制定,包括计划、指导方针、质量标准和程序;服务的效果由专家评估,消费者感受服务质量。

这个模式在经济上很有效,"15年来,新公共管理的不同模式已经奠定了福利服务受市场力量支配的基础"。"用新公共管理的手段来运行福利国家预示着公共服务机构能确定精确的目标并且明确达到这些目的的方式。"（Munk & Burau, 2009: 222）这个方式不仅仅在北欧,在西欧国家也被普遍推广采用。这个模式赢得了德国的"卡尔贝塔斯曼奖",被认为是"欧洲发展提高公共部门效率的最好的公共事业"（Munk & Burau, 2009: 209-226)。

当全世界支持福利国家理论的学者和政策决策者为这些模式而欣喜的时候,北欧专家的分析,依旧要求提高我们的警觉。北欧专家说,这个模式也带来另一结果。第一,他们分析说:"新公共管理改变了福利国家中社会包容的原则。特别是将具有权利与义务的公民概念重新定义为有自由选择的消费者,并且从'我的钱可以为我带来什么'的角度来看待福利国家。"即福利国家的公民社会的权利与义务的实质被花钱购买消费的内涵代替，实际上是用市场购买消费形式取代国家福利提供。

第二，那么谁来购买？北欧专家进一步揭示说，以准市场方式、购买服务、社会企业等"运营和组织福利国家的方式（结果）适合于富裕公民。给他们（富人）增加了选择的机会，而穷人失去了权利"。因此改革的结果是：福利国家为富人服务，富有的有钱人有购买选择福利的自由，但穷人的社会福利权利却丧失了。而国家干预福利的基本出发点是，为穷人、有困难的人和需要的人服务。

第三，北欧专家分析，福利国家的改革已经出现在传递服务的时候有盈利的可能。确实，用市场经济和企业管理是有效的，但是把福利变成盈利，在某种程度上是性质的改变。

所以最后，北欧社会政策专家得出结论：北欧福利国家的性质正在转变，"正在从典型的社会民主型福利国家向有自由型福利国家元素混合的模式转变"（Munk & Burau, 2009：222）。在经济合作与发展组织的数据中，我们可以见到，北欧模式由于强调了政治价值和福利原则，由于普遍的覆盖和高水平的福利，由于社会平等和社会和谐赢得了世界范围的尊敬。具有社会民主主义特征的北欧国家通过包容性的社会政策和普遍主义的公共福利分配，限制贫困、收入平等、社会稳定，公民对政府和政治机构有较高程度的信任，公民之间存在高度信任。其实，在教育、医疗和老年保险上，北欧国家依旧具有鲜明的福利国家的特色，但是北欧国家在维护普遍主义的公民权性质上遭到挑战，普遍主义的福利遭遇了困境。基尔达和库恩勒在中国－北欧社会福利研讨会上直指问题的核心："普遍主义原则遭遇挑战——挪威福利国家，趋向一个观念的转型？普遍主义的措施是北欧福利模式的特征，它意味着综合的公共责任和覆盖每一个人的社会权利。它在经济上也是一个好的战略。"（Kilda & Kuhnle, 2012）最近的研究已经导致了怀疑，是否北欧国家还独具平等的福利国家的特色（Kvist & Greve, 2011：146）。

他们分析了几个问题，第一，北欧这个给人类带来理想的群体，普遍主义的原则动摇，理想社会的愿望逐渐褪色。过去和北欧的学者谈话，他们会说人类还没有创造出一个美好的世界。而现在，一些学者会说，也许我们目前所处的是最好的社会，我们的孙子辈们是不会享有了。第二，北欧国家两极分化的趋势出现。民族国家的福利水平降低，北欧贫富差距增大。第三，北欧国家，已经退缩到福利的民族主义。2012年在赫尔辛基大学召开的中国－北欧研讨会上，彼得森（Petersen）教授做出了结论：我们未来的趋势是福利的民族主义，这种说法排斥了移民以及外来人口的福利，也就动摇了社会政策的社会融合功能（Petersen，2012）。普遍主义的原则动摇后，福利就不能代表全体公民的权利，这意味着将在根本上动摇福利国家的本质。

当学界依旧把北欧作为一个成功的福利模式，认为其具有世界级竞争力的时候，"2011年的达沃斯世界经济论坛上一个事件引起关注：占世界支配地位的政治操纵者在已经做好了充分的准备之后，把有关这个模式的核心标准元素的问题抛给了董事会。普遍主义——这个已经制造了成功的模式，在这一天，它被宣判为导致了更高的社会的、政治的和经济的花费。在长远看来，这个点燃政治和经济的活力，能影响其他方面的力量的核心的规范原则，最终将要被背弃"（Kilda & Kuhnle，2012）。此时，我们看到世界政治与经济支配力量对全球发展的强大驱动力。同时，也看到，北欧国家面对这样的宣判和结局，无可奈何，既悲怆又可谓无力回天。

六　误区分析及对福利的反思

西方福利国家从建设到衰落的过程中，经历过理想的确立与实施，遭遇了现实的困境和意识形态的袭击，又有出自不同目的的多种理论和实践的改革探索。在这样一条发展脉络下，西方福利国家从理念到实践，从形式到内容，从内容到实质都有了系列转变。在经济发展和全球化的趋势中，为了适应国际的发展趋势，福利国家在改变自己，但是在发展中，它们发现，原来的内涵与实质都被取代。

中国是一个经济高速发展的社会主义国家，在社会福利体制的建设过程中，中国需要建设服务性的政府，把政府的部分职能转移；同时需要培育公民意识和建设社会组织，提供专业的服务；需要提供更多的社会资源投入社会服务以保证服务的有效和节约。但是在这一进程中，我们需要澄清几个认识的误区，警惕福利去国家化的陷阱。

1. 误区分析

第一，对国家福利功能的批判，要求国家责任的退出。

中国也出现了要求国家福利责任成分削减，让民间、社会和企业拥有更多空间的呼声。当政府提出要转变成服务型政府的时候，当民间力量批评政府资源太多的时候，都有声音要求政府责任的减弱与退出。不仅仅是政府，还涉及半官方的人民团体、社会团体、事业单位等，赋予官方和半官方的福利责任以负面的含义。根据西方福利国家对福利的缩减的出发点、方式和结果的过程，我们需要分析，这些呼吁的理性和含义。

第二，以削弱国家责任为前提提出公民社会建设。

公民社会不仅仅具有社会的含义，还是一个关系到政治领域的词语。国内的许多舆论认为，政府权力集中就会腐败，希望国家让出更多的空间，呼吁把更多的空间转让给社会。舆论认为发展社会组织首先就是建立公民社会，而公民社会就可以克服政府的腐败。其次是认为公民社会给予公民与社会更多的自由。从上面对西方福利国家的分析中可以看到，在福利领域谈自由和其他领域不同。福利领域的自由实际上是给更多的大财团、大资本集团拥有资本占有和流动的自由，是财富势力、资本市场和富人的自由。如果这个自由得到充分的保护，就削减了人民的福利，就会和福利的含义背道而驰。

第三，在公平竞争旗帜下，名为倡导福利的多元化实质为福利的私有化。

福利多元化是探索国家能否完全承担服务提供，能否充分利用社会资源，同时把服务与管理分离的方式。但是，它在历史上确实也有其他的意图，即以福利的多元化来削弱政府的福利作用，以私有化和个人责任代替政府的福利功能；以公平竞争、反对垄断、市场化等为理由，以多元化为手段化解国家对福利的作用；最后是公民福利的无保障、国家福利的消失和企业利用福利盈利。

2. 重申福利的科学含义

为什么说前述三条是误区，我们需要从社会政策的理论来分析什么是福利？因为所谓福利，常规意义上指政府在个人和家庭收入、卫生健康、住房、教育、养老和就业培训以及公共服务等领域内的行为，它包括了国家、社会、企业、社区、家庭和个人所提供的福祉政策。"政府行为不仅仅包含福利和服务的直接提供，实际上还包含对私有个人的不同的福利构成的法规和资助（包括财政的救助）。"在英国社会政策专家诺曼·吉斯伯格（Norman Ginsbury）看来，"福利国家"和"社会政策"在实质上是同义词（Norman，1992）。"社会政策的经典的理由是将要导致一个更大的社会公正。……社会政策变成了现代政治的核心任务：应该通过国家干预决策处理危机，再分配应该被国家的权威强制实施。"（Baldock，2003）

那么，社会政策较为权威的定义是，"国家经过蓄意地干预，把资源重新分配给其公民，以便取得福利的目的"（Baldock，2003）。通常欧美学界把社会政策解释为：政府为直接满足人们的社会需要和社会福利而制定的政策，一般包括社会保障、健康、公共服务、住房政策、教育政策等。对于社会政策和社会工作的限定，学者有许多不同的解释，但是基本可以确定的是英国学者迈克尔·希尔的定义，社会政策是"影响福利的政策行为"（希尔，2003）。社会政策主要是国家通过再分配对人们社会福利的干预，以转移支付的方式把社会支持以一定的比例转移到需要帮助的人和地区，以保证国家疆域内的全体公民（不仅仅是弱势群体和有特殊需要的人），能够保持基本的生活标准和较为体面的生活。因此，社会政策对福利的定义很明确。诺尔曼·金斯伯格认为，"社会政策的概念至少也在两个其他的方向被有效地扩展。第一，它必须涵盖政府和立法机构不断地代表社会政策的制定机构履行责任，包括国家、区域和地方政府的行为等。第二，社会政策的概念应该囊括政府机构的非活动领域，如家庭政策，实际上政府的政策已经在很大程度上干涉了私人家庭的生活方式"（Norman，1992）。在科学的定义上，国家在福利上的作用非常明确。

因此，福利的含义是国家干预人民的生活。而这种干预，体现了为了人民这一基础原则。如果不是经过政府干预的福利，只能说是自然状态下的福利，而不能说是国家制定了的政策。福利国家的社会政策一定要经过政府的干预。同时，国家必须是人民的国家，政府应该是为人民服务的政府，这就决定了福利的性质。

七　结论：中国的借鉴意义

中国从西方福利国家发展的进程中要体会和学习什么？我们应该坚持三点。

1. 必须坚持国家对福利干预，明确国家在国民福利中的作用

由于西方国家的政治体制中，选举与民生的分离造成政治家不承担责任，政党可以推诿责任，政府可以选择不为大多数人的福利负责。中国的社会主义国家性质决定了国家责任的不可替代。中国政府有责任保障公民的基本社会福利权利，制定基本的政策、规则、标准，检查监督和评估。

2. 学习和探索先进西方国家推动社会福利事业的做法经验

要适当地、有选择性地借鉴西方的社会福利改革探索，其中有许多是科学与先进的管理办法及有效机制。要培育发展专业化、职业化、标准化的社会组织，培育公民意识以及公民社会，发展兼顾福利事业与经济效益的社会企业，运用诸如准市场规则、社会企业、社会投资、购买服务、多元化服务提供等方式。这些方法实践在西方国家出现了问题，并不意味着我们就此止步。要坚守社会公正的原则，坚守社会主义国家的性质基础和为人民服务的宗旨。对照英美国家，它们的政治和经济体制难以建立这样的原则与基础；和北欧国家比起来，这些国家资本主义私有制的基本矛盾也决定其难以走出困境。

3. 探索中国式的福利道路

如果完全照搬西方国家的做法，中国会重蹈西方发达国家的覆辙，就走不出福利的陷阱。要在社会主义的基础上，引进西方先进的管理办法的同时，重视、珍惜和发扬中国现有的积极的福利因素。要创造中国自己独特的道路，当福利国家走不通的时候，中国并不尽然。中国自己有许多很好的福利文化传统与经验，要发扬光大。新中国的前 20 年，国家投入的钱不多，却建立了初步的社会福利机制。在农村建立了合作医疗制度、普及义务教育、五保制度、救灾救济和集体福利等，在城市建立了医疗保险、养老保险、工伤保险等。因此，不完全是金钱的问题。中国在历史上就有国家对福利干预的文化精髓和实践，比如常平仓和乡规民约的实现。中国除了共同富裕的社会主义原则、社会主义的经济基础制度外，还有各种社会组织的集体组织网络，基层社区架构，传统的文化，家庭的功能等，这些都是积极的福利因素，是中国社会福利可持续的保障。

参考文献

陈良瑾、夏学銮、王青山，1994，《中国社会工作总论》，载《中国社会工作百科全书》，中国社会出版社。

迪安，哈里特，2009，《社会政策十讲》，岳经纶等译，格致出版社。

哈耶克, 1977,《自由秩序原理》, 郑正来译, 生活·读书·新知三联书店。
黄素庵, 1985,《西欧"福利国家"面面观》, 世界知识出版社。
诺齐克, 1991,《无政府、国家与乌托邦》, 姚大志译, 中国社会科学出版社。
希尔, 迈克尔, 2003,《理解社会政策》, 刘升华译, 商务印书馆。
谢圣远, 2007,《社会保障发展史》, 经济管理出版社。
郑伟, 2003,《全球化与第三条道路》, 湖南人民出版社。
Baldock, John, Eds. 2003. *Social Policy*. Oxford: Oxford University Press.
Baldwin, Peter. 1992. *The Politics of Social Solidarity: Class Bases of the European Welfare State. 1875 – 1975.* Cambridge University Press.
Clarke, John. 2000. "A world of Difference? Globalization and Study of Social Policy." In Lewis, Gail Eds. *Rethinking of Social Policy*. London: SAGE Publication.
Denney, David. 1998. *Social Policy and Social Work*. Oxford: Clarendon Press.
Esping-Anderson, Costa. 1990. *Three Worlds of Welfare Capitalism*. Princeton University Press.
Esping-Anderson, Costa. 1996. *Welfare State in Transition*. London: SAGE Publication.
Evans, Mark & Cerny, Phil. 2003. "Globalization and Social Policy." In Nick Ellison and Chris Pierson Eds. *Development in British Social Policy*. Palgrave Macmillan.
Fink, Janet, Lewis. Gail & Clarke John. 2001. *Rethinking European Welfare*. London: SAGE Publication.
George, Vic & Wilding, Paul. 1994. *Welfare and Ideology*. London. Harvester Wheatsheaf.
George, Vic & Wilding, Paul. 2002. *Globalization and Human Welfare*. Palgrave.
Giddens, Anthony. 1998. *The third way and its critics*. Cambridge, UK: Polity Press.
Hadley, Roger, & Clough, Roger. 1996. *Care in Chaos: Frustration and Challenge in Community Care*. Continuum International Publishing Group.
Jessop, Bob. 2000. "From the KWNS to the SWPR." In Lewis, Gail Eds. *Rethinking Social Policy*. London: SAGE Publication.
Kilda, Nanna & Kuhnle, Stein. 2012. "The Principle of Universalism Challenged: Towards an Ideational Shift in the Norwegian Welfare State?" *Paper for Sino-Nordic Welfare Seminar (SNoW II)*. University of Helsinki, 3 – 5, June 2012.
Kjell A. Elliassen. 1981. "Political and Public Participation." In Allardt, Erik Eds. *Nordic Democracy, Ideas, Issues, and Institutions in Politics, Economy, Education, Social and Cultural Affairs of Denmark, Finland, Iceland, Norway, and Sweden*. Copenhagen: Det Danske Selskb.
Kroger, Teppo. 2011. "Central Regulation of Social Care under Change in Finland." *International Journal of Sociology and Social Policy* Vol. 31, No3/4, pp. 148 – 159.
Kvist, Jon & Greve, Bent. 2011. "Has the Nordic Welfare Model Been Transformed?" *Social Policy & Administration* Vol. 45, No. 2, April 2011, pp. 146 – 160.
Lewis, Jane. 2003. "Responsibilities and Rights: Changing the Balance." In Nick Ellison Eds. *Development of British Social Policy* 2. Palgrave Macmillan.

Munk Henrik & Burau Viola, 2009,《丹麦福利国家的社会包容: 理想和现实之间》,《社会福利研究》。

Norman, Ginsburg. 1992. *Divisions of Welfare, A Critical Introduction to Comparative Social Policy*. London: SAGE Publication.

OECD. 1985. *Social Expenditure, 1960 – 1990: Problems of Growth and Control*. OECD, Paris.

O'Brien, M, & Penna. S. 1998. *Theonsing Welfare: Enlighte ment and modern society*. Loudon: SAGE.

Petersen, Klaus. 2012. "Nordic Social Policy Language, Concepts and Images." Paper for Sino-Nordic Welfare Seminar (SNoW II), University of Helsinki, 3 – 5, June 2012.

Pierson, Christopher. 1991. *Beyond the Welfare State*? Cambridge, Polity Press.

Pierson, Paul Ed. 2001. *The Politics of the Welfare state*. Oxford, Oxford University Press.

Sipilä, Jorma. 2009. "Social Policy as Social Investment?" University of Tampere, A speech given at Zhengjiang University.

面向21世纪的社会政策[*]

大卫·匹查德（David Piachaud）[**]

一 导言

在这个讲座里，我想来思考一下21世纪社会政策的性质和方向。

作为开始，我先回顾一下20世纪的社会政策，接下来，我将检讨其间涌现的问题和可资吸取的教训。我会解释我之所以认为社会政策比以往任何时候都更为重要的原因，并给未来的社会政策提出一些原则。我将大量援引英国的经验，但我希望这些经验教训和结论能切合全球。

我在许多所谓的发达国家都曾经说过经济危机。经济衰退对社会政策有极大的影响。

首先，经济衰退的影响是直接的、立竿见影的。人们对于"利益均沾"（trickle down）以及经济增长带来的好处如何广泛分配的质疑颇多；但是，对于经济零增长或负增长的影响往往没有疑问。2011年，整个欧洲的失业率从2007年的7%上升到10%，这立刻增加了社会保障的费用。事实上，近期的《经济大衰退对家庭收入分配的影响》（The Great Recession and the Distribution of Household Income）这一报告提到：

> 虽然GDP下降了，但16国的国民经济核算数据显示，从2007年到2009年中，12个国家的家庭可支配总收入都有增长。家庭部门总计因通过政府的税收和福利体系（大量集中分配给中下层）的额外支持，而避免了遭受经济下滑的冲击。(Jenkins等，2011: 0 - ii)

---

[*] 本文是2011年作者在中英几所大学的演讲稿，收入本刊时做了改写。张文博译，潘屹校。
[**] David Piachaud，英国伦敦政治经济学院社会政策教授。

社会政策虽然生效了，但支出极大。

第二，因为支出上去了而税收下来了，所以公共部门的赤字飙升。对此，无论是内部决定的还是外部强加的，政府的回应有所不同。英国新联合政府的做法是大量削减公共支出，同时小幅提高税收。伦敦财政研究所（Institute for Fiscal Studies）对随之受到影响的收入分配做出评估（Browne，2010），并得出以下结论：到 2014～2015 年，对底层的 90% 的人来说，改革是明显的后退。收入再分配后，最大程度的和相近比例的损失发生在底层和顶层。因为社会福利和教育的削减，有孩子的家庭将会是最大的输家。

社会政策关切诸多目标，但首要的目标是社会公正，其主要任务就是削弱贫困和收入不平等。相对贫困将如何被影响，目前尚不清楚。因为实际收入水平的下降会降低相对贫困的标准。似乎可以肯定的是，许多国家的绝对贫困正在加剧。收入不平等也几乎可以肯定是在加剧：2011 年，英国最大的一些公司的 CEO 平均加薪 50%，而一般工人普遍只有 2%。当穷人和富人被如此不同地对待时，社会公正就无从谈起。应对这种危机，英国政府虽声称"我们都一起陷于其中"，但却难以服众。

社会政策会威胁到政府与全社会的稳定，经济危机也凸显了社会政策是如何支撑经济的，又是如何使国家合法化的。有鉴于此，在这些关键时刻，反思社会政策尤为迫切。

现在很多人认为，社会政策已经一发不可收拾，要必须收缩到可承受的水平。许多这样做的人总想要限制社会政策，而经济危机恰恰是他们反对公平与机会均等的社会目标的一个方便的借口。而其他人关注的是，纳税人对维持社会服务的承受能力或意愿确实存在问题。

因此，当前的社会政策面临着极大的挑战。而我认为，这一挑战是能被应对的。

二　20 世纪的社会政策

20 世纪之初，政府对社会政策的参与极少。当时英国的 GDP 仅有 2.6% 用于卫生、教育和社会保障；到 2007 年，该比例增长了 9 倍，占到 GDP 的 26%。

20 世纪上半叶由两次世界大战和一场长期的经济衰退共同构成。此间,欧洲发生了巨大的经济变化、民主观念的转型、作为政治观念之结果的国家责任、不断变化的社会和经济环境、政治和经济斗争以及来自苏联的威胁或竞争。

在很多国家,后"二战"时代的经验遵循着一种与此前有着根本不同的社会的愿景。在英国,虽然战火仍在蔓延,贝弗里奇已指出应该克服匮乏或贫困、懒散或失业、疾病、无知与肮脏等五种弊病。1948年的联合国《世界人权宣言》包括了对所有人的体面的生活标准,教育、医疗保健、社会保障及住房等权利。当然,这些权利从未实现过,但它们至少设定了一些已得到保留并已编入欧洲法律的目标。

随着福利国家的建立,战后的社会开支有所增长并持续增长。这是政治与经济的合力所致。敦促针对全民的最低基本生活权利以及教育和医疗保健权利的民主政治力量显然已变得相当重要。人们普遍的价值观因此也已发生了巨大的变化,现在很少有人能接受儿童是可以不受教育的,除非他们是在外国。伴随先进的工业化和城市化而来的经济变化产生了对受过教育的健康劳动力的需求,并要求对那些因失业、残障或退休等而未就业的劳动力做出一些规定。随着社会政策的发展,对公平的关注带来更多社会开支的压力;随着人们寿命的延长,对养老金和中老年保健会有更多的依赖;随着卫生技术对治疗和需求的范围的推进,所有能从中受益的人都会提出需求,就会增加开支的压力。20世纪,继上半叶两次世界大战之后直至下半叶,是大多数西方国家的社会权利得以极大扩展的一段时期。这并不是整齐划一的,也称不上完美,而且能被指出相当多的不平等、明显的差距以及持续存在的问题——社会政策分析家们当然也已经这样做了。但它还是一个发展的时期,而这种发展目前正受到严重的威胁。

社会政策这样发展的目标究竟是什么?各个国家的发展目标自然不会完全相同,它们所追求的社会政策模型在一些重要方面也会有所差别,但是,这些目标都大体关切到发展社会服务、推进社会公正。

然而,取得成就之余也已涌现出一些重大问题。理查德·蒂特马斯(Richard Titmuss)的研究成果或可阐明其中一些问题。蒂特马斯无疑是20世纪英国甚或是全世界在社会政策领域的学术领军人物。自1951年,他成为伦敦经济政治学院的第一位社会管理教授,直至1973年过世。现在,社会政策系是伦敦经济学院规模最大、发展最好的系所之一,以前的学生也扮演了许多重要角色,包括希腊社会政策协会(Hellenic Social

Policy Association)的主席。

蒂特马斯对社会管理———一段时间之后更名为社会政策——的定义如下：

> 社会服务研究的目标……是家庭环境和群体关系中的个人生活条件的改善。它关系到这些法定服务和自愿服务的历史发展，关系到社会行动所隐含的道德价值，关系到服务的角色与职能……以此，我们一方面对组织并实施了多种社会救助形式的管理机制感兴趣；另一方面也对那些得到服务的社区成员的生活、需求及其相互关系感兴趣。（Titmuss, 1958: 14）

蒂特马斯对福利国家的概念提出了质疑，事实上，他曾关注福利或社会服务以及国家或政府提供的福利，在这个意义上，这也就是他的关注焦点。

这从广义上说了社会政策一直是被如何普遍解释的，又是如何发展的。而我相信，它在一些重要方面一直都被完全误导了。

社会服务在许多方面都是相对次要的。保健取决于卫生、供水、食品、运动、环境、吸烟、酗酒、嗑药、遗传禀赋以及医疗保健，而其中，医疗保健对大部分人而言都是最不重要的。贫困取决于社会中的不平等程度，也即取决于财富、收入与就业方面的不平等；而这些又反过来取决于遗产继承、教育、家庭结构与生育力，同时还有社会保障与税制。

依我判断，自始至终对社会服务投注关注的观点是错误的。举例来说，目前，英国有关社会政策的争论是由私有化和准市场在主导，它们是社会服务的组织方式而不是社会政策的目标手段。

长期以来的第二个大问题就是用于社会服务的资源是否充裕。

在英国，许多有关社会政策的思考似乎都被困在 20 世纪 40 年代后期。此后，在贝弗里奇报告的刺激下，工党政府推出了国民保健服务与国民保险制度，开展了大规模的住房建设计划，施行了教育改革并保持了充分就业。许多人视之为社会政策的新曙光，一道当社会政策幸能继续活跃之时的曙光（a dawn when it was bliss to be alive），而接下来 60 年则被视为因服务受冲蚀与削减，而从崇高理想滑落的时期；他们认为，对社会政策真正信仰的回归才是答案。言下之意就是，给予社会政策充足的资源就能解决所有的困难。

目前，至少直到近些年，主要的社会服务经费已作为不断增长的国内生产总值（GDP）的一部分而得以稳步增加。

过去 60 年中的大部分时候，许多社会政策研究者基本持一种坚定的防御姿态，他们抵制对社会服务的削减与侵蚀。许多参与者已成为英雄公仆，他们努力承担并尽力满足所有落在肩头的重负和需求。对社会服务的捍卫已致使部分人夸大了它们可能起到的作用；而当其尚未实现之时，社会政策就已备受指责。

不论有着怎样的不足，社会政策已经带来了显著的社会变化。然而一直以来，它们却常常被视为一种奢侈品而不是一种可能之时才会施予的不可或缺的基本要素。发生经济危机时，缩减的几乎一定是社会政策经费而非富豪的过度开支。对整个社会与经济的运作而言，社会政策只被视为次要的而非首要的。

面对经费的削减，关心社会服务的那些人尽可能地努力坚持并为服务声辩，以保护最脆弱的群体。但是，面对经济危机，失业日益严峻、不平等日益加剧，社会政策亦能力有限，更多的缺点也日益显现，其结果就是社会服务失信于民。

社会政策研究者需要对社会服务可用资源力所能及的限度做出说明。举例来说，如果青年失业率不降，诸如英国今夏（2011 年）所发生的暴乱可能就会蔓延，而对此，社会政策几乎无力阻挡。

依贝弗里奇设想，社会政策的职能是实现充分就业的经济政策目标，并贡献税收收入与社会保险费用用以资助社会服务。数十年来，这大体正确；而现在却并非如此。例如，在 1979 年蒂特马斯谢世之后，尼逊（Donnison）认为，蒂特马斯的社会服务概念所依存的经济体系——显著的充分就业与足以养家的工资——已不复存在。

然而，大多数社会政策分析者无视这一点，并认为社会政策是可以和经济政策分开考虑的。但我认为，这已经深刻损害了社会政策。仅凭社会服务无法实现社会公正和公平的生活机会等社会目标。

导致二者分开的原因不单单存在于社会政策学人。大多数经济学家对社会政策与社会服务少有兴趣，他们大多把社会政策视为一个可以给予的奢侈品，只要它不扭曲市场经济，却又完全从属于（secondary to）"实体"经济。大多数经济学家都忽视了经济的社会基础，即对人力资本、社会资本以及某种程度上是对政府合法性所依的财产权、法律及秩序的社会共识的创造。

贝弗里奇和蒂特马斯不仅没有重视经济,也不够重视女性。他们想当然地认为,女性能无限地充当无偿抚育孩童、照料残障人士与老人的劳力。以男性谋求生计、女性照看家庭模型为通常构想的世界,极大地维持了性别上的不平等。在简·刘易斯(Jane Lewis)及其他人的一些论作中,跳出社会服务来看待劳动市场与家务的分工,以及社会看法与价值观的需要,开始变得显而易见。如果关心的是社会成果,那么,仅仅聚焦于社会服务的框架则是完全不够的。个人的、性别化的行为往往有着公共性的后果。

在其他方面,个体行为和家庭行为也日益为人所看重:抽烟喝酒关系到健康,志向关系到教育成就,工作态度关系到就业。然而,社会政策在很大程度上仍作用在不围着私人态度和行为转的公共规定上,只是偶尔地试图改变一些边际行为。

蒂特马斯的作品中暗含着这样一种假定,即社会服务是好的,甚至是神圣不可侵犯的;人们认为它能促进获得基本服务,从而促进社会包容。但是,情况是否总是如此?

教育方面,高等教育的极大扩展已增进了所有社会群体的机会,但社会阶层之间的不平等还在延续。受过更多教育或更富有人群的孩子在社会上仍然遥遥领先。与过去相比,未受过大学教育已越来越成为一个对人们发展不利的因素。

健康方面,获得医疗保健的机会或许更趋平等,但许多国家的平均寿命差距却在日渐加大。

住房方面,在建筑标准普遍大为提高的同时,许多人实际上却被困在保障住房中,他们的流动性受到限制,一方面因其对地方的附属,另一方面原因是他们在其他可能有工作机会的地方找不到相应的住房。

刑事司法系统中,字面上看,监禁把拒绝社会包容作为一种惩罚。然而,它的长期结果却是加剧社会排斥。监狱为人们准备的是一条犯罪之路,而非一种居于主流社会的生活。重返社会的希望十分渺茫,而再犯的比率却令人震惊。

社会保障在短期内能缓解贫困,但若草率地设计,却会使人们永久地依赖于社会保障。

然后,一个可悲的事实是,社会政策在很多方面都强化了社会排斥。

三 21世纪的社会政策

社会政策的成就日增，人们对社会服务的期望也有所提高。虽然各国之间在社会公正与公平的程度上存在极大差别，但是，在某种程度上，促进社会公正与生活机会公平现已成为几乎各国政府都承认的一种义务。如果一个政府无法将社会公正推至可接受的程度，民众就会理解为政府欠缺合法性。阿拉伯之春和目前银行危机的影响都已引起人们对某些政府之合法性的怀疑。社会政策显然是一种获致合法性的重要手段。

虽则过去半个世纪，社会政策的运作已取得了颇多成效，不过，重要的是要记住，经济增长一直都是改善生活水平的核心。

目前很难将经济表现视为一部发迹史。但是，遍及欧洲与世界大多数地方的经济增长程度却是极其显著而又具变革性的。

英国经济学家约翰·梅纳德·凯恩斯（John Maynard Keynes）在1930写到：

> 我们眼下正在经受经济悲观论的重击……

现在他会说什么？他当时继续写到：

> 要我预言的话，今后一百年，先进国家的生活水平将会是今天的4～8倍。（《我们后代的经济前景》*Economic Possibilities for Our Grandchildren*，1930）

因此，他预测，生活水平的年增长率在1.5%～2.1%。在过去25年直到银行危机，英国的年增长率以不变价格计算是2.5%，快过吉尼斯的预测值。同一时期，英国社会开支的实质年增长率为4.0%。

凯恩斯预见到了个人消费的极大丰富，但他未能预见通信技术进步的程度——全球电视和移动电话，仅印度就有几千万部移动电话；他也未能预见建筑/住房标准、水质及其他许多方面的改善。

当然，伴随经济增长还出现了许多问题。经济增长在多大程度上提升了幸福感？能否以一种不会导致全球变暖加速的可持续的方式保持增长？

这些重要问题都超出了本授课的范围。我想集中讨论的问题是：谁参与并受益于经济增长。

生产分布，即生产活动的包容程度及排斥程度，体现在失业率或未就业、未受教育及培训的青年人数当中；消费分布，即收入不平等的程度，具有重大的社会后果。尽管平均收入水平已有大幅提高，但这些问题仍留有争议；事实上，在大多数国家，这些问题都比10年、20年前更为严重，因为失业与不平等都在加剧。

还有一些其他的社会问题同样迫切，比如犯罪水平、种族关系、性别不平等、平均寿命差距显著等，它们都与社会中的社会关系有关。这些正是社会政策所关注的，而不是把社会政策的狭义概念专注于社会服务上。

从国际高度看，民族间的不平等、移民法规、领土界限、致力于气候变化的协同行动等问题才称得上是国际社会的问题。其中许多问题尚未解决，它们也无法通过以海外援助形式等更多国际社会保障或是通过加强世界银行的资金援助而得以解决。

在英国，包括戴维·卡梅伦（David Cameron）在内的一些人士都曾谈到过社会瓦解。这一论调多是过分夸大的；并诚如许多政客所做的，它呼唤一种社会祥和、人人各有其位并安处其位、其乐融融的、一个完全神话般的过去。但几乎无人不认为，我们的社会中存在严重的分化，其威胁到社会稳定，而且必然会威胁到缺乏财富或权力的那些人的生活。

因此，总而言之，除了过去几年，经济总额已迅速增加。但是，在诸如社会公正、生活机会公平以及同胞之间的关系等许多关键的社会问题上，却进展甚微，形势甚或更糟。

将来能吸取哪些教训？

首先，有必要集中目标并仔细考虑所有对结果的影响。从目标开始，改变讨论的视角，即离开面前触及的诸如具体的服务问题，朝什么是经过努力而能实现的愿景去努力。

其次，有必要联结社会政策与经济政策。目前而言，社会政策与经济政策两者自持不同的目标是没有意义的，即使曾经确实如此。依照惯例，经济政策的目标一直在于提高效率，促进经济增长并实现充分就业；相比之下，社会政策的目标则始终致力于社会公正，具体则要解决贫困问题、提供社会福利、降低风险、增加生活机会以及减少歧视。

现在很清楚的是，如果经济政策未能促进同样的目标，社会目标就很难实现。这就要求经济政策引入社会目标。

社会领域已经对经济有诸多干预：对生产什么——枪支、毒品、食物添加剂都是管制的；对谁来生产——儿童和移民都是限制的；薪酬支付多少——大多数欧盟国家都有一个最低工资。市场经济被神圣的规约保护。任何进一步的干预都将导致竞争疲软和丧失工作。目前，它已在主要方面适当地受到制约。

问题不在于是否应该干预市场经济，而在于对其干预应该加强还是减少。我认为，关键的问题是：应如何控制或调节经济，以使其为全社会的社会目标服务。过去，社会目标总是留给社会政策——实际上，社会政策却总在奋力收拾残局，其效果却十分有限。面向未来，我提出一种替代模型，即要确保经济符合社会目标。

如果要实现诸如充分就业、收入有差距但相对公平、更好的儿童保护等社会目标，就需要更多的干预。如果经济没有完成输送社会所需的目标，那么，经济政策与社会政策都必须介入。中央银行应像年金及国民保险部（Ministry of Pensions）和教育部一样关注社会公正；政府商业和财务部门应像社会保障部门一样关注儿童和老人的福利；国防部门应像司法部一样关注人权。

再次，有必要将个人责任与社会目标联结起来。个人行为关系到儿童的生活机会、健康、种族关系。如果个人对此暗中破坏，共同的社会目标就无从实现。

很显然，如果没有严重威胁到重要的自由的话，国家层面对个人行为的影响很有限。但是，有必要将对有益于社会的个人行为的鼓励办法提上议程。

有些人认为，专注于社会福利或带来排他性的后果，需要发展一些能让社会政策更具包容性的办法。过去，年轻人和老年人通过小而稳固的社区中的大家庭联系在一起，而大部分学校则与老年人无关。用普特南（Putnam）的话说，要建立能打破社会分化并积聚"桥梁连接的"社会资本。将小学与养老院、学校与雇主、超市与倡议健康饮食、新一代父母与老一辈父母联结起来，这些都能促进社会包容。虽然存在实例，但做起来都不容易；不过，只有认识到这些需要，才能有所发展。

又次，要建立信任与可持续性，社会政策不能依赖于人们对远程"专家"的信任，任由他们来决定什么对人民最好并为此征税于民。人们必须懂得选择,并在享有权利之外承担义务。

最后,必须承认社会政策的局限。教育不会是无限的,也并非所有的新药剂都负担得起。很难根据总体目标来定量配给社会福利资源,而政治家们又往往回避艰难的选择,但这却不可避免。社会政策无法达成全部。正如我所说,它们不仅扎根并受制于人们的个人行为与态度——当然这会有变化,同时亦受制于经济状况。

以下,我会从人生的不同阶段——童年时期、工作时期和老年时期,选用三个例子试图将这些教训转化为实践。

儿童发展

在最近相当一段时间,英国有关儿童的社会政策主要由生育医疗救助、5~16岁所有学龄儿童的初等教育和那些更有能力者的继续教育与高等教育,以及对有孩子家庭的全民补助与根据家庭情况补助相结合的财政支持所构成。还可以启动其他一些服务,如在家庭完全不能支持或是儿童受虐待严重的情况下采取办法干预儿童服务,对病患儿童的健康服务和对残障儿童的支持,以及对有孩子家庭的公共住房服务。过去十年,儿童保育服务有所发展,但主要是针对3~4岁的儿童,总体图景仍未改变。在大多数家长看来,教育幼龄儿童主要是私人责任,幼儿期之后国家才开始承担责任,费用由家长和国家共同分担。

这有多大意义?从经济角度讲,一个孩子长到成年,是由家长、大家庭、社会、国家多方合作培育。美国詹姆斯·赫克曼(James Heckman)最近的研究和著作清楚表明,儿童的早年或奠基时期对于其在校表现以及后来的就业和收入水平有巨大的影响。诸如给孩子讲睡前故事等个人活动对于儿童的发展有着长期的重要性。然而,国家通常把这些早年教育留给家庭而几乎没有协助。养育子女的技巧被认为是天生的或是从家庭中学到的。从前,大多数孩子会注意观察其他被自己家庭或是扩展社区照顾(或忽视)的孩子;现在,只有一小半的孩子是和弟弟/妹妹一起长大,而双薪父母的孩童一天当中有数个小时都是在电视前度过。当然,一些父母也从书上学习养儿育女之道,但有些事情确实需要更实际的操练。如果早年时期确实重要,那么为当父母做准备就不是一件奢侈品而是一种必需品了。育儿假也是如此,它会影响整体经济。儿童成长的文化和商业环境也是如此。任何一个社会的未来依靠的都是孩子,因此,纯粹把孩子视为一种父母私人生活方式的选择是很愚蠢的,因其责任和祝福缺乏广泛的社会和经济关注。当然，义务教育此后而非此前在锁定个人能力、社会化以及志向等方面造成了巨大的差异；社会不平等早在保育室就已得以滋长。

如果从家长、学校及经济如何相互配合的角度来反思儿童发展，肯定不会导向在生活机会上造成巨大差异的、碎片化的、以服务为基础的现有社会政策。

工作阶段

继英国 2011 年夏天的暴乱之后，善于省思而聪敏的司法部部长肯尼斯·克拉克（Ken Clarke）写到：

> 成为一个社会的富有成效成员的通常办法不是秘密。……拥有一份工作、一个稳固的家庭、一种良好的教育，以及所有这些背后的一种共享主流社会价值观的态度才是。（《卫报》2011 年 9 月 6 日）

目前，英国 16~24 岁的人群中 1/5 的人没有工作，这一比例在西班牙是 1/2。青年长期陷于失业问题会伤及他们将来的就业、稳定的家庭生活、住房前景，以及老龄问题——包括高龄养老和高寿机会。对此，英国一直都缺乏对雇主最低限度的培训。社保福利不断缩减而限制条件日益苛刻，这往往迫使年轻人继续和家人住在一起，而不能促使他们移居其他可能找到工作的地区。

一直以来，青年失业问题因其所造成的社会后果，被视为一种社会政策问题。然而，潜在的失败存在于经济中。这不仅需要劳动力供给政策，而且需要，并只能是劳动力需求的经济政策。解决方法非常简单，需要的就是给青年人提供更多的岗位。举个例子，如果英国能从在量化宽松政策的第二阶段流入银行的 750 亿英镑中拿出 150 亿，集中用于青年的就业补贴，那么，他们是以零成本为其雇主工作，每个失业青年就能获付 15000 英镑/年；而且，这 15000 英镑可被直接打入英格兰银行正在努力支撑的账户中。当然，这会给其他的工作带来位移效应（displacement effects）。而其中一种重要的位移效应就是：或可避免进一步骚乱的成本——如警力、监狱、财产损失、受害人员的损伤、个人的不安全感等，以及对人的潜能的浪费。

如果社会关注青年失业的成本，那么，无论是何种解决方案，社会政策都只能发挥一小部分作用。应该由经济政策去实现充分就业。如果它们做不到，那么，即使社会政策制定者自认能做很多以有所帮助，也无济于事。凯恩斯与贝弗里奇早在75年前就已认识到这一点。思虑不深或是不够大胆的政治家与经济学家推开了这一问题，把它留给社会政策去收拾残局。

与工作相关的另一个问题则是工资差别与经济不平等。基本上，劳动力市场已不受约束，而对收入分配的社会关注已留给税收和福利政策。然而，政府作为一个可向供应商施加条件的主要买方，它对工资差别有着巨大的潜在影响。一些最极端的财富正出自那些得到政府许可的水、电、石油和天然气的贸易中。我所支持的切尔西足球队正极大受益于此——反过来导致对其重要球员的荒谬奖励。允许极端财富的生成——或是对其侵吞，鉴于腐败无所不在——然后再由政府通过再分配试图缓解这种差别，已经失去意义。

当然，最富有的那些人现在可将其财富趋向避税天堂，在那里他们只交很少的税甚至不用交税。对此，可制定一个能有效防止大规模避税的全球税收协定来作为补救。这一补救措施将来肯定会及时出现，但是最富有者的力量可能会将其到来时间拖延很久。看似基本的，甚至沃伦·巴菲特（Warren Buffet）和比尔·盖茨（Bill Gates）所接受的原则必定是所有人都应交纳相应比例的税款，无论他们在哪里做的税务用途注册，抑或即使他们在其"浮动宫殿"中不停地周游世界，有些现在就停驻在比雷埃夫斯港口，都应如此。

简而言之，经济政策有其社会后果，它们应与社会政策一道遵循同样的社会原则。

老年人

一个根本问题就是老年人在经济活动、住房与社会接触等方面对主流社会的脱离，这就造成了他们是社会的依赖者、生命过程的受害者；他们徘徊在直至生命终结的生命等待室。这一严峻的前景对我们中的一些人而言，比其他人更为迫近。

与此同时，因为政府正在努力削减公共部门的赤字与公共经费，它们正面临越来越多的老人，以及甚至以更快的速度增长的需要社会关怀的老弱人群这样一个前景。在英国，约有2/3的社会保障都花在超过工作年龄的（退休）人群上，而退休人员的平均医疗费用是未退休人员的两倍。到2051年，老年痴呆患者的人数预计将增加一倍以上。过去，照顾年老体弱者的负担成本一直由私人承担，主要是妇女。随着老弱人数日增同时女性更多地参与全职工作，依靠私人家庭护理似乎难以维持下去。然而，少有迹象表明，人们愿意支付更高的税收以负担全民公共医疗的成本。

一方面，老人有自己的私人资源——累积资产，即储蓄和财产；另一方面国家有保证，即如果医疗费用超过一定金额，超额部分将由公共基金提供。两者的结合似乎将提供部分的解决方案。但实际上，老年医疗所承担的风险或是许多老人实际的恐惧感将会是整体性的，因人们能拿出来的只是他们资产的一部分，而非全部。英国迪尔洛特委员会（Dilnot Commission）已经提出了长期社会保健的议案。这种做法是将私人资产与公共财政相结合来减少一些人的恐惧感，这在一些国家已得到采纳。但是，联合政府至今未有举动，此前的工党政府也是一样。长期的难题很难得到立即的优先考虑。

因为人们活得更久了，他们也就相对退休得更早了：社会保障使其成为可能。但是，长时段退休期的概念从来都不是社会政策的目标。与此同时，保护越来越多的更老的老年人有了压力。风险必须被降低。在一次访谈中，我曾经问某个一直在一家养老院——这个许多老人在此渡过余生而且以与世隔离的方式存在的地方——工作的人，住在里面的人能不能给自己冲一杯茶？我被告知：他们不需要，而且他们可能烫伤自己。同样的，这里也不鼓励老人外出，因为他们可能会着凉。社会鼓励年轻人大胆勇敢，出国旅行；相反却鼓励老人彻底地消极被动，并享用他们所受的护理。在我看来，即使保持独立和责任感会附带更多的风险，但是也似乎比只享有所提供的社会服务更可取。否则活着还有什么意义？

四　政治与未来的社会政策

社会政策反映了政治的希望与恐惧，反映了人们对他们自身、他们的共同体和他们的国家的角色期待，以及他们采取个体行动和集体行动的意愿。

我这里的目的并非尝试并预测社会政策将如何变化，也不是来谈我认为社会政策应该如何发展。我的目的是提出一些能使社会政策蓬勃发展、能维系一个更好社会的原则，虽然并不是所有人都一致同意这个可能。当然，我们的目的一直都不是要提出某种乌托邦式的设想或是某些极权式的处方——改变如果不能获得民主支持，想要成功或继续生存的希望就不大。但是，我们需要有一个明显优于今日情形的社会愿景。正如奥斯卡·王尔德（Oscar Wilde）所写：

> 我们都身陷沟渠，但其中一些人却在仰望星空。

我已经说过，社会政策并非一个向着阳光高地进发的无止境的、向上进取的故事。在加尔布雷斯（John Kenneth Galbraith）所称的"文化满足"中，政客们拉拢中间选民，根本没有理由期待他们将会寻求或是能够优先考虑最贫苦人群的问题，或是明显触犯有产阶级多数派的利益，或是质疑普遍的社会态度。因此，令人不舒服的事实是，许多社会政策为保护富人利益与国家合法性而服务，不再是一条通往"进步"的无缝隙路线。说清楚谁在获益谁又在受损，并突出强调当下被忽视的问题，是社会政策分析者的重要任务，但这些任务却不一定能得到当权者的欣赏。

一直有人提出，20世纪下半叶，社会政策已经是许多国家的一个高水位线，伴随着一个高度的社会共识，期望集体行动的有益影响，我们也将适时回归到一个更个人主义的、不平等的、原子化的社会——实现新自由自主的理想。或许如此吧。然而，社会政策必然有所变化，但它不会消失。阿马蒂亚·森（Amartya Sen）在20世纪90年代初期曾指出，如果没有社会保障，当时经历极高失业率的苏格兰就会发生大规模的饥荒，而政府的合法性也会遭遇挑战。各国政府都不愿冒着被推翻的风险，因而会通过国家立法或者经过社会控制的社会政策来保持国家的持续。但是，社会政策能做的并且应该做的，要远远超过为已经严重分化的社会提供一层表面的保护膜。我相信，社会政策能成为全人类真正进步的一个原则代理者。

总之，我已经提出，21世纪我们应该需要做到以下几点。

第一，专注于目标以及如何最好地实现这些目标，而不是盯在现有的服务上。

第二，要清楚社会政策能做什么，不能做什么。

第三，要认识到，经济必须实现社会包容和社会公正的目标，而且，一定要对个人责任有一个明确的界定。

第四，要强调社会政策不仅对社会公正与个人机会很重要，而且对经济表现也很重要。

第五，要清楚，为了社会包容和长期的社会稳定，某些基本方面对所有人都很必要，如就业、住房以及共同体意识等，而这些则依赖于社会政策和经济政策。

第六，要认识到，为着一个更为一体化、更加开放的世界，我们必须走向更趋协调的全球性社会政策。

我们正处于一个经济危机与政治危机并发的时期。但应该记住，最黑暗的时刻恰在黎明到来之前。

参考文献

Browne, J. 2010. "Distributional analysis of tax and benefit changes." Online at http://www.ifs.org.uk/publications/5313.

Jenkins, S., Brandolini, A., Micklewright, J., and Nolan, B. 2011. "The Great Recession and the Distribution of Household Income." Report for XIII European Conference of the Fondazione Rodolfo Debenedetti, Palermo.

Titmuss, R. 1958. *Essays on "The Welfare State"*. London: Allen and Unwin.

社会投资型国家：新的社会支出趋势，还是流行的政治演说？[*]

约尔玛·席比勒（Jorma Sipilä）[**]

摘　要：社会投资即增加全社会的人力和社会资本，从而提升市民的作用能力。它改变了福利国家的目标重点：过去的福利国家寻求保护人们免于市场的伤害，而社会投资型国家则能使人们在市场中作用更强。这导致社会政策内容发生改变，将重点转向服务，尤其是提升或恢复人的能力的服务。社会研究（如吉登斯、艾斯平－安德森）在发展、批评社会投资范式的过程中发挥了重大的作用。

本文阐述了社会投资之所以已经成为社会政策讨论中的一个热点并深受政府欢迎的原因。实证研究是：检测经济合作与发展组织（OECD）成员国的政府社会投资的产入和结果。经合组织国家社会投资额上存在较大差异。成员国政府在1998~2003年预算政策的改变并不显著，发展也极不平衡。斯堪的纳维亚国家投入较多，而其他国家更倾向于社会消费。显然，社会投资的益处尚未让所有政府信服。

关键词：社会投资型国家　福利国家　社会投资　社会支出

导　言

福利国家的目标似乎出现了完全的逆转。在20世纪80年代，福利国

---

[*] 本文于2011年最初发表在加里·科恩（G. Cohen）、本·安塞尔（B. Ansell）、罗伯特·考克斯（R. Cox）和简·金里奇（J. Gingrich）编著的《社会政策在更小的欧盟国家》（*Social Policy in the Smaller European Union States*）一书中，第81~104页。本文由芦苇、李丽译，潘屹校。

[**] Jorma Sipilä，芬兰坦佩雷大学社会政策和社会工作教授，坦佩雷大学前校长。

家仍然被看做市场和个人之间的政治调停者，以使市场的结果更容易被公民承受。艾斯平-安德森的《政治对抗市场》（1985）一书以及同样划时代的著作《福利资本主义的三个世界》（1990）中对"去商品化"这个功能有精炼的阐述。然而，不可否认的是，去商品化的原则也正是福利国家始终作为耙子受经济和道德批判的原因。

20世纪90年代，福利国家的研究者们变得热衷于研究日益增长的劳动力的参与，尤其是妇女的参与，他们中的一些人甚至冒险把"商品化"当做社会政策的目标（如，Streeck，1999：6）。事实上，增加劳动力的商品化程度是投资型国家的主要职能。"投资型国家"这个概念也因为吉登斯《第三条道路》（1998）一书被大家知晓。在这本书里，吉登斯同时指出：老牌福利国家寻求保护人民，使他们免受市场带来的风险，而社会投资型国家则力图使人民在市场中变得强大。

投资型国家的观点[1]被指出既是对新自由主义的批评，又是对"福利国家紧缩"的威胁的矫正（Jenson & Saint-Martin，2003）。从去商品化福利国家到商品化——社会投资国家的转变是西方国家应对低成本经济体竞争的政治战略的主要部分。吉登斯（1998：1）甚至声称，全球秩序的这些变化可以被有效管理以实现社会团结和繁荣。另一方面，评论家指出，人类生下来并不只是为了使劳动力市场膨胀，因此，社会投资不是满足所有社会保护需要的灵丹妙药。

福利国家的说辞不可否认地在发生变化，但这只是改变的第一个标志。公共融资的对象有变化吗？福利国家确实比过去更多关注社会投资了吗？这篇文章就是要向大家说明，这些变化并不能从社会开支中发觉，社会投资这个说法夸大了事实。

社会投资型国家

社会投资型国家这个说法出现在20世纪90年代，艾斯平-安德森是这一说法的先锋人物之一。艾斯平-安德森在他的许多作品中都强调社会服务在扩大劳动力参与中的重要作用。1996年，他比较了大陆模式和斯

---

[1] 存在多种表达方式——许多研究者不喜欢讲社会投资国家，但是愿意讲"现代化的社会政策"或"新风险"等（参见 Clasen & Siegel，2007）。

堪的纳维亚模式:"另一个战略在斯堪的纳维亚模式中很明显,即将福利国家的资源从对消极被动的收入的维持转移到就业和对家庭提升的保护。公共就业增长的时代已经结束,相应的,政策是针对活跃的劳动力市场的主要措施,比如培训、迁移劳动力,补贴工资等。北欧福利国家据说可能带头实行'社会投资'的策略。"(Esping-Anderson,1996:25)

社会投资的目标是超越以再分配和基于消费形式的、以利益和权利为中心的社会福利,通过对人力资本的投资,实现增强人们的参与能力的社会福利(Perkins, Nelms & Smyth, 2004:3)。增加社会投资是响应社会政策现代化的主要策略,这一点就像帕尔姆(2006:160)所说的那样,应该处理好工作、老龄化和新的"性别平衡"之间的关系。

把增加对社会政策的关注作为一种投资,将社会目标和经济目标整合在一起的迹象已经在克林顿和布莱尔(在芬兰利波宁的项目也出现了)的项目里可以看到了,在之后的欧洲议会里斯本战略里可以更加清楚地看到(2000)。里斯本战略的目标是通过对个人的投资、建立积极的福利国家,使国家欧洲社会模式现代化。这需要将经济、社会、就业政策整合在一起,并具有这些政策之间相互加强的更加明确的目的(European Commission, 2004)。

福利国家通过刺激劳动力来促进经济增长的方式在今天已经不新鲜了,但是它却以各种形式贯穿于整个 20 世纪(Jenson & Saint-Martin, 2003)。也许最有力的例子来自马克思的资本逻辑理论,该理论认为社会政策在资本主义社会的主要功能是繁殖劳动力(如,Lehtonen, 1983)。

社会投资型国家的论述也许被认为是一个为了使社会政策在新政治背景下合法化的夸张设计。任何公共支出的目标需要用决策制定者自己的措辞来陈述。目前,使经济精英信服合理的社会政策的优点可能是社会投资论述的主要目标。但是,不断增长的老龄人口应该如何考虑一种新的途径好让它们半途而废?

社会投资与社会消费:值得的支出和不合需要的支出

研究者和政客们谈到投资型社会的基本变化事实上是对社会福利的新的架构的讨论(如,Olk, 2006)。詹森和圣-马丁(2003)已经证明,政策目标的改变在全球范围已经开始。但是,世界经济合作与发展组织国家是在努力尝试实现投资型国家，或者只是口头谈论他们该做些什么？

为了了解社会投资型国家有没有真正实施，它的概念首先要被操作化。操作化可以使我们思考社会投资到底是什么。我们应该有能力区分社会投资和社会消费。投资是一个经济学术语，意味着产人并不只是"当前的消费满足当前的需要，而且在将来可以偿还现在的支出并获得回报"（Jenson & Saint-Martin，2003：83）。社会投资在公共领域的开支可以带来直接或者间接的经济收益。

我们如何知道哪些社会开支在将来可以产出直接或者间接的经济利益，哪些只是为了短期的消费？哪一种社会开支是社会希望的，哪一种并不是社会投资？区别社会投资和社会消费并不简单，但是大多数情况下，研究者倾向于使用两项特别的开支类别来辨别出社会投资：投资或者提高了人力资本或者提高了劳动力的市场参与。

奥洛克（2006：1）通过对投资个人和保护那些处于"危险"中的群体的方式（比如给予社会保障金）来建设人力与社会资本的两种方式进行了基本的区分。奥洛克说，"在市场驱动下，通过投资，如教育、培训，来增加人力资本，很明显地增加了孩子将来参与的机会。"像奥洛克所说，事实上，依靠福利国家服务的手段（激活作用、儿童福利、老年人照顾、就业服务等）增加劳动力的供给，在目前的政治著述中非常显著（例如，European Commission，2004；Palme，2006）。显然，社会投资型国家应该保护儿童、学生、工作的母亲、移民以及那些刚刚恢复职业的人、请病假的人或者请产假的劳动者。

很难说哪一种类型的社会支出应该被当做不被欢迎的普通消费。通常来说，用于消极的社会福利的开支被认为是不好的，比如失业津贴（Palme，Nelms & Smyth，2004：9）。在不受赞同的开支目录里，我们可以发现失业津贴使提前退休的人受益，特别是他们的津贴是与收入相关的（de la Porte，1999：3）。另一个值得怀疑的公共消费包含了对那些为个人提供照顾的家庭成员的补贴，这些津贴阻止了妇女参加工作（OECD，2007a；2007b）。

更普遍地讲，投资型国家不鼓励人们离开就业岗位，也不会鼓励对那些确信已经结束工作生涯的人投资。因此，投资型国家对老年人有一些吝啬（Jenson & Saint-Martin，2003：93）。新批评主义反对社会消费的一个很好的例子是斯特（Kvist，2006：137），在他的评论里，他质疑一个人超越了确定年限就总是需要公共支持的假定的习惯。

大多数情况下，很容易发现社会消费也有投资的特征。养老金就是一个很好的例子。一方面，养老金是社会消费的明显特征，但是从另一方面来看，如果要接受收入相关的养老金，就需要早期的劳动力参与，这是在鼓励社会投资。

要了解社会投资型国家的角色，重要的是注意到国家并不是人力投资的唯一主体，家庭也在进行此类投资。在那些有强烈的、自由的政治文化的社会里（如美国），它们普遍强调家庭在教育投资上的责任，而很少倾听国际社会关于社会投资政策的建议。家庭投资供给的人力资本，应该被称为私人投资而非社会投资。与社会投资相比，私人在教育上的投资导致了人力资本的不均衡。

社会投资型国家这个概念指的是政府分配自己的资源。"社会投资"的比喻适合于一个很好的福利效益在一个社会里要长时间才有效果。它们提供普遍的福利以弥补市场和个人的失败，这典型地反映了它们的社会特征。同样的，依靠税收获得财政资金也是其特色。

如果向社会投资型国家的转变已经开始，那么社会支出的变化应该是显而易见的，并且在发达国家很容易被察觉。接下来，我将检验那些期望的社会支出，是否是以减少那些不被期望的社会支出为代价而增加的。另一个任务是找出期待的社会支出改变已经发生了的成功案例，了解预期的结果怎么样，它们是不是已经可辨别了？

数据和方法

为了回答上述问题，我分析了 24 个国家在 1998～2003 年的社会支出，有部分国家是从 1980 年或者 1991[1] 年开始。当然，2003 年之后的数据更能说明问题，遗憾的是 2007 年世界经济合作与发展组织的社会安全支出资料库的数据并不允许这样做。

监测的周期是从 1998 年开始，当时，发达的福利国家政府充分意识到，在开放的国际经济环境以及老龄化的双重因素影响下，有必要进行改

---

[1] 1991 年，对于呈现 1980～1998 年的中间数据来说，是一个不错的选择。德国已经统一，新东欧共和国于 1990 年成立。

革。1998① 年，有关老龄化和全球化的文献很丰富，并随处可得。尽管社会投资型国家的概念在 1998② 年之后才开始广泛使用，但是它关于创造合格的劳动力、让妇女进入劳动力竞争市场的必要性的观点更早就被人们了解。例如，芬兰 1995 年的政府项目中就有意识地包含了一个社会投资项目。

为了保证国家和政策的多样性，我使用了 24 个经济合作与发展组织成员国家的数据，其中包括 15 个老的欧盟成员国家，4 个新的欧盟成员国家，还有挪威、瑞士、加拿大、日本和美国。这样，欧洲的经济合作与发展组织成员国③以及 3 个重要的非欧洲成员国都包括在内了。

与社会投资将社会支出看做对家庭及教育的支出一致，我挑选出关于教育和家庭的社会开支来代表社会投资，用于老年人的社会开支则代表社会消费。这种粗糙的区分存在一个问题，家庭政策既包含了支持妇女参与劳动（儿童福利、收入相关的产妇津贴）的措施，又包含了鼓励她们远离劳动力市场（固定费率的现金补贴）的措施，前一种措施可以被看做社会投资，而后一种措施可以认为是社会消费（Ferrarini, 2006）。我将在后面讨论家庭政策的时候详细说明这个问题。

并不是每一次社会支出增长就意味着政策开始变化了。试想，如果儿童增加了，政府因此投入比以往更多的钱补贴家庭，这并不意味着每个孩子得到了比过去更多的支持。社会投资的方法必须是每个孩子都享受到了比以前更多的社会支出。因此，对家庭的社会支出以及对老年人的支出必须在考虑到不同年龄的需要的情况下标准化。

针对家庭的社会支出在所有国家都有标准。这个标准是由 0~14 岁儿童的比例以及 65 岁以上老年人口的比例来决定的。所有关于家庭和老年人的社会支出计算都是以这个标准为基础的。然而，国家对教育的支出却没有标准化（例如，根据年轻人口的比例或者学生的数量来确定支出），这是因为对教育的社会投资无疑意味着社会上会有更多的学生。

数据中有一些问题没有能够解决。众所周知，社会安全支出资料库的数据是建立在总支出的基础上的，即有时候这些收益包含税收，有时候不包含。研究者更喜欢纯粹的支出，但是一般的纯粹数据已经找不到了

---

① 1998 年，谷歌学术提供了 13900 条 "全球化" 和 604 条 "人口老龄化" 的搜索。
② 在 1999 年之前只有 6 条。
③ 冰岛被排除在外，这让我感到遗憾。

(Adema & Ladaique，2005）。

很多关于福利国家发展的比较研究比较了社会支出占各国国内生产总值（GDP）的比例。这个研究引发了激烈的讨论，因为数据的测量受到国内生产总值变化的影响。然而，我对每个国家的三类社会支出情况进行比较之后发现，在目前的研究中，这个问题是次要的。国内生产总值的变化同样也影响其他的社会支出。当然，经济繁荣可能增加支出，例如在家庭服务上的花费大于对在养老金上的投入，这种可能依然存在。

如果研究对支出的产出感兴趣，那么有一个"时间间隔"的问题需要考虑。支出的产出是一个逐步实现的过程，而不是即刻奏效（Green-Pedersen，2007：19 – 20）。对时间间隔长度的把握是不能从理论上得出的，而是需要从每一个经验总结中获得。

可以提出两个相互对立的假设：首先，我们可能相信社会投资型国家正在兴起，从1998年开始，政府已经增加了对教育和家庭的支出，这两部分的支出大于对老年人的支出。其次，与它对立的无效假设是，尽管出现新的文献，有很强的依赖路径，而且原有的社会结构允许它们这样做，但是政府的开支在教育、家庭、老年人上并没有差别。为了验证这两个相对立的假设，我建立了一个"社会投资指数"，这个指数可以测量社会投资和社会消费的变量的不同。关于家庭和教育的公共社会开支被加在一起，对老年人的支出被去掉了。

社会投资指数 =（家庭人员社会支出）+（教育人员社会支出）-（老年人的社会支出）

我的第二个假设是，从1998年开始，政府重新决定了对家庭的支出，支持妇女就业和生育。与1998年相比，2003年，政府花在家庭津贴上的资金减少了，同时对儿童福利的支出增加了。在这里，与它对立的无效假设是政府开支没有发生太多变化，社会投资的说法并没有改变家庭政策。这些假设将注意力集中在产出的结果、少量的双因素分析上，显示了与预备测验的关系。

结 果

家庭和教育公共支出不断增加，老年人支出日益缩减？

回顾1980~2003年整个时期社会开支的发展，我们可以发现，标准化的老年人开支迅速增长,已经超过了家庭开支。这种现象主要是由于 1991~1998① 年,国家对家庭的支出减少了。我无法获得 1980 年教育支出的参考数据,但是,可以了解到,1991 年以后,教育支出并没有发生太大变化。

表 1 显示了在 1998~2003 年,家庭支出、教育支出、老年人支出都增加了,家庭支出增长得最快。图 1 清晰地展示出家庭支出的增长与老年人支出是相关的。

表 1 社会支出占国内生产总值的百分比变化情况,0~14 岁和 65 岁以上人口规模的标准化 (1980~2003 年)

单位:%

年份	家庭支出	教育支出	养老支出
1980	1.7	—	5.9
1991	2.1	5.2	6.9
1998	2.0	5.1	7.6
2003	2.2	5.3	7.9

年份	家庭支出变化	教育支出变化	养老支出变化
1980~1991	22	—	18
1991~1998	-5	-2	10
1998~2003	9	4	4
1980~2003	27	—	35

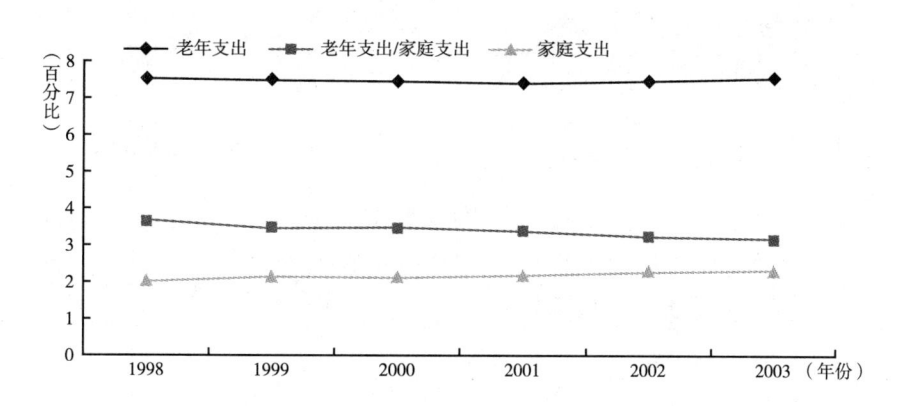

图 1 24 个经合组织国家的家庭和老年公共开支占国内生产总值的百分比 (1998~2003 年)

---

① 事实上,标准化家庭开支的增长率与 1980~1991 年和 1998~2003 年的增长率相同。

当我们比较 1991~1998 年与 1998~2003 年这两个时期，我们可以发现家庭支出和教育支出在 1998~2003 年增长较快，但是老年人支出增长的相对较慢。一个有趣的问题是，这些趋势是公共政策的有意之举还是它们只是人口变动①的结果。儿童在人口中的比例和社会开支对家庭的投入在统计上显著负相关（-0.49*），这个结果支持了人口效应影响社会支出这一猜想。然而，老年人口比例与老年人口支出之间的相关性并不显著。因此，社会支出的趋势可能表明存在一种专门的社会投资方法。

家庭支出和教育支出的不同

现在我对所有 24 个国家的数据进行概述。表 2 展示了 1991~2003 年各个国家的家庭支出、教育支出以及养老金支出，同时强调了 1998~2003 年这些指数的相关变化。

表 2　1991 年、1998 年和 2003 年的家庭、教育和养老等社会支出情况

单位：%

国家	家庭的公共开支（标准化）				教育公共开支占 GDP 的比例				养老的公共开支（标准化）			
	1991	1998	2003	2003/1998	1991	1998	2003	2003/1998	1991	1998	2003	2003/1998
奥地利	3.2	2.8	3.2	1.14	5.3	6.2	5.5	0.89	10.4	11.8	12.7	1.08
比利时	2.7	2.9	2.7	0.93	5.0	5.1	6.0	1.19	6.2	6.3	6.4	1.03
加拿大	0.6	0.9	1.0	1.14	6.5	5.4	4.7	0.87	5.0	5.0	4.8	0.95
捷克	2.8	2.2	2.1	0.97	—	3.9	4.5	1.17	6.2	8.2	8.5	1.05
丹麦	4.3	3.9	3.6	0.94	6.9	8.3	8.3	1.01	6.5	7.5	7.4	0.99
芬兰	4.3	3.3	2.9	0.88	6.5	6.2	6.4	1.04	8.3	8.1	8.5	1.06
法国	2.7	.31	2.8	0.88	5.5	5.8	5.9	1.01	9.3	10.1	9.8	0.97
德国	2.6	2.1	2.2	1.04	—	4.6	4.7	1.03	8.7	9.9	9.9	1.00
希腊	1.0	1.3	1.5	1.17	2.3	3.1	3.6	1.15	9.8	10.5	10.0	0.95
匈牙利	—	3.6	3.8	1.05	6.1	4.4	5.9	1.32	—	7.1	7.5	1.05
爱尔兰	2.3	1.2	2.1	1.69	5.0	4.4	4.4	1.00	4.0	2.9	3.9	1.36
意大利	0.8	1.4	1.5	1.12	3.0	4.8	4.7	0.99	7.7	9.5	9.2	0.97
日本	0.5	0.7	0.9	1.33	—	3.6	3.7	1.04	4.7	5.4	6.4	1.20
卢森堡	2.8	3.0	3.8	1.27	3.0	3.7	3.5	0.96	9.3	8.6	6.2	0.72
荷兰	1.8	1.5	1.5	1.03	5.6	4.8	5.1	1.06	6.4	6.0	6.0	1.00
挪威	3.6	3.8	3.0	0.79	7.1	7.5	7.5	1.00	6.0	6.9	7.3	1.06

---

① 如果开支保持在同一水平，并且儿童在人口中所占的比例下降，那么每个孩子的家庭开支就会增加。而如果老年人在人口中所占的比例增加，那么每个老人的养老支出就会下降。

续表

国家	家庭的公共开支（标准化）				教育公共开支占GDP的比例				养老的公共开支（标准化）			
	1991	1998	2003	2003/1998	1991	1998	2003	2003/1998	1991	1998	2003	2003/1998
波 兰	2.0	0.8	1.5	1.91	5.2	5.0	5.6	1.12	8.8	9.4	13.7	1.46
葡萄牙	0.9	1.1	1.7	1.62	4.6	5.4	5.6	1.04	4.7	6.3	8.1	1.29
斯洛伐克		1.8	1.8	1.00	5.6	4.5	4.3	0.97		8.6	8.5	1.00
西班牙	0.3	1.0	1.2	1.27	4.1	4.4	4.3	0.97	7.3	7.5	7.1	0.95
瑞 典	5.8	3.5	3.4	0.98	7.1	7.6	7.3	0.97	6.8	8.3	9.0	1.09
瑞 士	1.3	1.5	1.5	1.03	5.3	5.3	6.0	1.13	5.3	6.5	6.6	1.01
英 国	2.4	2.5	2.7	1.11	4.8	4.6	5.1	1.10	4.6	5.3	5.6	1.07
美 国	0.6	0.7	0.6	0.86	5.1	5.0	5.6	1.11	5.9	6.1	6.7	1.10
平均值	2.1	2.0	2.2	1.09	5.2	5.1	5.3	1.04	6.9	7.6	7.9	1.05

从家庭政策开始，斯堪的纳维亚国家从1991年开始一直位于家庭支出的榜首，它作为欧洲国家中唯一更倾向于支持年轻人而不是老年人（Esping-Andersen，1996：14）的旧形象已经逐渐淡化了。1998~2003年，国家对每一个孩子的家庭支出占国内生产总值的比例在所有斯堪的纳维亚国家都增加了。就水平而言，2003年，匈牙利、卢森堡、丹麦、瑞典都对家庭政策进行了大量投资。欧洲以外的国家的水平没法同斯堪的纳维亚国家相比较。美国是个例外，因为它没有家庭津贴，但是日本和加拿大都有，日本和加拿大在家庭政策上的开支是非常庞大的。

在1998~2003年的观察期里，教育支出的增长（4%）是缓慢、不明显的。尽管这期间的增长比1991~1998年的下降比例多一点，但总体的支出趋势还是增加的。值得一提的是，教育开支的缓慢增长并不是靠私人支出补偿实现的。事实上，在1995~2003年，世界经济合作组织成员国中，私人支出是减少的（OECD，2007）。

在教育开支的变化方面，1998~2003年，大多数东欧国家、美国、英国都充分增加了这类开支，但是在加拿大[①]，教育支出却明显减少了。在支出的水平上，斯堪的纳维亚国家在2003年对教育进行了大量投资。其中丹麦、瑞典远远领先于其他国家，卢森堡、希腊、日本对教育并没有

---

① 加拿大的大量损失已经被扩大私人开支部分弥补。（见2007年经合组织概况）。

投资多少公共的资金。匈牙利和瑞士的数据显示，在1998~2003年，这两个国家对教育的支出显著增长，甚至从平均水平国家一跃成为高水平国家，处于领先地位。

老年人支出的特点

大多数国家的老年人支出在1998~2003[①]年增长了。在中欧国家，传统的老年支出是最高的，这种高支出一直持续到1991年。1991年之后，东欧以及南欧国家的老年人支出比例超过了中欧，高居榜首。1998~2003年，日本和东欧国家（波兰[①]）的老年人支出增长迅速。和1991~1998年的周期比较，以后的支出的增长通常更小甚至更加消极。

在独立的西方国家中，澳大利亚的老年人支出一直占很大比例。波兰的老年人支出在1998~2003年以无与伦比的速度持续上升并超越了其他国家。老年人支出较低的两个国家是爱尔兰和加拿大。24个国家中，有7个国家在1998~2003年减少了与老年人相关的支出。这不是一个特别高的比例，因为大约同样数量的国家也减少了对家庭和教育的支出（8个国家）。

什么样的国家才是社会投资型国家？

吉登斯（2007：11-15）提出北欧国家可以作为社会投资型国家的成功典型，法国、德国和意大利是与社会投资型国家对立的最好例子（ibid. 32-40）。这一说法可以通过对社会投资指数的测量得到验证，通过测量可以得知国家在多大程度上重视社会投资而不是社会消费。表3显示了一些测量结果。一点也不意外，1998年和2003年，丹麦和挪威的社会投资居于榜首，爱尔兰、英国、比利时和瑞典依次在后。变化最大的是中欧国家，它们似乎在朝着社会投资型国家飞跃。与中欧国家的跨越式变化相比，南欧国家的变化相对缓和一些，社会投资指数小幅上升。但是，日本、加拿大以及波兰的社会投资指数在下降，波兰下降得尤为严重，这显示出它们在逐渐远离社会投资型国家。

投资家庭和教育或者节省老年人开支都可以实现高社会投资指数，丹麦和挪威就是这类国家的典型代表。爱尔兰和英国也是社会投资型国家，

[①] 因为老年统计汇编突然发生变化，所以我不使用经合组织关于芬兰（1998年和2003年）和卢森堡（2003年）的数据。我使用的是欧盟统计局的数据。

表3 1998~2003年社会投资和家庭支出的变化情况

	社会投资指数			现金和实物的家庭支出		
	1998	2003	变化	1998	2003	变化
奥地利	-3.2	-4.0	-0.8	1.7	1.9	0.3
比利时	1.7	2.3	0.6	1.2	0.8	-0.4
加拿大	1.7	0.9	-0.8	0.5	0.7	0.2
捷克共和国	-2.0	-1.9	0.1	0.9	0.7	-0.3
丹麦	4.7	4.6	-0.1	-0.7	-0.7	0.0
芬兰	1.5	0.8	-0.7	0.5	0.2	-0.3
法国	-1.0	-1.2	-.02	-0.3	-0.1	0.1
德国	-3.6	-2.9	0.7	0.3	0.4	0.1
希腊	-5.8	-5.0	0.8	0.4	0.4	0.0
匈牙利	1.1	2.2	1.1	0.7	0.6	-0.1
爱尔兰	3.2	2.5	-0.6	1.3	2.0	0.7
意大利	-3.5	-2.9	0.5	-0.1	-0.1	0.0
日本	-1.1	-1.8	-0.7	-0.1	-0.1	0.0
卢森堡	-1.5	1.4	2.9	2.0	3.0	1.0
荷兰	0.3	0.7	0.4	0.1	-0.1	-0.2
挪威	4.5	3.2	-1.3	0.3	0.4	0.1
波兰	-3.6	-6.7	-3.0	0.4	0.5	0.1
葡萄牙	0.1	-0.8	-0.9	0.3	-0.1	-0.4
斯洛伐克共和国	-2.2	-2.4	-0.2	1.9	0.8	1.2
西班牙	-2.1	-1.6	0.5	-0.3	-0.3	0.0
瑞典	2.9	1.7	-1.2	-0.4	-0.4	0.1
瑞士	-0.1	0.9	1.0	0.8	0.7	-0.1
英国	2.0	2.5	0.5	0.8	1.4	0.6
美国	-0.5	-0.7	-0.2	-0.5	-0.5	0.0
平均值	-0.3	-0.4	-0.1	0.5	0.5	0.0

它们是通过低社会消费来实现高社会投资指数的国家的代表。在另一端，我们找到了没有受社会投资影响的国家。这些国家的社会投资指数为负数，这意味着，在这些国家，相对于家庭和教育，老年人获得了较多的资金支持。这类极端的国家有波兰、希腊、澳大利亚，德国和意大利的社会投资指数虽较前三个国家高一点，但也位于底部。

鉴于把斯堪的纳维亚国家作为社会投资的典型，而这些国家的社会指标指数的负面变化又最明显，我们提出了一个问题。如果说社会投资是成功的秘诀，为什么挪威、瑞典、芬兰没有鼓励社会投资呢？挪威和瑞典的社会投资指数变化明显是下降趋势，只有丹麦独自响应社会投资型国家的号召。与其他斯堪的纳维亚国家不同，出于一些原因，丹麦在1998~2003年没有增加对老年人的开支。另一个重要的发现是，吉登斯认为，至少封锁的国家在今天已经部分地过时了：德国和意大利的指数出现了一些积极的变化。通常情况下，社会指数的变化趋势是下降的。在1998~2003年，24个国家的平均社会投资指数下降了0.1%，其中13个国家社会指数负增长。这些发现支持了前面提到的无效假说。

家庭的现金和实物支出

我的第二个假设是，为了增加女性就业，政府将依靠家庭津贴来增加它们在儿童照顾方面的支出。这不能算作当前经合组织的数据，因为没有关于可靠时间序列的托儿开支。然而，可以通过检查两部分家庭支出来求得近似值：现金支出和实物支出。现金支出主要包括转移支付，其不支持女性就业，而实物福利主要是促进妇女进入劳动力市场的服务。

平均而言，24个国家赞成在它们的家庭政策中使用现金支出。在1998年和2003年，现金支出比实物支出高出国内生产总值的0.5%（见表3）。英国和中欧的现金福利相对较高，而美国、丹麦和瑞典更倾向于实物福利。

在与国内生产总值相联系时，只有8个国家的实物福利有所增长，而有10个国家却恰恰相反。6个国家的实物福利没有变化。因此，即使在这种情况下，原假设仍被坚持：政府不会重新分配它们的家庭开支用以支持女性就业和生育。

社会投资带来了预期的结果吗？

在本节中，我试着查明用于家庭、教育和养老的公共开支与女性就业和生育相联系的程度，两者都作为社会投资政策的主要目标而在本文前面提到。数据是小的，而且我只用了皮尔森相关系数来描述它们之间的关系。这种探索只为发现的关系提供指示支持。

在以下的统计计算中，我有两个因变量：

- 15~64岁妇女就业的比例；
- 15~49岁妇女生育的孩子。

除了描述公共开支的四个变量外，我还引入了另外两个独立变量用以描述资助托儿设施的数量和建立在经合组织家庭数据库（见表4）呈现的定义和数据基础之上的早期教育的数量：
- 3~5岁儿童接受早期教育的比例；
- 0~2岁儿童入托比例。

表4 儿童照顾、生育和女性就业

单位：%

	在托儿童		15~49岁妇女生育的儿童			女性参与就业		
	3~5岁	0~2岁	1998	2003	变化	1998	2003	变化
奥地利	7	7	1.34	1.38	1.03	58.5	61.5	1.05
比利时	100	34	1.53	1.64	1.07	47.5	51.4	1.08
加拿大	—	19	1.54	1.53	0.99	63.5	67.9	1.07
捷克共和国	85	3	1.16	1.18	1.02	58.7	56.3	0.96
丹麦	90	62	1.72	1.76	1.02	70.3	70.5	1.00
芬兰	46	35	1.70	1.76	1.04	61.3	65.7	1.07
法国	100	28	1.76	1.88	1.07	52.4	56.4	1.08
德国	80	9	1.36	1.34	0.99	56.3	58.7	1.04
希腊	47	7	1.29	1.28	0.99	40.3	44.5	1.10
匈牙利	87	7	1.33	1.27	0.95	47.3	50.9	1.08
爱尔兰	68	15	1.93	1.96	1.02	48.2	55.4	1.15
意大利	100	6	1.20	1.26	1.05	37.3	42.7	1.14
日本	86	15	1.38	1.29	0.93	57.2	56.8	0.99
卢森堡	72	14	1.68	1.63	0.97	45.6	52.0	1.14
荷兰	70	30	1.63	1.75	1.07	59.4	64.2	1.08
挪威	85	44	1.81	1.80	0.99	73.6	72.7	0.99
波兰	36	2	1.44	1.22	0.85	52.2	46.2	0.89
葡萄牙	78	24	1.46	1.44	0.99	58.3	60.6	1.04
斯洛伐克	72	18	1.38	1.20	0.87	53.5	52.2	0.98
西班牙	99	21	1.16	1.31	1.13	36.5	46.8	1.28
瑞典	87	40	1.50	1.71	1.14	69.4	72.8	1.05
瑞士	45	—	1.47	1.39	0.95	68.8	70.7	1.03
英国	81	26	1.71	1.71	1.00	64.2	66.4	1.03
美国	62	36	2.00	2.04	1.02	67.4	65.7	0.97
平均值	76	22	1.52	1.53	1.01	56.2	58.7	1.05

表4也显示了女性就业率和生育率的变化情况。女性就业的水平仍然与2003年大为不同，瑞典、挪威、丹麦和荷兰的女性就业率都超过了70%，但是意大利、希腊、西班牙和波兰的女性就业率都低于50%。然

而，许多南欧和中欧国家都已超出了平均上升了 2.5 个百分点的水平①。生育差别也很大，在观察期间，生育差别确实在增大。已经很高的美国生育率继续上升，而生育率低的日本和东欧仍然保持较低水平。

表 5 中的相关性表明了社会投资与预期结果之间的统计关系。教育支出和在托儿童的比例与女性就业之间存在非常高的正相关关系。教育也与生育相关，而早期教育却与因变量无关。养老支出与就业和生育都呈负相关，但只有后者有统计学意义。社会投资指数提出了三个变量，并且与女性就业率之间存在很强的相关性，与生育之间的相关性比与其他自变量的相关性高。

表 5　公共开支、女性就业和生育之间的相关性

	教育公共开支 2003	家庭公共开支 2003	养老公共开支 2003	社会投资指数 2003	3~5 岁学前班儿童 2003	0~2 岁托儿所儿童 2003
女性就业率 2003	0.63	0.20	-0.30	0.59	-0.07	0.70
生育率 2003	0.44	0.21	-0.45	0.63	0.05	0.22
	女性就业率 2003	教育公共开支 1998	家庭公共开支 1998	养老公共开支 1998	社会投资指数 1998	
女性就业率 2003	—	0.67	0.34	-0.33	0.69	
生育率 2003	0.55	0.51	0.29	-0.42	0.66	
	教育公共开支的变化 2003/1998	家庭公共开支的变化 2003/1998	养老公共开支的变化 2003/1998	社会投资指数的变化 2003/1998	女性就业率的变化 2003/1998	
女性就业率的变化 2003/1998	-0.24	0.03	-0.43	0.53	—	
生育率的变化 2003/1998	-0.21	-0.39	-0.31	0.18	0.55	

当自变量、因变量的数字之间存在一个五年的间隔期时，所有的相关性都更高；1998 年的开支与 2003 年的就业和生育之间的相关性高于 2003 年的开支与 2003 年的就业和生育之间的相关性。综观表 5 下部的 1998~2003 年测量变化的变量，相关性似乎较低，甚至令人惊讶。然而，两种结果是有意义的。第一，社会投资指数的积极变化与增长的女性就业相关。第二，养老方面花费减少似乎与女性就业的增长相关。

在整个考查期间，加拿大和美国是家庭社会政策薄弱的国家，在家庭

---

① 一个有趣的细节是，芬兰和瑞典是仅有的女性就业率在 2003 年比 1980 年低的两个国家。

方面的社会开支不能成为妇女进入劳动力市场的充分原因。然而,我们也注意到,就像斯堪的纳维亚半岛一样,加拿大和美国在教育方面投资巨大①。另外,斯堪的纳维亚半岛、美国和英国0~2岁儿童的入托率高于平均水平。这一切都支持一个论点:在托儿设施和教育方面的投资最能增加女性的劳动参与。这一结果不需要社会投资,但是通过私人投资也可以实现。

生育率是出了名的难以解释的复杂现象(Caldwell & Schindlmayr, 2003),但我们至少可以说,教育开支的水平和社会投资指数与生育水平一起变化,而养老开支与生育率下降有关也许并不奇怪。

讨 论

是否已经出现从去商品化向商品化、从社会消费向社会投资的转变?鉴于社会支出的变化情况,使用强硬的表达方式将是危险的。当然,存在一种变化,就是当家庭支出比养老支出增长更快时,即日益重视社会投资。然而,每个孩子家庭支出的增加是在家庭支出所占GDP的比重没有增加的情况下部分实现的,原因是儿童的数量在减少。反向发展的一个标志是:数据显示教育开支只有少量增加,正因为如此,观察期的社会投资指数实际是在下降。此外,政府并没有改变它们家庭政策的内容以支持女性就业。

养老支出迅速增加,但教育支出却比1998年之前增加的慢很多。养老支出增加也许是因为1998年时许多国家的养老金制度在还未完全成熟,即有更多的妇女获得了与收入相关的养老金。我们也可以讨论世代效应的可能性(Caldwell & Schindlmayr, 2003),这意味着,在积极的经济增长时期进入劳动力市场的几代人正在退休。这使得养老开支暂时增加,但不一定会长久增加。这些因素仍可能会超过养老金改革和失业长期增长的慢速影响。从政治角度来看,我们也可以提问,在该选区主要人口的年龄在快速持续上升的情况下,期望公共养老支出真正下降是否合理。

审慎地阅读会得到一些中肯的结论:第一,社会支出的数据不是描述社会投资方式日益增长的重要性的最佳材料。例如,养老金改革反映最近政治变化的速度远远超过了支出变化的速度。第二,所研究的时期

---

① 这是真实的,特别是如果我们考虑到美国的私人教育支出已经非常高。加拿大在1995年的教育支出也很高,但2003年却不再那么高。

(1998~2003年)时间过短,对于得出确切结论也是一个限制。第三,由东欧政治动荡和经济衰退所引发的20世纪90年代早期社会支出的翻天覆地的变化可能也会影响研究结果,因为一些国家在公共开支方面已经增加了抵制的可能性。第四,尽管有上述原因,在利率缩减时期(2000~2005年),想要增加社会投资是相当容易的,即使对于那些债务缠身的政府也是如此。

社会研究往往强调国家社会政策的路径依赖和持久性(Pierson, 1996; Gauthier, 2002)。在家庭支出的连续性方面,斯堪的纳维亚国家与处在高端的法国、比利时、奥地利和处在低端的美国、日本、加拿大都是很好的例子。社会政策和针对儿童与老年人的特殊政策,在文化价值观中是根深蒂固的,这限制了可接受的替代品。然而,我们也从路径中发现了显著的离题。例如,在葡萄牙和西班牙,家庭支出已经大大增加。挪威也是一个最近采取"明确且全面的家庭政策①"的例子。而卢森堡,尽管开支在增加,它仍然沿着转移路径发展,而不是投资于家庭服务。

类似的,在老年领域,也存在高消费国家(奥地利、德国、法国和意大利)和低消费国家(加拿大、英国和日本)。然而,在老年开支所占份额方面,葡萄牙和波兰已经经历了一个相对大幅的增加,而卢森堡却长期显著减少,甚至法国和意大利最近也在削减开支。自1980年以来,南欧的社会开支整体增长,这是一个很好的提醒:集群国家的事实总是不能持续长了(Gauthier 2002: 464-466)。

结果中令人惊讶的是,所有斯堪的纳维亚国家的社会投资指数都在下降。如果社会投资对于未来发展的重要性像政治家们声称的那样,那么为什么斯堪的纳维亚国家不保留其昔日在社会投资政策方面的带头地位呢?既然政治家们不能忽视社会消费的需求,那么是否存在一个难以超越的门槛?但是如果存在这样一个门槛,似乎门槛在丹麦更低。

人们试图认清社会投资政策的后果,最终产生了明确的结果。"老年支出"与"女性的就业和生育能力"之间存在系统的负相关。在早期的研究中,"为家庭的支出"和"就业"之间的统计相关性不高,这并不奇怪;然而,有趣的是,可以观察到"教育投资""女性就业"与"生育能力"之间相关性却相当高。这一观察表明,福利国家的研究人员可以从"更加重视教育"中获益。

---

① 1978年Kamerman和Kahn的任期。

研究发现儿童照顾和"女性就业"之间存在更为密切的联系，但是，这一结果接近循环论证。我们有理由相信，供应儿童照顾设施对于母亲和就业都有利。有工作的母亲需要照顾儿童是不言而喻的，并且在现代社会中，提供非正式的儿童照顾变得越来越困难。令人惊讶的是，即使托儿设施的不足限制了母亲的就业，有几个国家仍然坚持现行的政策安排（Randall，2000）。这项研究也证明，并不是所有的政府都相信社会投资的作用。

结　论

Myles 和 Street 在 1994 年说，"缓慢却是真实的，'社会投资模式'正在慢慢取代从 60 年代继承的'社会保障'模式"（Jenson & Saint-Martin，2003：82）。我不确信社会投资国家正在取得进展，即使是非常缓慢。不可能说在 1998~2003 年社会投资趋势不知何故主导了经合组织各国政府的预算政策。在预期的方向上确实出现了一些变化，但有些却没有变化，并且发展很不平衡，尤其是在欧洲以外的国家。实证结果支持高德的尴尬声明（2002：464）："20 世纪 60 年代之后生育率的快速下降没有导致对家庭现金支持的大幅增加，老龄人口的大幅增加也没有导致政府对家庭支持的减少。"

与此同时，国际上支持社会投资国家的言论不是无端存在的。我得出的结果是，社会投资的水平是与所期望的结果相联系的。国家对教育和家庭投资，尤其是在儿童照顾方面投资，似乎是要保持较高的女性就业率。而那些在老年方面花费慷慨的国家，显然也已经接受了较低的就业率和生育率。然而，我们需要更多的实证分析以确认这些初步调查结果。

社会投资国家的支持者不满足于迄今的发展，但是反对者也不应该感到宽心。社会投资途径将极有可能影响未来的公共开支。

参考文献

Adema, Willem and Maxime Ladaique. 2005. "Net Social Expenditure, 2005 Edition: More Comprehensive Measures of Social Support." *OECD Social Employment and Migration Working Papers* No. 29, Paris.

Bambra, Clare. 2007. "'Sifting the wheat from the chaff:' A two-dimensional discriminant analysis of welfare state regime theory. " *Social Policy & Administration* 41, no. 1: 1 – 28.

Caldwell, John and Thomas Schindlmayr. 2003. "Explanations of the fertility crisis in modern societies: a search for commonalities." *Population Studies* 57, no. 3 (November 2003): 241 – 263.

Chauvel, Louis. 2003. Génération sociale et socialisation transitionnelle: Fluctuations cohortales et stratification social en France et aux Etats-Unis au XXe siècle. Mémoire d'Habilitation à Diriger des Recherches. Paris: Sciences-Po.

Clasen, Jochen and Nico A. Siegel, eds. 2007. *Investigating welfare state change. The "dependent variable problem" in comparative analysis*. Cheltenham: Edward Elgar.

de la Porte, Caroline. 1999. "Is there an Emerging European Consensus on Social Protection?" In *European Trade Union Yearbook* 1999, edited by EmilioGabaglio and Reiner Hoffmann, 309 – 340. Brussels: European Trade Union Institute.

Esping-Andersen, Gøsta. 1985. *Politics against markets. The social democratic road to power*. Princeton: Princeton University Press.

Esping-Andersen, Gøsta. 1990. *The three worlds of welfare capitalism*. Cambridge: Polity Press.

Esping-Andersen, Gøsta. 1996. "After the golden age? Welfare state dilemmas in a global economy." In *Welfare states in transition. National adaptations in global economies*, edited by Gøsta Esping-Andersen, 1 – 31. London: UNRISD.

European Commission 2004. "Report of the High Level Group on the future of social policyin an enlarged European Union." http://europa.eu.int/comm/employment_social/news/2004/jun/hlg_social_elarg_en.pdf (accessed 9 September 2004).

European Parliament. 2000. "Presidency Conclusions". Lisbon European Council 23 and 24 March 2000. http://www.europarl.europa.eu/summits/lis1_en.htm (accessed November 20, 2009).

Ferrera, Maurizio. 1996. "The southern model of welfare in social Europe." *Journal of European Social Policy* 6, no. 1 (1996): 17 – 37.

Ferrarini, Tommy. 2006. *Families, States and Labour Markets: Instiutions, Causes and Consequences of Family Policy in Post-War Welfare States*. Cheltenham: Edward Elgar Publishing.

Gauthier, Anne H. 2002. "Family policies in industrialized countries: is there convergence?" *Population* 57, no. 3 (2002): 447 – 474.

Giddens, Anthony. 1998. *The Third Way. The renewal of social democracy*. Cambridge: Polity Press.

Giddens, Anthony. 2000. *The Third Way and its critics*. Cambridge: Polity Press.

Giddens, Anthony. 2007. *Europe in the global age*. Cambridge: Polity Press.

Green-Pedersen, Christopher. 2007. "More than data questions and methodological issues: theoretical conceptualization and the dependent variable 'problem' in the study of welfare reform." In *Investigating welfare state change: The "dependent variable problem" in comparative analysis*, edited by Jochen Clasen and Nico A. Siegel, 13 – 23. Cheltenham: Edward Elgar. http://www.mpifg.de/pu/workpap/wp99 – 8/wp99 – 8.html (accessed November 20, 2009).

Jaumotte, Florence. 2003. "Labour force participation of women: empirical evidence on the role of policy and other determinants in OECD countries." *OECD Economic Studies* no. 37 (2003): 51 – 108.

Jenson, Jane and Denis Saint-Martin. 2003. "New Routes to Social Cohesion? Citizenship and the Social Investment State." *Canadian Journal of Sociology* 28, no. 1: 77 – 99.

Kamerman, Sheila B. and Alfred J. Kahn. 1977. *Family policy: government and families in fourteen countries*. New York: Columbia University Press.

Kvist, Jon. 2006. "Europeiska perspektiv påden nordiska välfärdsstaten." Nordisk Ministerråds Velferdsforskningsprogram. Programkomitéens sluttrapport. In TemaNord 521, 128 – 139. København: Nordisk Ministerråd.

Lehtonen, Heikki. 1983. *Työvoiman käytön ja uusintamisen muodot*. Tampere: Vastapaino.

OECD. 2007. *Factbook. Economic, Environmental and Social Statistics*. Paris: OECD.

OECD Family Database. 2008. http://www.oecd.org/els/social/family/database (accessed November 20, 2009).

OECD. 2001. *Employment Outlook*. Paris: OECD.

OECD. 2007. "Matching work and family commitments. Issues, outcomes, policy objectives and recommendations. Babies and bosses, reconciling work and family life-a synthesis of findings for OECD countries." Paris: OECD. http://www.oecd.org/dataoecd/18/27/39689983.pdf (accessed November 20, 2009).

OECD. 2007. "Finnish policy on reconciling work and family life should strengthen. A country note. Babies and bosses, reconciling work and family life-a synthesis of findings for OECD countries". Paris: OECD. http://www.oecd.org/document/0/0, 3343, en_ 2825_ 497118_ 34916736_ 1_ 1_ 1_ 1, 00.html (accessed November 20, 2009).

Olk, Thomas. 2006. "Children in the 'Social Investment State.'" Paper presented at the Second WELLCHI Network Conference. Centre for Globalisation and Governance, University of Hamburg, 31 March – 1 April 2006. http://www.ciimu.org/webs/wellchi/conference_ 2/streamb/olk.pdf.

Palme, Joakim. 2006. "Velferdsforskningsprogrammet i ljuset av den nordiska modellens utmaningar: Forskningen och socialpolitikens modernisering." Nordisk Ministerråds Velferdsforskningsprogram. Programkomitéens sluttrapport. TemaNord 2006: 521, 155 – 194. København: Nordisk Ministerråd.

Perkins, Daniel, Lucy Nelms, and Paul Smyth. 2004. "Beyond neo-liberalism: the social investment state?" *Social Policy Working Paper No. 3*. Fitzroy: Brotherhood of St Laurence. http://www.bsl.org.au/pdfs/beyond_ neoliberalism_ social_ investment_ state. pdf (accessed November 20, 2009).

Pierson, Paul. 1996. "The new politics of welfare state." *World Politics* 48, no. 2 (January 1996): 143 – 179.

Randall, Vicky. 2000. "Childcare policy in the European states: limits to convergence." *Journal of European Public Policy* 7, no. 3 (September 2000): 346 – 368.

Sipilä, Jorma and Anneli Anttonen. 2008. "Mobilising formal and informal resources in meeting old age-related needs-a European comparison." In *Ermunterungen, Soziale Demokratie, Zivilgesellschaft und Bürgertugenden*, edited by Claus Leggewie and Christoph Sachsse, 169 – 201. Frankfurt a. M.: Campus.

Streeck, Wolfgang. 1999. "Competitive solidarity: rethinking the 'European Social Model.'" *Working paper*, No 99/8. Max-Planck Institute for the Study of Societies.

Väyrynen, Raimo. 2000. "Globalisation and the politics of labour in Finland." In *Festschrift for Dag Anckar on his 60th birthday on February 12, 2000*, edited by Lauri Karvonen and Krister Ståhlberg. Åbo: Abo Akademi University Press.

告别"桃花源":台湾福利体制的变化和连续性[*]

古允文[**]

摘　要:本文探讨2000~2008年,民进党社会福利改革的失败,具体关注点在于台湾福利体制的变迁。20世纪90年代的民主化改革为社会政策的制定创造了更好的机会。但是,资本主义全球化也约束了地区政府实现社会福利的能力。2008年台湾地区领导人大选的结果是国民党重新掌权,意味着经济优先的生产主义福利将重新主导台湾福利制度,而社会民主是一个不可能实现的梦想。这个问题启发我们思考具体的台湾福利和更广泛的东亚福利的未来。

关键词:福利体制　台湾　东亚　生产主义

引　子

2000年对台湾政治来说是一个历史性的分水岭。国民党这一集权的执政党第一次在地区领导人大选中失去力量,并被年轻的反对党——民进党所取代。作为20世纪90年代最强大的反对党,与国民党鲜明的大陆色彩和经济优先战略不同的是,民进党的主要特点在于其"台独"的政治主张,以及对于福利优先性的强调。这在1993年民进党的社会福利官方文件中明显体现出来,书中描绘出了一个社会民主福利国家的"桃花源"。2000~2008年,民进党的统治地位标志着台湾民主化的一个新纪元,而它

---

[*] 本文原文为英文,芦苇、李丽译,房莉杰校。
[**] 古允文,台湾大学社会工作系教授。

也提高了大众对社会改革的期望。然而，这一过程并没有获得完美结局。

本文将探讨民进党社会福利改革的失败，具体关注点在于台湾福利体制的变迁。20世纪90年代的民主化改革确实改变了经济社会结构，并为社会政策的制定创造了更好的机会。但是，资本主义全球化也约束了台湾实现社会福利的能力。2008年选举的结果是国民党重新掌权，国民党的得票率是58.45%，民进党是41.55%。这是否意味着经济优先的生产主义福利将重新主导台湾福利制度，而社会民主是一个不可能实现的梦想？这个问题启发我们思考具体的台湾福利，以及更广泛的东亚福利的未来。

台湾的生产主义福利体制

关于社会福利体制（regime）的研究文献数量众多，这些文献建立在艾斯平－安德森（1990）著名的比较研究的基础上，同时又尝试突破传统的、主要关注西方国家的比较福利，而促进东亚福利研究的发展。这些研究主要关注的是，东亚是否存在不同于（艾斯平－安德森的）社会民主主义、保守主义，以及自由主义三大福利模式的独有的福利模式。有一些具体的个案研究开启了这个研究领域的发展。比如Ku（1997a）将台湾的福利体制置于台湾资本主义发展的背景下展开研究，展示了资本主义世界体系、国家、意识形态和社会力量是如何交织在一起形成了独特的台湾体制。Kwon（1999）结合政治合法性解释了韩国福利体制的制度特征。这两位作者都发现了不同于艾斯平－安德森类型的特殊制度特征；尽管如此，他们也只是勉强将研究案例推论为新的福利体制。

相反，其他一些学者在对福利体制整体分析的基础上，进一步尝试对东亚福利模式进行命名——例如"家户式福利国家"（Jones, 1990），"生产主义福利资本主义"（Holliday, 2000），或"保守派"（Aspalter, 2001）。事实上，Holliday（2000）对第四种制度的研究走得最远，并提供了一种探索东亚福利核心内容的新视角。通过将"经济和社会政策之间的关系"这一新维度添加到艾斯平－安德森的分析维度中，Holliday认为日本、韩国、中国香港和台湾存在共同的特点——"生产主义福利资本主义"。他将其定义为："生产主义福利资本主义有两个核心，一是国家的增长导向，二是所有的国家政策对经济/工业化政策的从属，包括社会政策在内。"（Holliday, 2000: 709）另外，他还将东亚模式区分为三个子集:"助长型"(如中国香港),"发展普遍主义"(最典型的是日本,也包括台湾地区和韩国,尽管程度有限),以及"发展特殊主义"(如新加坡)。换句话说,这些国家和地区在"社会政策从属于经济政策"的维度方面有着明显相似之处,而在社会权利、社会分层结构、国家-市场-家庭关系等维度方面存在区别(Holliday,2000:710)。

东亚福利有什么特点呢?Jones(1990)强调,家庭在福利供给中发挥着重要作用。除了家庭的角色外,Lin(1991)用台湾的案例说明,工会缺乏渗透,导致了社会福利欠发达。Tang(2000:139-140)描述了一些常见的社会政策战略。第一,东亚国家都热衷于相信经济增长能够带来收入的实际增长,这会辐射到所有人口。第二,政府的以下特点被认为是发展的核心要件:社会支出在所有公共支出中占的比例相对较小、相对较小的财政赤字,以及劳动力市场的灵活性。第三,社会保障主要是针对政治上比较重要的利益群体,而这可能会导致再分配的不平等。第四,一般而言,国家只有在危机情况下才会扩大社会福利。第五,法定的社会救助方案都是在经济发展过程中建立的,但是这些方案与工业化国家相比,其福利的规模小、水平低,并且经常伴随很多烙印化效果。第六,对于扩大社会福利,存在文化上的偏见。第七,为了快速实现工业化,并将劳工运动可能带来的麻烦降到最低限度,劳动法和劳工福利往往受到更多关注。

尽管在他们的阐述中也包括卫生、教育、住房和社会保障等部门的对比,但Holliday和Wilding(2003:161-170)更强调指出,东亚福利在六个维度方面非常相似:政治目的是最首要的,经济增长和充分就业是福利的主要动力,生产主义的福利是目标,福利主义遭到回避,家庭被赋予了一项关键的福利功能,国家的作用既强大又有限。简要概括,东亚福利具有以下特点。

(1)经济发展是国家政策的核心价值,它优先于社会政策或收入再分配。

(2)由于社会政策欠发达,所以公共福利开支没有发挥西方国家那样的作用;这意味着,低福利开支应该被视为一种政策输出,而不是由于任何对低福利开支的需要。

(3)由于国家在发展领域中的作用非常强大,所以较低的福利开支并不等同于弱势的政府;进一步的,东亚国家也不应该被推定为像自由主义福利国家那样拥有大规模的私人福利/津贴市场。

（4）家庭被期望对个体成员承担更多的福利责任，而不是市场。

（5）在福利分配方面，在东亚国家中很难发现普遍主义的福利，而福利分层的影响却很常见。福利资源被优先分配给公务员、教师、军人等政府雇员。

Lee 和 Ku 研究了 20 世纪 80 年代和 90 年代期间 20 个国家和地区的 15 项指标，并在此基础上做了实证分析，他们得出的结论是：在台湾地区、韩国等东亚地区存在一种新的生产主义福利制度，该制度不同于艾斯平－安德森总结的三种制度。与艾斯平－安德森总结的三种制度相比，就福利分层而言，一方面，东亚生产主义制度与其保守模式有相似性，但是另一方面，其福利权并未覆盖全部人口的特点则与自由主义类似。

由于"体制"这一概念暗示着它是关于政治－经济秩序的"全景图"，这意味着福利整体的输出是由政府、市场、家庭组成的，而不是公共福利本身，尤其是这不仅仅反映在个人福利政策或方案中（Esping-Andersen, 1990：2；1999：73-75）。在不同的福利体制下，去商品化程度是不同的，同时这些福利体制也被该社会的阶级联盟，以及过去的制度轨迹所形塑。进一步的，现有的制度安排在未来也会对于国家的发展轨迹产生强烈影响（Esping-Andersen, 1990：32；1999：4）。从这个意义上说，"体制"不是一个短期的概念。这并不意味着体制不能被改变，但这需要更长时间的集体努力。

了解了这一点，那么在民进党执政时期，台湾的问题将是它是否能够聚集足够的力量将体制从生产主义转变为社会民主，或者它的福利最终是否会受制于已有的制度惯性？本文将探究这一具体经历，接下来是对台湾福利制度的概述。

目前的福利制度

台湾福利制度分为四类——社会保险、养老金制度、福利服务，以及社会救助。一方面，社会保险收取保费作为资金来源，在疾病、养老、残疾、死亡、失业等情况下为参保人或依赖他们生活的人发放福利。养老金主要覆盖的是雇员。另一方面，福利服务的作用是通过促进人们的社会活动和能力改善来增加国民的福祉。最后，社会救助旨在帮助那些无法满足基本生活需求的人，接受制度救助的人必须在收入、财产或资格等方面符合一定条件。总体而言，我们可以对台湾的社会福利体系做如下分类。

1. 社会保险

（1）健康保险：覆盖全民的健康保险自 1995 年实施（在台湾称"全民健保"——编者注）。

（2）职业保险：它包括劳工保险、就业保险、军人保险、政府雇员和学校员工保险、民办学校的教师和员工保险、退休的政府雇员保险、农民健康保险等。劳工保险覆盖生育、疾病和伤害、残疾、衰老和死亡，农民健康保险覆盖生育、残疾、丧葬费，政府雇员和学校员工保险以及民办学校的教师和员工保险覆盖残疾、养老、死亡和配偶死亡等方面。因此，雇员可以同时从养老金制度和职业保险的老年现金福利中领取养老金，但从保险中得到的资金少于从养老金制度中得到的资金。

2. 养老金

养老金制度包括军队人员、政府雇员、学校教师的退休及补偿基金，旧的职工退休金制度，以及新的职工退休金制度。不同身份的受益人需依其工资支付一笔固定比例的保险金给各自的制度基金。只有在同一家公司工作 15 年以上，超过 55 岁，或者工作了 25 年以上的，才有资格领取养老金。由于台湾公司的平均寿命大概是 13 年，因此劳动者换工作很常见。为了克服劳动力市场的具体问题，政府于 2005 年建立了一项新的、更易转续的养老金制度，其目的是保护员工的退休金福利不受换工作或企业倒闭的影响。此外，政府每月为 65 岁以上的既非军方人员，又非公务员或公立学校教师的人提供津贴；获得津贴的还包括那些没有获得较高劳工养老金的人，以及没有多少财产的人。

3. 福利服务

福利服务包括生活津贴、辅助设备津贴、为身体或精神残疾的人提供的日托补贴、退伍军人家庭护理津贴、对困境中女性的生活援助、子女的日间照护津贴，等等。

4. 社会救助

社会救助包括紧急救援、灾难救济、低收入家庭的生活津贴、对低收入家庭和中低收入家庭中儿童的生活援助，等等。

就养老金受益者的数量而言，2004 年，在 25~64 岁年龄组中有 1260 万人，在这些人中，63% 的人参加了军事人员、政府职员、学校教师及劳工等不同的员工退休金计划；5% 的人因为符合提早退休条件已经在领取退休金（台湾一般退休年龄是 65 岁——编者注）；32% 的人，包括家庭主妇、学生和自谋职业者，他们没有加入任何退休金计划。在同一年，65 岁以上的人口是 220 万，其中 92% 的人享受雇员退休金或政府提供的生活津贴；其中只有 8% 的人，包括富人或那些受到政府支持的人没有任何退休金。

在过去的几十年里，社会保险的覆盖面不断扩大。在那些年龄在 25 岁到 64 岁的人口中，有 5.4% 的人已加入军事人员、政府雇员和公办学校教师补充保险，66.2% 的人加入了职工保险，13.3% 的人参加了农民健康保险，15.1% 的人没有参加任何职业保险计划。为了弥补补充职业保险的缺口，包括家庭主妇和学生在内没有任何保险的人，将成为 2008 年实施的国民养老保险的主要目标人群。

成就最大的是医疗保健。全民健康保险是在全台湾建立的医疗保健系统，它覆盖了 99% 的民众，只有 1% 的人由于长期留在岛外而没有被覆盖。

在社会救助和福利服务方面（见表 1），2004 年中央和地方政府花费 196 亿新台币用于社会救助，其中 47 亿新台币用于为低收入家庭提供生活援助，包括家庭生活救助、孩子在学校的生活费补贴等。低收入家庭生活救助的受益人数量为 204000 人，占人口总数的 0.9%。在福利服务方面，中央和地方政府花费了 1374 亿新台币，其中 157 亿新台币用于为 248000 个身体或精神有残疾的人提供生活救助（占总人口的 1.1%），191 亿新台币用于为 100000 个退伍军人提供生活救助（占总人口的 0.4%）。

表 1 社会救助和福利服务的受益人数量

	2004 年		
	金额（十亿新台币）	人数（千人）	占人口总数的比例（%）
社会救助开支	19.6	—	—
低收入家庭生活救助	4.7	204.2	0.9
家庭生活补贴	2.9	189.8	0.8
学生生活补贴	0.9	54.9	—
福利服务开支	137.4	—	—
残疾人生活救助	15.7	247.9	1.1
生活补贴	12.2	247.9	1.1
抚养和家庭补贴	2.9	20.2	—
退伍军人的家庭护理	19.1	99.2	0.4

资料来源：台湾行政院主计处《社会指标统计年报》。

然而，台湾的福利制度也面临一些问题。首先是资源分配的不均衡。80%以上的福利开支被用于老人和医疗，例如，在2004年，用于老人的社会开支为4641亿新台币，其占开支的比重最大（44.4%），占第二位的是医疗开支，花费3982亿新台币（38.1%）。这两类合起来占了82.5%，它们占据了大量资源，从而挤占了用于对抗其他风险的资源。

其次是人口老龄化。由于社会支出主要用于老人和抵制健康风险，因此开支与老龄化程度是密切相关的。下面的表2表明，当一个工业化社会中老年人的比例达到14%的时候，社会支出占国内生产总值的比例将在同一时间增加13.0%以上。台湾的人口老龄化程度并不像表2中列出的国家那样严重，然而，它的老年人口从10%增加至14%将仅用11年的时间。台湾的人口老龄化速度稍低于日本，但是是美国和欧洲国家老龄化速度的2倍。因此，保证社会福利的财源不仅时间紧迫，而且压力很大。

表2 部分国家/地区的老龄化和福利开支

	65岁以上=10% 年份	65岁以上=10% 占国内生产总值的百分比(%)	65岁以上=14% 年份	65岁以上=14% 占国内生产总值的百分比(%)	从10%增至14%所需时间(年)
台 湾	2007	9.7（2004）	2018	?	11
日 本	1985	11.0	1994	13.0	9
瑞 士	1959	7.5	1982	14.7	23
葡萄牙	1977	10.9	1992	15.6	15
希 腊	1968	10.3	1992	20.2	24
西班牙	1975	13.0	1991	20.3	16
意大利	1966	17.2	1988	21.6	22
芬 兰	1973	13.7	1994	33.1	21

资料来源：ILO，OECD，Japan *Annual Statistics of Social Security*。

再次是资金的可持续性。税收和保险费是社会福利的主要资金来源。由于台湾长久以来实施各种税收减免和奖励计划，其在2004年的税收负担率（税收收入/GDP）为12.9%，远低于日本的25.8%和丹麦的48.3%以及瑞典的50.6%。私营企业和家庭的额外社会保障负担率（由私营企业和被保险人支付的保险费/GDP）为3.9%。因此，台湾的整体负担率为16.8%。表3将台湾和部分国家做了对比，由表可知，在税收和保险费相对较低的情况下，福利负担较重。随着老龄化的发展，政府必须实施税收改革以增加税收,从而维持现有的社会福利规模。但是,就像在下文中讨论的那样,事实上民进党政府不敢实施改革。因此,资金的可持续性限制了社会改革的范围,并因此导致了其在2008年的失败。

表3 社会福利开支和国家负担率

	社会福利开支/GDP(A)	国家负担率(B)	A/B(%)
台湾	9.7	16.8	57.7
日本	16.8	36.0	46.7
瑞典	32.3	64.8	49.8
丹麦	30.0	57.8	51.9

资料来源:台湾行政院主计处《社会指标统计年报》。

1997年亚洲金融危机的后果

当1997年亚洲发生金融危机的时候,亚太经济合作组织(APEC)正在认真思考社会领域发展的重要性,与之相关的一份联合声明在1998年11月发布,该声明是由马来西亚总理Mahathir Mohamad宣读的。他说:"由于亚太经合组织各国的经济绝大部分受到了危机的影响,因此非常有必要在谨慎的、以增长为导向的宏观经济政策框架内继续加快结构改革。"他决心采取措施来恢复本地的资本流入、遏制金融危机的蔓延,以及加强社会安全网(South China Morning Post,1998)。幸运的是,与之相比,台湾对危机的抵抗力相对较强,即便如此,台湾也并未完全幸免。为了尽快恢复经济增长,它在政治方面付出了成本,这导致了2000年党派的变化。

亚太经合组织已经认识到社会发展的重要性,它是实现经济奇迹的基础。但是在台湾,建立社会安全网的必要性并没有引起政客的高度重视和积极响应,这也许是因为台湾对抗危机的经济实力相对较强。亚太经合组织声明发表仅一个月后,国民党的前领导人连战在一次公开演讲中明确指出:为了避免投资减少和政府财政的沉重负担,台湾将不会走欧洲式福利国家的道路。他提出了一种福利模式,在该福利模式下,私营企业和志愿服务应成为福利服务的主要提供者,而不是由政府扮演这一角色(United Daily News,1998)。但这一说法似乎不能被台湾选民接受。

由于领导人选举，2000年对台湾来说是高度政治化的一年。2000年1月，早于投票日三个月，一份颇有影响力的杂志将"中产阶级，你为什么不愤怒？"作为新一期的标题，这期杂志清楚地说明了社会领域得到公众关注的诸多问题。我们有必要将其发现总结如下（Ku，2003）。

（1）收入最高的20%的家庭与收入最低的20%的家庭的收入差距在明显扩大，从1980年的4.2倍增至1998年的5.5倍，相当于每个家庭140万新台币的年收入。这在20世纪90年代尤其明显。

（2）在过去的20年中，政府确实改善了它的福利制度，但其影响是有限的。政府通过社会福利转移支付给收入最低的20%家庭的资金，每年只增加了96000新台币。

（3）从1980年开始，台湾股票的市场价值涨了38倍，到1998年达到了8兆3770亿新台币。但是，近乎免税的政策更有利于富人阶级的利益，因此进一步加大了收入差距。

（4）除了股票市场之外，土地是另一个重要的资本。据估计，在1976~1996年，土地产生的收益为10兆300亿新台币，但是只需要缴纳10%的税收。而且在20世纪90年代，这种情况变得更糟糕。

（5）工资仅占个人收入比重的55.7%，但其缴纳的税费却占收入所得税的72.3%。与此同时，企业主的收入占全部收入的16%，但是他们缴纳的收入所得税却只占全部的5.3%。由此可知，工薪阶层的负担相对较重。

（6）为了让企业盈利，特别是税收优惠政策，政府面临的财政赤字在20世纪90年代显著增加。公共债务占GDP的比重在1990年是4.8%，到1998年已经上升到16.3%，相当于从2000亿新台币增长到1兆4000亿新台币。

当社会状况一天天变坏，人们最关心的问题是什么，以及谁应该为这些状况负责——大众对这些问题的观点变得非常重要，因为他们将要在不到三个月的时间内投票选出领导人。在一项有1112个有效样本的调查中，研究者发现了很多有趣的观点（Ku，2003）。

（1）与十年前相比，62.7%的被调查对象认为收入差距越来越严重了。

（2）促使这种状况发生的原因包括"黑金政治"、证券市场中的金钱游戏、不公平的税收、高价的房地产，以及不合理的政策等。

(3) 超过60%的被调查者表示出对未来状况的担忧。

(4) 关于谁应该为此负责这个问题，68.5%的被调查者强烈谴责李登辉以及国民党的政客们。

(5) 关于民众最渴望政府做哪些方面的改革这个问题，大多数被调查者希望在保证更安全的社会环境和稳定的家庭生活方面，政府作出更多努力。

显然，民众已经意识到社会的不公正，并要求社会改革。然而，他们期望的社会改革似乎很难靠国民党政府来实现，因为这些不公正全都发生在国民党执政期间，尤其是李登辉执政期间。如果这些不公正来源于国民党的资本主义政党本性，那么，你如何期待这样一个政党作出公正的改革。因此调查的结果显示，有70%的被访者认为李登辉和国民党应该为日益恶化的社会状况负责。

3月18日，公众前往各个选举点投票，选出下一任的领导人。选举的结果非常令人兴奋，完全改变了以往政治权力的分布，这是"二战"以来的第一次。陈水扁是代表民进党的领导人候选人，以39.3%的选票胜出；连战是国民党全力支持的领导人候选人，以23.1%的选票落败；宋楚瑜是独立的候选人，他曾是国民党的前任秘书长，以36.8%的选票仅次于陈水扁。这个结果让国民党以往的支持者很生气，因而引发了一场为期三天的抗议，迫使即将离职的李登辉辞去国民党主席。国民党以如此激烈的方式倒台，甚至连它在将来生存的可能性都令人怀疑。这样的结果有三个启示。第一，就执政党带领台湾走出亚洲金融危机而论，国民党应该有巨大的机会赢得这次选举，国民党执政期间的经济发展成果要好于台湾周边地区。因此我们可以清楚，经济因素并不是导致国民党失败的原因。恰恰相反，资本主义政党的特色以及它对社会改革的忽略应该是主要原因。从中总结出的教训是，经济增长对于政党赢得合法统治地位是很重要的，但是如果经济增长仅是特定阶层或部门不公平的发展的话，那么来自社会领域的压力的积聚就会对这种执政合法性产生抵消作用。

第二，一些国民党的政客谴责宋楚瑜的倒戈，因为他带走了大量国民党支持者的选票。这可能是一个原因，但不是唯一原因。宋楚瑜特有的改良主义特征赢得了大部分中产阶级人士的支持。即使他被国民党拒绝在党外，他作为独立候选人的影响力仍不减。此外，他在选举中获得的选票份额依然多于国民党的候选人——连战，这表明国民党及其政治倾向并不受大多数工薪阶级的欢迎。

第三，民进党赢得了选举，于 5 月 20 日开始执政。但是民进党的选票不足 40%，距离半数还差 10%，这意味着新的领导人并未赢得绝对多数。这样的情况限制了新政府制定政策的范围和能力。然而，陈水扁还是要在社会变革方面有所作为，这是工薪阶层所期望的；与此同时也要保持经济增长和股市繁荣，这是企业主们所期望的。但是平衡这两方面的需要并不容易，甚至成为民进党政府在接下来的几年里最大的挑战。

左还是右？

我们可以从很多年前的福利争论中看出，民进党一直很关注社会福利。例如，在 1992 年的"立法委员"选举中，两个主要政党对关于台湾是否要发展成为"福利国家"这一议题进行了激烈的辩论，这是社会福利第一次登上政治议程首位，同时也唤起了民众的关心。1993 年，民进党发布了社会福利官方文件，它提议（1993）：

（1）建立全民社会保险体系，覆盖养老、健康、工伤和失业；
（2）为儿童和少年提供家庭津贴；
（3）提高社会救助金；
（4）扩大对弱势群体的福利服务；
（5）建立一个全面的医疗服务体系和网络；
（6）制定全民住房政策；
（7）营造集体谈判的工作环境；
（8）在"中央政府"建立一个部门，专门负责社会福利相关事务；
（9）将社会福利纳入台湾发展规划中；
（10）进行全台湾范围内的资源重新分配。

为了回应这些挑战，国民党力图出台一个更具一贯性的社会政策，因此在 1994 年公布了"社会福利政策纲领"，对台湾社会福利提出了 9 条发展原则：

（1）强调经济发展与社会发展的平衡；
（2）建立一个合适的社会行政体系；
（3）家庭是社会福利政策的核心；
（4）不同政府部门之间要相互合作，重视专业的社会工作者；

（5）雇主与员工要和谐相处；

（6）建立一个资金独立的社会保险体系；

（7）建立以需求为导向的福利混合经济；

（8）为低收入家庭提供公共住房；

（9）医疗可及性方面的机会均等。

这一政策声明可能是国民党执政以来最全面的一次。然而，与民进党的官方文件相比，国民党发布的9条原则还是体现出了国民党经济优先的政策倾向，其中很强烈地主张：①经济增长对于发展社会福利的至关重要性；②与家庭和私人部门分担福利责任；③使工业关系和谐；④独立的社会保险筹资体系，不增加财政负担。国民党依然首要重视经济增长，而民进党看起来更热衷于建立一个社会民主主义的福利体制。

2000年，在当时的社会状况下，民进党支持社会福利的形象帮助自己赢得了选举的胜利。这次胜利尤其要归功于陈水扁提出的以下福利政策：①为没有养老金的老人每人每月提供3000新台币的福利津贴；②为3岁以下的儿童提供免费的医疗服务；③首次购房的年轻人抵押贷款利率降低至3%（Ku，2003）。

民进党在2000年领导人竞选中的胜利不仅预示着台湾民主进程的新纪元，而且意味着民众对社会改革的呼声越来越强烈。民进党政府需要面对很多挑战，尤其要同时面对全球化的经济竞争与岛内的政治社会改革。从20世纪90年代初开始，劳动密集型产业向东南亚、中国大陆等劳动力价格较低的国家和地区转移，而这类产业曾经是七八十年代台湾经济增长的支柱。失业压力、较低的工资水平，以及越来越快的资本流出交织在一起，就这样，一个巨大的隐患在逐渐逼近（Ku，1997b）。

在全球化的进程中，工作机会是有限的，本地劳动者不仅要与岛内其他地区的劳动者竞争，还要与岛外的劳动力竞争。有或者没有工作机会，以及工资水平的高低会直接影响员工的生计以及企业的利润。然而，由于竞争是全球范围的，因此工资水平很难提高。如果政府要通过社会项目和法律规定来提高工资水平，那他们就要面对工作机会减少的风险。高失业率和低工资水平将会强烈损害执政合法性……经济危机可能要演变成为政治危机。

即使我们改变了政府，那些困境依然不会有所改善。有趣的是，由于一系列关于财政窘况和民众养老金计划的论战，以及对第四核能电厂计划的反对导致股市大规模下滑，股票总市值下跌到领导人竞选前的一半，民进党很快改变了他们对社会福利的立场。2000年9月16日，正好是陈水扁任职的第100天，他宣布发展经济将是政府工作中的新重点，社会福利项目也将被延后（Ku，2003：187-188）。在民进党政府执政以前，每当民进党提出自己的社会福利政策时，国民党都会与其辩论称，"社会福利对经济发展存在负面影响""离开了经济发展，用什么来提供社会福利"。出人意料的是，现在这些话却转而出自陈水扁之口。这一公告暗示着，就像前一届国民党政府一样，在民进党的决策者的观念里，经济发展与社会福利是相互对立的零和关系，虽然在现实中并不必然是如此。

一项详细的分析显示，从陈水扁的发言里至少可以得到三个意涵：第一，经济发展和社会福利是互不兼容的，如果你想要前者，就必须牺牲后者，反之亦然；第二，在任何情况下，经济发展都优先于社会福利，社会福利可以等，而经济发展则刻不容缓；第三，民进党过去关于社会福利的政纲是错误的，或者至少是不符合实际的。无论如何，社会改革被置于了一个不确定的境地。

民进党执政时期的社会形势

如果没有政府的连贯政策，就难以聚集起基本的力量进行社会改革。台湾的社会形势并没有随着民主化而有所改善，相反却变得更糟。首先，如图1所示，台湾的失业率从20世纪90年代末的3%跳升到2002年的5.17%，尽管之后略有改善，但仍没有回到十年前的水平。我们还可以注意到，失业的主要原因并不是季节性的劳动力市场调整，因为企业大量裁员而失业的人从1991年的16%增长到2002年的大约一半。在其名为"挑战2008：国家发展计划（2002~2007）"的政策宣言中，民进党认识到了以下三个主要的挑战（CEPD，2002）。

1. **全球竞争**

日益激烈的全球竞争是人才和资本的竞争，这种竞争已经从核心生产元素的竞争演变为质量、创造力、速度的竞争，意味着政府需要不断对知识进行投资，保持生产的活力。

2. **中国大陆的磁场效应**

中国大陆作为强有力的竞争者，有着丰富的廉价劳动力和土地，以及

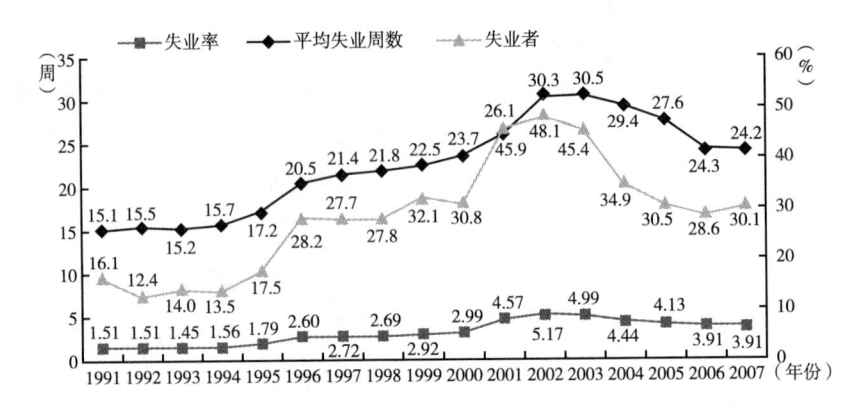

图1 台湾就业情形的变化（1991~2007年）

巨大的市场，吸引了许多台湾企业去大陆投资，减少了台湾的就业机会，使得台湾的失业率升高。

3. 历史负担

这些社会问题是独裁主义和民主过渡时期遗留下来的（如黑金政治），比如严厉的行政管理制度和法律体系，长期积累的死债和财政负担。

有趣的是，台湾从与大陆的贸易顺差中积累了很多财富，1991年的贸易顺差是70亿美元，2002年增长到220亿美元。同一时期，政府部门的统计数据显示台湾企业在中国大陆的投资额超过了240亿美元，约占台湾对外直接投资（FDI）总额的70%，而岛外资本在台湾投资的总额只有170亿美元。一个有趣的画面出现了，台湾不得不依赖大陆市场获得利润，而大陆同时也被当做（台湾）私人资本和岛外资本投资的一个主要竞争对手（Ku，2004）。

为了恢复台湾在全球经济中的竞争地位，政府承诺对财政和税收进行更深度的改革，增加对人力资源和基础设施的投资。然而，事情并没有这么简单。为了应对日益激烈的全球竞争，就需要创造一个开放、宽松的投资环境来吸引更多的私人以及外资来台湾投资，这样做的风险是：一方面，加速了台湾企业转移到大陆去；另一方面，尤其是在税收减免政策的鼓励下，政府税收会遭受很大的损失。台湾政府税收的损失最后将导致政府减少必要的公共投资。此外，没有了投资，政府就很难通过将台湾的经济调整为高附加值产业来增强台湾的竞争力。不得不说，这是一个巨大的两难困境。

即使失业率在2002年之后下降，也只是回到了亚洲金融危机时候的水平。失业者找到新工作的难度也增加了。2002 年,失业者需要花费 30 周才有可能找到新工作,而在 20 世纪 90 年代初,只需要 15 周左右。由于找工作的时间拉长,长期失业成为一个严重问题(如图 2 所示)。1999 年是民进党当选的前一年,失业人口中只有 10.9%,即约为 30000 人处于失业一年以上的状态。然而民进党执政以来,上述数字在五年内跳升到 21%,涉及超过 100000 人,这些变化反过来又促进了新的社会运动。劳工、教师、农民等越来越多的人打着"我们需要工作""反贫困""支付得起的教育"的标语上街游行,表达他们对目前社会状况的不满。这些不满也成为每一次社会运动的主题。

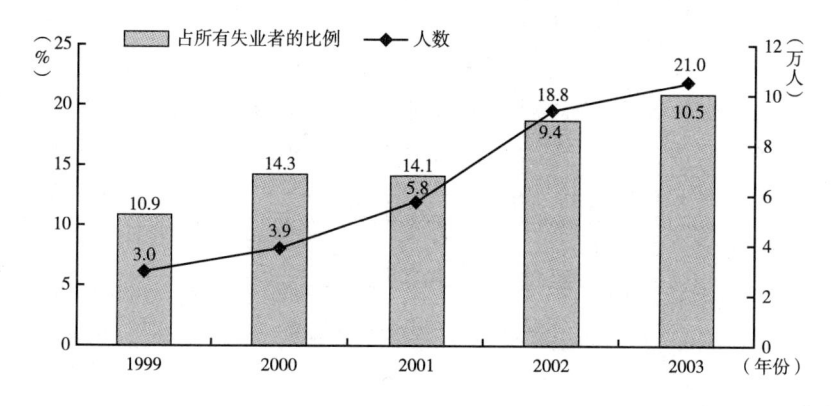

图 2　长期失业情形的变化

对于民进党政府来说,这方面聚集了超大的政治压力。2004 年,新版本的"社会福利政策纲领"出台,阐述了福利政策的几条重要原则:以人为本、社会融合、家庭的多元文化形式、健全的福利体系、积极福利、中央/地方协同、公私部门合作、福利输送到社区,以及整合资源等。此外,民进党政府宣布台湾政府将建构和提供几乎全部的社会福利,包括社会保险、现金给付、社会救助、面向残疾人的个人服务、失业保险、公共住房、全民医疗保险。这是民进党执政以来第一次,也是唯一一次关于社会福利正式的政策阐释,显示了民进党建设社会民主主义福利体制的雄心壮志,与他们一贯的社会改革家的形象相一致。然而,具体的实施情况与上述政策声明并不一致。

图 3 向我们呈现了台湾 1991~2007 年社会福利支出的变化。从资金的变化来看,2000 年之后,社会福利支出呈现增长趋势,1999 年的支出

是近 5000 亿新台币，2007 年增加到 6000 亿新台币，2000 年，民进党当选为执政党，社会支出达到高峰，达 8000 亿新台币。然而，从占 GDP 的比例来看，民进党执政期间，福利支出保持在 GDP 的 5% 左右，与 20 世纪 90 年代国民党执政期间的水平并没有明显差别。有趣的是，社会福利支出的增加事实上是在 90 年代晚期由"经济优先"的国民党发起的，而非"福利优先"的民进党。总之，民进党在社会福利方面的表现与他们的竞选宣言并不一致。在这样的情况下，民进党的执政似乎不可能带来社会不平等情况的显著改善。图 4 展示了台湾的收入差距变化，收入最高的 20% 的家庭与收入最低的 20% 的家庭收入差距在扩大，从 20 世纪 90 年代的 5 倍增加为 21 世纪初的 6 倍多，这是自 1964 年以来最糟糕的情况。台湾作为战后的经济奇迹，主要得益于两个因素。第一个因素是经济快速增长，将台湾从农业社会转化为工业社会，从贫穷地区发展为富裕地区，从发展中地区进入发达地区。第二个因素是相对公平的收入分配推翻了库兹涅茨曲线的预测，该预测认为，在工业化过程中，收入分配状况先趋于恶化，然后随着工业化的深入逐步改善，最后达到比较公平的收入分配状况，呈倒 U 形状。1979 年，三名学者合著了一本书，将台湾的发展总结为一个经济公平发展的模式（Fei et al., 1979）。然而这种模式在民进党统治下面临危机。

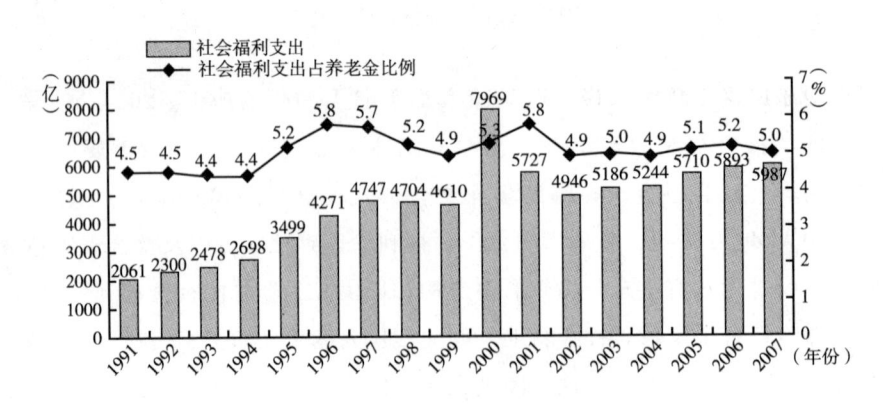

图 3　社会福利支出（1991~2007 年）

如图 5，对比过去十年贫穷家庭和富裕家庭的收入变化可知，富裕家庭的收入增加了 8.16%，而贫穷家庭的收入却减少了 2.62%。穷人越来越穷，富人越来越富，民进党的努力并没有改善这种状况。上述状况清晰地表明，最恶劣的变化恰恰发生在民进党执政期间。民进党在 2000 年

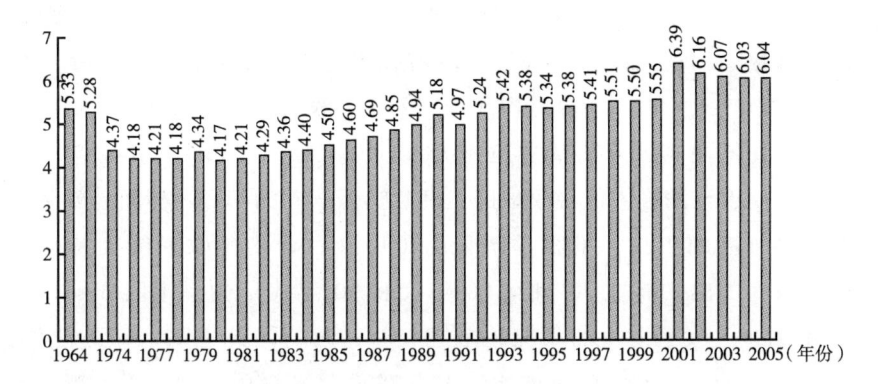

图 4　最高与最低 20% 家户的所得差距倍数（1964～2005 年）

领导人竞选时关于社会改革的构想现在已然成为噩梦，选民们大为失望。2000 年，47% 的受访者认为民进党是代表贫困阶级的政党，只有 11% 的受访者认为民进党代表富人阶级。然而民进党"福利优先"的形象在两年内迅速改变。2002 年，认为民进党代表贫困阶级的人数下降为 23%，相反，认为民进党代表富人阶级的人数增加了约 3 倍，达到 42%。这之后，民进党的形象几乎没有发生变化。此外，民众对于民进党及陈水扁的不信任越来越深。一个关于社会信任的调查问到你最信任谁、最不信任谁，结果显示，人们最信任的依次是家庭、小学教师、医生，最不信任的依次是立法者、政府官员、商业广告。讽刺的是，在信任榜上，领导人排名第十一位，竟然还不如算命先生（第八位）。与前一年比较，民众对陈水扁的信任度下降了 18.1%。

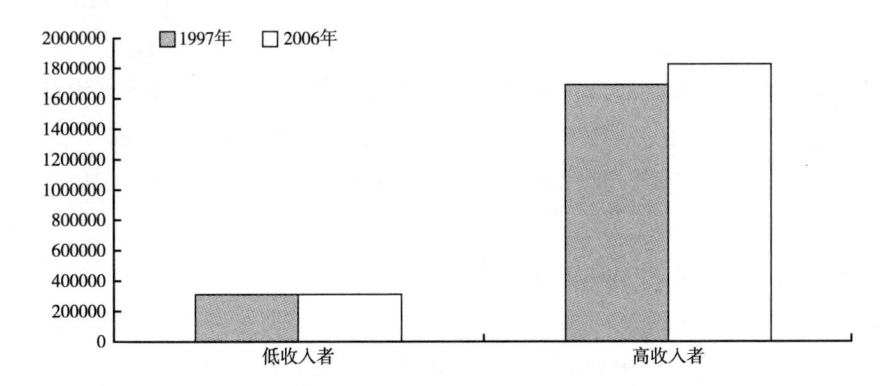

图 5　1997～2006 十年间最高与最低家户的所得变化

为了在即将到来的选举中为陈水扁及民进党创造有利条件，一项混合着减税和提高福利的政策出现了，政府收入与支出之间的差距进一步拉大。在财政收入方面，税收是现代国家的主要收入来源，但是它占国民生产总值的比例在1991~2002年迅速下降，1991年占17.4%，2002年只有12.3%，使得台湾进入低税收地区，并且远低于它的邻居。然而，公共支出是一种刚性的支出，不容易降低。2002年，台湾税收只能支持大约53%的政府支出，而在20世纪80年代和90年代，这一比例分别占到70%和64%。收不抵支的状况越来越糟糕，政府因此也陷入债务危机。2002年，政府正式承认的公债达到3兆2890亿新台币，相当于台湾全民生产总值的32.9%（DGBASEY，2002），据估计，一些潜在的公共债务更高，所有加起来可能有10兆新台币（United Daily News，2003）。

对于社会领域的必要投资，比如人力资本和公共基础设施建设，既能提高国家竞争力，又能增强民进党的执政合法性；然而公共资金的缺乏却最终限制了政府的政策选择和国家能力，尤其是限制了更多的资金投资于上述领域。因此，对于民进党在2008年的领导人竞选中失败的结果，我们并不感到意外，特别是失败的主要原因在于民进党关于社会改革的承诺没有兑现。

结束语：告别"桃花源"

2008年，国民党政府重新执政，经济增长再次上升到首要地位，其生产主义的性质非常明显。民进党的社会民主主义理想似乎是一个从未实现的梦。社会民主主义是建立在特定的社会和政治基础之上的，强大的左翼政党和联盟对社会民主主义的普世权利与福利去商品化的传统来说是非常必要的，但是这一点在台湾很难发现。尽管民进党理解了社会民主主义的福利去商品化原则，提出把服务看做一种权利，个人可以脱离市场维持生计，但是台湾的社会民主体制仍完全不同于社会民主主义，这主要表现在台湾的社会保险是福利体系的核心部分——这常常会通过付费制度和限制养老金的获取资格来对劳动力市场重新分层。在某种程度上，台湾的福利发展与东亚一贯的福利体制相呼应，而且其发展路径取决于制度环境。

在民进党执政期间，台湾的经验给我们提供了一个有趣的个案，让我们检验已有的东亚福利体系对抗全球化带来的经济危机的能力；同时也让我们看到政府制定了什么样的政策来应对这些危机以及他们胜败的原因。20世纪90年代的福利扩张可能是民主被唤起之后,政府的合法性权威下降的结果,这确实是讨论台湾地区(Ku,1997a)和韩国(Kwon,1999)福利扩张的时候必须要考虑的重要因素,所以Tang强调,"韩国和台湾的经验已经表明,民主化可能是影响今后社会福利发展的关键因素"(2000:60)。尽管如此,在资本主义发展的全球化浪潮中,政治民主化和国家能力对福利的影响还很有限,在亚洲四小龙中,较低的社会保障水平可能代表着生产主义,这几个国家和地区有后发国家的特征,即通过对抗全球资本主义以保证他们参与竞争的机会。在关于战后台湾的研究中,Ku得出结论,资本主义发展和民主化都对台湾的福利产生了重要的影响。20世纪90年代,国民党为了应对民主政治的压力,提出过福利扩张计划;但是考虑到资本主义进一步发展的需要,他们小心翼翼地提防政府福利责任的增加(Ku,1997a:246)。这一困境没有因为民主化进程而解决。新上任的民进党一方面制定社会政策减少税收,来应对激烈的全球竞争;另一方面则增加社会福利,减轻失业与贫困带来的压力(Ku,2004)。这样的做法很奇怪,甚至是矛盾的,政策倾向恰恰说明了台湾政府必须在全球竞争与社会改革之间做选择的困境。

这是不是意味着已有的福利制度不可能改变了?笔者不这么认为。但至少在不久的将来,台湾不太可能发展出一套社会民主主义的福利制度。民进党的失败印证了台湾福利体制的内核仍是生产主义。虽然一些福利供给会增加偏向福利的政治倾向,但是这些努力并不足以带来福利体制的变化。应该对社会民主主义的仙境说再见,它在台湾仍只是个梦而已。

参考文献

Aspalter, C. 2001. *Conservative Welfare State Systems in East Asia*. Westport, Connecticut: Praeger.

CEPD (Council for Economic Planning and Development). 2002. *Challenge 2008: National Development Plan (2002–2007)*. Taipei. (in Chinese).

Democratic Progressive Party. 1993. *A Just Welfare State: White Paper of DPP's Social Policy*. Taipei. (in Chinese).

DGBASEY (Directorate General of Budget Accounting and Statistics, Executive Yuan) 2002. At http://www.dgbasey.gov.tw/dgbas03/bs7/report/91/title91.htm-accessed 20/12/03. (in Chinese).

Esping-Andersen, G. 1990. *The Three Worlds of Welfare Capitalism*. Cambridge: Polity.

Esping-Andersen, G. 1999. *Social Foundations of Postindustrial Economies*. Oxford: Oxford University Press.

Fei, J. C. H., G. Ranis, and S. W. Y. Kuo. 1979. *Growth with Equity: The Taiwan Case*. New York: Oxford University Press.

Holliday, I. 2000. "Productivist Welfare Capitalism: Social Policy in East Asia." *Political Studies* 48 (4): 706 – 723.

Holliday, I. and P. Wilding. 2003. "Conclusion," In I. Holliday and P. Wilding (eds.), *Welfare Capitalism in East Asia: Social Policy in the Tiger Economies*, pp. 161 – 200. New York: Palgrave Macmillan.

Jones, C. 1990. "Hong Kong, Singapore, South Korea and Taiwan: Oikonomic Welfare States," *Government and Opposition* 25 (4): 446 – 62.

Ku, Y. -W. 1997a. *Welfare Capitalism in Taiwan: State, Economy and Social Policy*. London: Macmillan.

Ku, Y. -W. 1997b. "The Welfare State under the Trend of Privatization: A Ku, Y. -W. 2003. "Welfare Reform in Taiwan: the Asian Financial Turbulence and Its Political Implication," In C. Aspalter (ed.), *The Welfare State in Emerging-Market Economies*, pp. 171 – 191. Hong Kong: Casa Verde.

Ku, Y. -W. 2004. "Is There a Way Out? Global Competition and Social Reform in Taiwan," *Social Policy and Society* 3 (3): 311 – 20.

Kwon, H. -J. 1999. *The Welfare State in Korea: The Politics of Legitimation*. Basingstoke: Macmillan.

Lee, Y. -J. and Y. -W. Ku. 2007. "East Asian Welfare Regimes: Testing the Hypothesis of the Developmental Welfare State," *Social Policy & Administration*, 41 (2): 197 – 212.

Lin, W. -I. 1991. "The Structural Determinants of Welfare Effort in Post-War Taiwan," *International Social Work* 34 (2): 171 – 190.

South China Morning Post. 1998. November 19.

Tang, K. -L. 2000. *Social Welfare Development in East Asia*. New York: Palgrave.

United Daily News. 1998. December 30. (in Chinese).

United Daily News. 2003. October 22. (in Chinese).

回归之后：香港和澳门的
社会发展挑战与应对策略

莫家豪[*]

摘　要：在全球金融危机下，不同社会经济背景的人都有类似的境遇。在回归之后，为应对 1997~1998 年的亚洲金融危机，香港和澳门特区政府推出了温和的社会保障措施以帮助失业和贫穷人士。在经历亚洲金融危机和全球金融危机所带来的显著经济、社会变化之后，香港和澳门居民期望政府提供更多的社会保障。尽管如此，大部分亚洲政府在处理日益复杂的社会保障议题上仍未改变福利供给策略。因此对于多数人而言，经济困境不但没有改变，更由于 2008 全球金融危机之前的食品价格危机而雪上加霜。本文主要检视香港和澳门特区政府在外围及本地社会和经济急剧变化下在回应弱势群体的过程中是否改变了其福利意识形态。更具体地说，在金融危机的处境之下，两地政府在解决社会问题的同时，社会保障策略是否改变。

关键词：生产主义福利体制

导　论

跟其他亚洲国家和地区一样，香港和澳门在 1997 亚洲金融危机之后，经济结构急速改变，人民开始面对经济困境。由于过去未能有效应对经济结构重组的后果，社会积累了"深层次矛盾"，迫使两地政府在近年不得不着力推出"新政"解决问题。在亚洲金融危机之前，两地政府都相信

---

[*] 莫家豪，香港教育学院署理副校长（研究与发展），浙江大学长江学者讲座教授。

可以利用快速的经济增长来解决社会问题,而当时人民主要是自食其力而非依靠政府解决生活问题。但随着失业和贫穷问题日益加剧,这种重经济发展而轻社会保障的"生产主义福利体制"开始遭受质疑——面对人口和社会经济结构的急速改善,"生产主义福利体制"是否仍然能有效满足人们不断提高的福利期望。此外,回归后的政治变化也影响了福利政策的制定,如"港人治港"和"澳人治澳"的理念令人民对政府管治和生活水平的期望有所提高。

在 1997 年亚洲金融危机和 2008 年全球金融危机的相继影响下,香港和澳门特区政府面临着巨大的压力而开始改革其社会福利策略。在经历由经济增长不稳定,失业率上升,收入差距扩大所引致的合法性危机之后,香港和澳门特区政府意识到若无法满足人们的社会发展要求和福利需求,它们同样将付出巨大的政治代价,因而两者开始着手社会政策的改革以适应社会发展现实。基于上述背景,本文将检视两个特区政府所面临的社会发展挑战,尤其关注它们在面临社会经济和人口结构快速变化时如何改革既有社会政策,文章还进一步讨论在这个过程中"生产主义福利体制"的特质是否发生了改变。

一 危机四伏的"生产型福利资本主义":追求"利贫增长"方式?

在后亚洲金融危机时代,Holliday(2000)提出"生产主义福利体制"概念,但随着环境的变化,这一概念所依赖的基础包括快速的经济增长、年轻化的人口结构、稳定的民主进程都发生了变化(Chan and Lee, 2010; Lau and Mok, 2010)。虽然目前亚洲各国的经济逐渐复苏,但事实上,以高经济增长和低社会福利支出为特征的"东亚福利体制"在亚洲金融危机后前景不再光明,特别是全球金融海啸再次证明,在全球化背景下任何一个稳定的经济体都难以不受外界牵涉。

经历了经济危机后,东亚政府究竟学到了什么历史教训?Ramesh(2009)在比较了东南亚国家(印度尼西亚、马来西亚、菲律宾、新加坡和泰国)在两次金融危机中的应对策略之后认为,1997 年亚洲金融危机促进了贫困增速,导致了长期的政治和社会动荡,更甚者,国家一度中止学校招生和健康照护体系,一直等到国际组织的援助才得以重建。

针对金融危机广泛性和灾难未知性的特征，许多文献将其形象地比作一场火灾或灾害事故，警告政府应当做好预防措施。Lee（1998）认为金融危机之所以对经济生活造成巨大的破坏是因为"社会安全网"缺失，例如失业保险可在金融危机时发挥"自动调节器"的作用。而造成这一缺失的主要原因是，首先，多年的高就业率使政府和人民盲目地相信失业风险很温和；其次，夸大农业和非正式部门吸纳被解雇者的效度；再次，担心运行失业保险的财政开支过大，政府现有管理能力不足；又次，惧怕"福利国家"的引入损害了人们工作的诱因；最后，缺乏结社自由，工会组织化程度较低（Lee，1998）。这也解释了为何在危机之前亚洲各国都坚信市场机制。

"滴漏式经济"（Trickle-down economics）在过去几十年内一直被认为是最理想的财富分配方式，但其发展过程也会遭遇经济危机的影响，而不管一心为解决问题抑或诉诸政治目的。在当前金融危机中，民主政府或威权政府实际上都采取了之前近十年从未有过的"市场干预"手段。最近，相关学者对"生产主义福利体制"的可持续性展开了激烈的讨论，且先不论这一说法是否真的可以涵盖如此特殊的东亚经济和福利发展策略的所有特质（Hudson and Kuhner，2008），不可置疑的是，不再稳定的经济增长、人口老龄化、失业率增加、不断深化的劳工运动和民主政治已经动摇了"生产主义福利体制"的支柱（Mok，2011）。这一福利范式的解释效力开始受到质疑，正如 Castell 和 Himmanen（2002）所指出的，一些福利国家已经很好地融合进了这一信息化社会。而其他学者持有不同意见，如 Hwang（2010）则认为中国台湾、韩国和日本等东亚主要国家与地区只是部分调试增加福利提供以维持良好的经济增长，并没有因此改变它们福利体制的基础。OECD 中的许多讨论则认为"生产型的福利资本主义"开始更倾向于社会政策。可见，当福利政策在稳定经济和维持经济增长方面都发挥着重要的作用时，独特的东亚生产主义福利体制遭遇了挑战（Lin，2010；Hudson and Kuhner，2009，2010）。Kim（2008）提出质疑，既然现代福利国家都包含着保护型和生产型的要素，那么"生产主义"是否还仅存在于东亚福利体制。

延续以上讨论，世界时刻充满变化，现行的福利措施在维持经济增长的同时能否维持社会稳定？而社会显著变化是否会引起社会政策范式的转变，抑或仅是权宜之策？为了解答这些问题，本文将"利贫政策"（pro-poor policy）作为具体研究对象，分析近年来被大力倡导的"利贫增长"（pro-poor growth）政策如何减轻"滴漏式经济"发展过程中所嵌入的不均。相较于"利增长"（pro-growth）策略，"利贫增长"（pro-poor growth）策略更集中于穷人的财富再分配（Son，2007）。Kakwani 和 Pemia（2000）指出，"利贫政策"倾向于穷人的制度设计，有助于穷人的财富比例增长超过富人。根据传统的自由主义理论，平等和效率在财富分配过程中是相互抵消的（trade off），也就是说，倾向于穷人群体的财富分配方式将会不可避免地造成整体福利损失；但支持"利贫政策"的学者则认为实施良好的社会政策（例如为穷人建立教育保障、保健和家庭服务，实施小额贷款，推广中小企业和建立基础设施等项目）有利于更好地保障贫穷人士的生计安全与可持续性（Kakwani and Pernia，2000；Pernia，2003）。

假设政府采取了这一策略，那么它该有何作为？理论上一个民主的政治制度往往会导致一个较为公平的社会，惠及更多的穷人，但是现实并非如此。通过比较 1970 年和 2000 年 168 个国家的婴儿死亡率，Ross（2006）驳斥了"民主是为穷人创造更好生活的机制"，他认为无论是在民主还是威权体制下，只要政府倾向于将资源分配给中上阶层，穷人的生活境遇就不会改善。因此，"利贫增长"策略的实践不是具体的方案或项目，而是政府执政理念的变化。本文以香港和澳门为例，试图探讨两个特区政府如何去应对社会的变迁，从而满足公民的福利期望。

二　因应社会经济转变危机的"利增长"策略

自殖民时期到近几十年内，香港①和澳门②政府一直采取"自由放任"的治理政策，信奉"小政府、大市场"可以保持经济的繁荣和竞争性。香港和澳门一直属于典型的"生产型福利资本主义"（productivist welfare capitalism），社会政策从属于经济政策，经济增长优先于社会发展（Holliday，2000，2005；Lai，2003，2006）。低社会福利支出的基础在于，持续经济增长可以弥补发展滞后的社会政策，也就是说，高就业保障

---

① 香港的社会保障体系包括综合社会保障援助（CSSA）和公共福利金计划（SSA）。前者是家计审查制的社会援助，而后者是一种社会津贴。
② 澳门的社会保障体系包括社会保障基金（SSF）、财政援助（FA）和老年津贴，其中社会保障基金是由雇主和雇员共同缴费。

低需求。但是，在东亚经济奇迹的泡沫破灭后，民众对各种社会援助政策的公共需求明显上升（Lau and Mok，2010）。

香港的福利制度以其"残补式"（或"救济式"）的政策，一直被批评为缺乏远见（Chui，Tsang and Mok，2010），香港政府更坚持"经济不干预"的原则谨慎对待各项福利开支。为满足亚洲金融危机之后不断增长的社会福利需求，香港政府提高申请标准，减少给付金额，社会援助支出占政府经常性开支比例从1993～1994年的2.6%跃至1999～2000年的8.6%（Lai，2005）。例如，自1999年7月开始，三人家户的给付金额减少10%，三人以上的家户给付金额减少20%（Tang，2000），可见政府对市场干预仍持非常保守的态度。除此之外，香港政府于2000年实施强制性公积金（Mandatory Provident Fund，MPF），虽然有关强积金的讨论从1960年代就已经开始，但实施一直受阻，这是因为在殖民时代资方代表在政策制定过程中一直具有决策权（Lai，2005）。回归之后，立法会和区议会面对直接选举的压力，这一情况有所好转（Lee，2009）。除此之外，为了减少财政负担，政府通过实施"以工代赈计划"（workfare programs）推广"自力更生"理念。

澳门政府则在1998年投入5000万澳币作为社会保障专项基金，用于职业培训、就业补贴、残疾人安置就业、人才培训、职业辅导、青年首次就业津贴和失业救济。自21世纪起，澳门政府解决贫困问题的重心就逐渐转移到职业培训和终身学习上（Lai，2008，2010）。与香港类似，澳门政府在2004年引进"以工代赈计划"（workfare programs）促进受助者的工作诱因（Tian and Jiang，2006）。总而言之，为了减少亚洲金融危机及其后续影响，香港和澳门特区政府均将"自力更生"的理念深深融合进社会福利政策制定中。

一方面，虽然经济逐渐复苏，就业情况好转，但两地民众清楚意识到仅有工作还不足以维持良好的生活水平，足够的收入也很重要；另一方面，危机之后，企业认识到高经济增长难以为继，转而选择更为弹性的经营模式，例如为降低生产成本和保持生产弹性，各种新的商业手段如短期合约、兼职、外包和自雇层出不穷。因此，一个社会范畴的"在职贫穷"（working poor）概念应运而生。这一现象已经引起有关学者和NGO的关注，他们认为这不仅损害了工人的生计，而且也将影响他们的家庭生活，加剧"跨代贫穷"（intergenerational poverty）（Tang and Lin，

2005）。针对这些新问题，香港和澳门特区政府在过去几年中开始布局新的社会政策。

三 香港社会经济变迁之因应

（一）在职贫穷

近年来，"在职贫穷"成为香港一个重要的社会议题，其定义为月收入低于50%香港月收入中位数的家户。表1显示，2005年以后，最少有一人在职的低收入户数目呈增加趋势。表2则显示，近年来，香港在职贫穷户的人口数目不断增加，贫穷率不断提高。

表1 香港有成员在职的低收入户*数目（2005~2011年上半年）

单位：千户

年度	2005年	2006年	2007年	2008年	2009年	2010年	2011年上半年
最少有一人在职的低收入户	181.0	189.0	198.7	198.2	196.8	199.7	195.5
低收入户	434.9	446.1	455.1	453.1	451.7	451.0	457.9
住户总数	2195.1	2219.5	2245.8	2275.2	2308.6	2332.0	2345.5

*低收入户定义：全港住户按住户成员数目划分为一人，二人，三人，及四人或以上共四组，收入少于或等于同组住户入息中位数一半的住户，便会被定义为低收入户。

资料来源：香港政府统计处，综合住户统计调查。

表2 香港在职贫穷户及在职住户的人口数目（2005~2010年第2季）

单位：人

年度	2005年	2006年	2007年	2008年	2009年	2010年第2季
在职贫穷户的人口数目(A)	595600	628500	644500	651800	650100	660700
在职住户的人口数目(B)	5688900	5689400	5762300	5802600	5768700	5788800
贫穷率(A/B)(%)	10.5	11.0	11.2	11.2	11.3	11.4

资料来源：香港政府统计处。

日益突出的在职贫穷问题引起了议员的关注。立法会的研究有关灭贫事宜小组委员会（Subcommittee to Study the Subject of Combating Poverty of Legislative Council）出版了《有关在职贫穷的报告》（*Report on Working*

Poverty）。这一报告指出造成香港"在职贫穷"现象的原因主要有：①由于经济转型、工业迁移内地及高技术工业发展，造成低技术工作流失；②当局未能因应经济转型作出周详的人力规划及协调各项有关政策及措施；③公私营企业过分着重削减成本，倾向于雇用短期或兼职工人；④政府服务外判，加上对承办商监管不足，以致部分承办商剥削工人，支付不合理低薪及削减工人权益；⑤弱势社群（如新移民及少数族裔人士）未能享有平等机会；⑥因有需要应付某些特别需求（如在家庭周期的某些阶段中需要照顾年幼子女），以致一些家庭的劳动人口参与率偏低；及⑦缺乏就业机会、社会孤立带来的问题及因居住在偏远地区而需支付高昂的交通费。由不同党派、政见相异的议员组成的立法会依此提出以下建议：①在制定减少在职贫穷的策略时，促进社会人士参与及在职贫穷人士充权；②发展经济及创造就业机会；③提供小区支持及发展本地经济；④检讨政府服务的外判安排；⑤保障雇员福利；⑥透过教育及培训提升低收入工人的竞争力；⑦为在职贫穷家庭提供财政援助；及⑧为在职贫穷家庭提供支持服务。

面对"亲市场派"的政治团体在立法会上的反对，报告建议中最终没有纳入最低工资，而只是简单提到"至于订立最低工资的建议，小组委员会认为政府应查悉本报告内就这课题表达的不同意见"。事实上，为维护低薪劳工在"非典"危机经济衰退时期的所得安全，工会曾多次主张订立最低工资，但均遭到了政府的拒绝。为平衡各方利益，政府与商界在 2006 年 10 月携手推行为期两年的工资保障运动（Wage Protection Movement），参与运动的雇主需付给其清洁工人及保安员不低于相关行业的市场平均工资。但整体而言，成效未如理想，这也显示以自愿参与的方式推动工资保障有其局限性。在此之后，政府继续努力通过立法来落实最低工资制度，成立了临时最低工资委员会（Provisional Minimum Wage Commission），在 2009 年 2 月聚集雇主方、工会、政府部门和学术界的代表商议法定最低工资。对于薪资水平，部分雇主组织主张最低工资水平应维持在时薪 23~25 港币，而工会则要求提高到 33 港币。最低工资立法最终于 2010 年 7 月通过，有关最低工资水平最后确定为时薪 28 港币。但是，最低工资标准的设立，并不一定就能完全保护到低薪的劳动者。对于香港普通居民尤其是从事低薪工作的居民来说，最低工资是一把双刃剑。"临时最低工资委员会"在最低工资标准出台前所进行的压力测试表明，

28港元的最低工资标准实施后，将有近1700家公司（占香港公司总数约1%）"由盈转亏"，估计7万名员工因此受影响。概括来说，最低工资势在必行，但最低工资远远不够。要切实解决低薪工作或在职贫困的问题，还必须加强其他相配套的福利保障措施。

除了最低工资之外，香港的工会、非政府福利机构和左翼政治家多年来一直争取设立最高工时（maximum working hour），争取集体谈判权，设立失业救济金和反对无理解雇。其中除了最低工资法案已经签署之外，其他政策建议仍未被政府采纳。尽管如此，政府仍成功实施了部分小规模的支持措施，如为了鼓励和支持偏远地区的低薪工人寻找工作及跨区工作，劳工处在2007年实施了"交通费支援计划"（Transport Support Scheme, TSS），即月收入6500元及以下的工人可在24个月内申请每月600港币的求职津贴，以及12个月期限每月600港币的在职交通津贴（香港劳工处，2007）。2011年10月1日，劳工处停止了"交通费支援计划"，并于其后推出"鼓励就业交通津贴计划"（Work Incentive Transport Subsidy Scheme）作为替代。该计划与之前的"交通费支援计划"最大的区别在于不再以个人为单位而改以家庭为单位，政府以申请者的家庭入息水平作为是否发放津贴的标准。所有符合资格的申请住户当中，每月工作不少于72小时的申请人，不论交通费用多少，一律可以申请到每月600港币的全额津贴；每月工作不足72小时但不少于36小时的申请人，不论交通费用多少，一律可申领到每月300港币的半额津贴。津贴会以银行转账方式发放。抱着把"蛋糕"做大就可以惠及每一个人的信念，香港政府一直将维持长期经济增长和扩大就业机会作为政策重心。2008年金融危机发生后，特区政府立即成立由行政长官曾荫权主持，包括学者精英和商界领袖在内的经济机遇委员会（Task Force on Economic Challenges），以发掘未来经济发展的新思路。行政长官曾荫权表示，香港政府将继续坚持"稳金融、撑企业、保就业"的策略来协助香港经济复苏。四次讨论会议之后，委员会重申香港经济中金融部门具有不可动摇的地位，同时研究发展六个新的产业，分别为检测认证、医疗服务、创新科技、文化和创意产业、环保产业和教育服务（Task Force on Economic Challenges，2009）。

但那些抵御金融危机影响的民生措施从本质上而言仍具有短期性和补救性色彩。危机之后的首次预算案中，财政司司长曾俊华承诺政府将在2009年2月花费16亿美元在未来3年内提供62000个工作及实习机会。

这一预算案中最有争议的方案之一是大学毕业生实习计划（Internship Programme for University Graduates），即提供约 4000 个最低月薪为 4000 港币的实习岗位。这项建议在社会上引发了各种批评。首先，认为大学毕业生在劳动力市场上选择较多，谈判能力较强，因而这笔钱应当用于帮助低技术劳工。其次，4000 港币的工资水平过低，恐怕会引致低教育程度工人的薪酬水平下降。最后，虽然 4000 港币是底限，但批评者仍担心，这可能成为将来企业雇用应届毕业生的标准尺度。这一事件清楚地表明"在职贫穷"和"工资剥削"的议题备受港人关注。

此外，政府不愿意提供直接现金退款的举措也同样引发了争议。相比民众对政府采取直接现金给付的方式，香港政府向月薪 1 万元及以下的工人的强积金账户注资 90 亿港币，民众却更期望政府采取直接现金给付的方式。这项措施被批评注资给基金管理者投资股票市场，"救市场而非救人民"。两个事件一起更强化了"政商勾结"臭名昭著的形象。2011 年，基于上一年财政年度库房盈余，香港政府决定向 18 周岁以上的永久居民派发 6000 元，但一开始依然计划是采用强积金账户注资的方式；在遭到香港市民激烈抗议之后，政府才被迫应允直接派发现金。到了 2012 年，虽然库房依然盈余，但香港政府决定不再向强积金账户注资或派发现金。

（二）跨代贫穷

当意识到贫穷问题的广泛性后，香港政府在 2005 年成立扶贫委员会（Commission on Poverty），并组织政府官员、议员、非政府组织领导和学者共同探讨"收入不均加剧、失业和低技能工人、跨代贫穷和老年贫穷"等议题。在扶贫委员会报告中，政府强调，推动就业对扶贫纾困和鼓励自力更生至为重要。基于这一前提，政府决心要通过以下途径解决贫困问题。

- 对于有工作能力的人士，核心策略就是加强他们的就业能力、增加就业机会，以及提供有效的就业支持和适当的工作诱因，以推广"从自助到自强"。
- 为了预防跨代贫穷，除为高危的儿童和家庭提供额外支持之外，还应采取正确的策略以提升他们的能力，使他们能计划自己的未来，鼓励他们脱贫。
- 对于未能自给的有需要的老年人和其他弱势群体，应继续为他们提供福利援助和安全网，让他们能有尊严地生活。

上述的政策言论表明，面对巨大的社会经济转型，香港政府仍维持其基本原则，正如报告本身所指出的"市场主导，政府促进"已经成为香港推动经济发展和增加就业机会的核心原则（Commission on Poverty, 2007）。

为解决跨代贫穷问题，香港政府在2008年采纳了扶贫委员会的建议，花费3亿港币成立儿童发展基金（Children Development Fund，CDF），"以便有效运用和结合从家庭、私人机构、社会及政府所得的资源，为弱势社群儿童的较长远发展提供支持"（香港劳工及福利局，2008a）。基金的服务对象为10~16岁家境清贫的儿童，预计最少可以惠及13600名儿童（香港劳工及福利局，2008b）。基金包含三个主要元素：首先，"个人发展计划"，协助儿童订立短期和长期的个人发展计划，基金为每名儿童预留15000元作为相关培训之用；其次，"师友计划"，为每名儿童选派一位友师协助订立个人发展计划；最后，"目标储蓄"，鼓励儿童定期储蓄，首两年的目标储蓄额为每月200元，非政府机构会安排商业机构或个人捐助者提供最少一比一的配对供款，完成两年储蓄计划后，政府会为他们提供每人3000元奖励金（香港劳工及福利局，2008b）。"目标储蓄"与Sherraden（1995）所提倡的"资产建设"相吻合，鼓励贫困家庭积累他们的资产而不是依靠政府的短期收入维持生活。这一制度设计再次反映了"自力更生"的理念。

在儿童发展基金之前，政府投入2亿港币成立弱势伙伴基金（Partnership Fund for the Disadvantaged，PDF），期望福利部门能够扩大他们的网络寻求企业的合作，而企业也能够担当更多的社会责任，共同创造一个有凝聚力的、和谐的和互相关怀的社会。2010年5月，立法院通过议案向该基金再次注资2亿港币。由此，NGO可以向基金申请与弱势社群（如残疾人、老年人、贫困家庭的儿童和家庭虐待的受害者）相关的项目和活动。在致力于消除儿童贫困方面，香港社区组织协会（Society for Community Organization，SoCO）联合毕马威会计事务所（KPMG）共同发起促进贫穷儿童平等发展机会计划（Project for Equal Opportunity Development of Children Living in Poverty），全面支持18岁以下贫穷儿童在生理、心理、学习和社交方面的发展。香港小童群益会（The Boys' & Girls' Clubs Association of Hong Kong）联合香港安利公司（Amway）共同推出纾缓贫困儿童心理压力的项目。

在讨论香港政府应对金融危机后的重大经济社会变迁的主要措施之

后，我们将视角转向澳门政府，观察其如何因应 1999 年回归之后所经历的社会发展挑战。

四 澳门社会经济变迁之回应

（一）在职贫穷

以博彩业和旅游业为支柱的澳门经济近年来蓬勃发展，对比香港政府，澳门政府在支出上似乎更为"慷慨"，实施一系列福利措施以满足人们的需求。为应对当下的金融危机，澳门政府立即减少 25% 的薪俸税，并在 2008 年底和 2009 年 4 月分别向每个居民分发 5000 澳币和 6000 澳币，与香港政府不愿意提供直接现金退款形成对比。即便如此，澳门的社会冲突仍屡见不鲜，例如，随着对外籍劳工挤占工作机会的不满加深，五一劳动节的抗议较先前几年更为激烈。从某工会分别在 2005 年与 2009 年所做的调查结果看来，超过 70% 的受访者认为外来劳工侵犯了本地劳工的就业机会和其他劳动权益。此外，1998 年和 2007 年不同行业的工资水平呈现分化的态势，营建业、文化娱乐、博彩等服务业的薪水显著增加，而制造业、公共管理及社会保障业的薪水则增幅不大（Liu，2009）。根据澳门特区政府委托的一项最新调查研究结果显示，移民问题成为澳门居民最为关心的社会议题，多数澳门居民反对中国内地和中国香港移民大量增长，认为这会导致本地工作机会流失（Consultant Team，2010）。

针对上述问题，2008 年澳门政府开始实施工作收入补贴临时措施（Temporary Income Supplement，TIS），凡 40 周岁以上每季收入少于 12000 元，每月累计工时至少有 152 个小时的劳工，政府会补贴其季度收入至 12000 元（澳门公民网，2009）。2008~2009 年，澳门政府共批准 18180 宗申请，超过 3800 人受惠，涉及金额超过 6500 万（澳门日报，2010）。与香港情况一样，澳门劳工团体也多次提出建立最低工资制度。为回应这一要求，澳门政府在 2007 年出台规定，凡是从事政府有关清洁和保安的外包工作，时薪不得低于 21 澳币。澳门立法会的政治态度趋向保守，最低工资立法能否完成仍取决于政府的政治意愿。但在此之前，笔者认为澳门政府首先需要对"在职贫穷"有一个明确的定义，如像香港将其定义为少于 50% 的家户收入中位数。

（二）跨代贫穷

相较香港，澳门关于儿童贫穷和跨代贫穷讨论得较少。前行政长官何厚铧在回顾澳门回归十年以来的发展后指出，旅游博彩业和相关行业的快速发展使得一大批青年得以进入薪酬相对优厚的行业工作，大幅改善了其所属家庭的整体收入，从而改善了跨代贫穷（澳门博彩企业员工协会，2009）。但是一些学者同时也担心澳门青年"没有经济贫穷之虞，却有文化贫穷之忧"（缺乏学历和社会阅历），长期以来会影响他们的社会阶层流动（社协，2008）。事实上，澳门学生辍学率有明显上升趋势，部分源于博彩业快速吸收劳动力人口。例如，几年前随着新博彩业的陆续开张，"离校率由 2002 至 2003 年度的 4.2% 上升至 2004～2005 年度的 4.8%，教青局指出，工作是离校的首要原因"（Oriental Daily, 2006），高薪的博彩业当然更具吸引力。2007 年一项由政府资助的调查结果显示，大量的年轻人希望进入博彩业工作（27.9% 的 13～18 岁受访者，48.3% 的 19～24 岁受访者，52.9% 的 25～29 岁受访者）。当被问及是否愿意从事赌博相关工作，这一比例则更高（分别为 68.5%、76.0% 和 67.6%）（Macau Youth Research Association, and General Association of Chinese Students, 2007）。显然，片面地集中博彩业的发展着实让澳门政府忧心忡忡，最近有关澳门教育发展的一项研究结果显示，虽然许多拥有本地教育背景的人们发现自己在劳动市场中竞争力不足，但他们依然没有特定的学习或培训计划（Mok, 2009）。这一社会现象更加强化了澳门的经济困境与"文化贫困"的联系。

为开发人力资本促进年轻人拥有美好的未来，澳门政府开始重视教育政策。澳门的教育发展除了满足地区性需求外，也正如国家主席胡锦涛和总理温家宝多次在公开场合强调的那样，这对于我国发展也至关重要（Macau Daily, 2004, 2005, 2009）。回归之后，澳门特区政府大力发展教育事业。殖民时期，澳门的教育发展以市场化为导向，直到 2009 年，在所有的幼儿园、小学和中学中，66 间为私立学校，10 间为公立学校。行政长官崔世安在 2010 年财政年度政府施政报告中指出"社会发展与教育发展程度紧密相关，人才的培养和技术的开发亦紧紧依靠教育，社会的未来和经济的发展很大程度上取决于最终的'人力资本'积累"（Chui, 2010）。因而他提出"教育兴澳"（boosting Macau through education）的口号，改革教育管理，推进跨境教育合作，增加教育投入（Chui, 2010）。在过去数年中，澳门的教育发展令人瞩目，在财政支出方面，政府的教育开支从 2003 年的

180 万澳币增加到 2008 年的 3.7 亿澳币；在政策方面，政府在 2005 年决定将义务教育年限由 10 年延长至 15 年，免除各种学杂费。这些政策大大缓解了澳门市民的经济负担，尤其是在经济不景气的情况下，因而深受澳门市民欢迎（Mok，2009；莫家豪、梁家权，2011）。另外，由珠海市政府提供澳门大学新校区土地、促进跨境教育合作的方案也得到了大多数市民的支持（Consultant Team，2010）。

五 讨论：社会福利模式不变的旋律

面对金融危机的灾难性影响，为国民，尤其是贫穷人士建立社会安全网的呼声越来越高。金融危机发生以后，国际金融组织如国际货币基金组织（IMF）和世界银行也都在积极倡导这一议程，如 IMF（2009）指出，在经济不景气的情况下，加强社会安全网、保护穷人的努力就显得更为迫切。针对穷人的转移支付项目能够极大地刺激总需求，因为他们有更高的消费倾向。在制定消费政策时，应优先考虑批准扩大社会保障的投资，以保证联合国千禧年发展目标（Millennium Development Goal，MDG）的实现。因而，国家应加大健康、教育、供水和卫生、社会保障等保障与发展性项目的投入。世界银行敦促各国政府在危机中加强社会保障，为穷人提供更多的资源和支持。

世界银行发展研究小组（World Bank Development Research Group）的报告显示，目前世界上两种应对金融危机的社会保障策略为"利贫财政应对"（pro-poor fiscal response）和"促进社会保障计划"（better social program initiatives）。无论政府选择哪一种方式，在经济危机发生时都应当注意不要只关注短期目标而忽视长期发展，因为两者有时并非互补，亦不能同时实现。正如 Ravallion（2008）所指出的，在追求二者平衡的时候应注意以下三种相互抵消（trade-offs）的情况：第一，公平和效率，倾向于贫穷人口的资源可能会抑制非贫穷人口的经济活动；第二，保险和效率，安全网也可能会引发风险经济行为；第三，代际时序（inter-temporal），满足当下的需求可能会牺牲未来的增长。在金融危机的背景下，政府将大笔纳税人的钱投入只适用于非纳税人、结果不确定的方案，如果这些计划只针对穷人就会损害政治支持，进而影响项目的可持续性。

与其他亚洲国家/地区相同，为维护香港和澳门特区政府的政治合法性，保持和提高人民的生活水平至为重要（Lai，2005，2008，2010；Lee，2009）。在过去，东亚国家已经证明了"发展型国家"模式的成功，纯粹以发展经济以赢得政治声望（Mok and Forrest，2009）。但是越来越多的国家认识到，当面临经济结构调整、区域性和全球性金融危机的影响时，如果无法有效处理国家社会、经济和政治转型过程中的危机状况，政府将很难继续维持同等水平的政治支持。

近年来，香港市民非常关心他们的生活水准，并以此衡量政府的支持率。多项大规模调查显示，经济和民生一直是香港市民最关心的问题。2010年6月，香港大学组织了一次社会调查，结果显示香港居民最关心的问题依次为民生（53.8%）、经济（31.1%）和政治（11.9%）（香港大学民意网站，2008），澳门亦如此。澳门特区政府可持续发展策略研究中心在2009年组织了一项社会调查，探讨澳门人民如何评价澳门发展，调查结果显示，位居"市民最关心的议题"前五位的分别为雇佣（19.0%）、住房（18.8%）、经济发展（17.1%）、民生（12.4%）和社会福利（8.9%）。

由于两地人民对于殖民体制具有不同评价，影响了他们对现政府的期望，因而香港和澳门市民对于福利提供的公共需求也有所差异。一项回归之前所做的调查显示，68.6%的香港人表示一定程度上非常满意英国政府的殖民统治，只有7.2%的受访者表示不满。而澳门市民对于相同问题的答案分别为22.3%和36.4%。被问及"如何评价殖民体制对于社会发展所作出的功过"时，64.5%的香港人民认为殖民政府"功大于过"，只有2.9%的受访者认为"过大于功"，而澳门人民的回答则分别为19.8%和18.4%（Chung et al.，2000）。对殖民政府的高度肯定无疑为香港特区政府如何继续保持取得的成就创造了压力，保持其政权合法性、近年逐渐增多的民主运动，都促使香港政府更努力地为人民负责。相反，鉴于葡萄牙殖民政府的平庸治理，回归之后的澳门政府显然更具有优势。这也从侧面解释了为何香港政府更加努力地解决上述的在职贫穷和跨代贫穷问题。

虽然两地政府都试图采取新的措施去因应社会发展的挑战，但是这些政策在本质上仍是零散和碎片化的，而社会福利和社会发展的理念和方式并没有因此而改变。在香港，反对福利扩张的理由之一就是"价值增值度"（value of money），例如随着针对穷人的社会保护机制不断增加，一些社会政策学者开始关注"窄税基和低税率"的福利体系财政的可持续性，担心"只有权利没有责任"的福利会无限提高人们的福利期望，而一旦这种期望无法达到，政府的合法性将受到威胁（Wong，2008）。近年来，开征商品及服务税（GST）的失败、将家计审查机制引入老龄津贴都清楚地显示政府"为福利清账"（squaring the welfare circle）的限制。

为回应不断增长的福利需求，香港社会福利咨询委员会（Social Welfare Advisory Committee of the Hong Kong Government）在2010年4月启动了香港社会福利长远规划二期咨询（Long-term Social Welfare Planning in Hong Kong），邀请社会各界对香港福利体系未来发展提出意见和建议。咨询文件首先指出近年来香港所面临的经济（如经济结构调整）、社会（如传统家庭危机）和技术（如"隐蔽青年"）挑战，并进一步提出有关财政可持续性和福利服务提供的议题。总的来说，咨询文件将"自力更生"放置在很重要的位置，提议社会投资应当帮助个人、家庭和社区建立能力应对挑战。提倡"用者自负"原则，既保持福利体系的可持续性也体现共同责任。此外，咨询文件提倡政府、NGOs和商界的"多元合作伙伴关系"概念，不仅要求企业实践社会责任提供福利服务，同时引入商业模式推广"社会企业"，即借营商业务来运营福利（Long-term Social Welfare Planning in Hong Kong，2010）。

然而，由于未提及政府承担的责任，也没制定福利方向和议题，咨询文件招致社会福利界的诸多批评（Oriental Daily，2010）。香港社区组织协会（Society for Community Organization）认为咨询文件缺乏对税收结构、公共财政理念和人权的探讨。更具体来说，他们反对用者自负的原则，认为这会加剧弱势群体的弱势地位，并质疑"社会企业"在市场竞争中的发展前景。香港社会福利联会（Hong Kong Council of Social Service）的批评同样如此，他们指出咨询文件对税收结构、公共财政和社会保险"避而不谈"。总之，文件显示政府不愿意改变其"大市场，小政府"的社会福利理念。

在澳门，虽然有关在职贫穷和跨代贫穷的社会冲突已经开始浮现，但政府似乎没有实现全面福利政策的计划（Tang，2009）。虽然2008年社会保障体系双轨制成功改革已覆盖所有居民，但除此之外，澳门政府没有提及任何其他社会保障措施。例如，在2010年澳门政府施政报告中，政府的五个主要政策目标之一为"施行短期民生措施，应付后金融危机时代影响"。在谈及社会保障措施之时，行政长官崔世安强调"政府需要清楚地分析公共政策的施行如何平衡公民的权利和责任、长期积累和短期分享，以及市场主体间的关系"（Chui，2010）。从上述论调可见，澳门的福利体系在近期内不会有太大改变。

最近的相关研究也指出，尽管社会保障需求不断增长，但是澳门政府仍无意改变其社会福利模式。虽然澳门政府在金融危机中不定时地发放礼券和现金以"取悦"居民，但似乎这些短期措施并不成功，社会不满仍然日益增加。例如，深受经济结构调整和金融危机影响，面对所得不均扩大、经济增长不稳等一系列社会问题，五一劳动节游行示威最终升级为社会骚乱，可见澳门社会已经深深埋下了不稳定因素（Consultant Team, 2010）。经过对全球化批判性的反思，Standing（2010）认为一个高度不平等的资本主义世界正在酝酿一个缺乏社会保护的"危险阶层"（dangerous class），而这样的发展可能会给政治经济稳定带来潜在威胁（Standing, 2010）。遵循这一逻辑，本文致力于探讨，在因应快速社会经济、政治和福利变迁之时，东亚福利国家的"调试"（adaption）能在多大程度上继续维持其福利体制，同样香港和澳门特区政府是否仍在维持其福利体制现状。

值得我们留意的是，近年来有关跨国研究突出了社会分配状况、政治制度和管治素质对人民主观评估福祉的影响。经济不平等愈高，民众主观福祉愈低，欧洲比美国更为显著。公平感愈高，主观福祉亦愈高，主因是公平感是民众对自己是否得到公平和合理回报的判断（Liao et al., 2005）；此外，民主政治、善用政治权利和公民自由等指标均与人民主观福祉扯上正关系。至于良好管治，它能显著提升民众的主观福祉。如此看来，港澳两地人民生活在一个被认为不公平和发展失却平衡的环境中，甚至有"仇富，敌富"社会事件出现的话，当局必须在上述各方面进行改革以使民众主观福祉指数提升，否则将导致社会不稳定（Ott, 2010）。

本文检视了香港和澳门这两个特别行政区的福利政策与社会政策的转变，明确指出在全球经济一体化的背景下，两地为了应对经济社会急剧转型带来的社会发展问题都采取了一些措施和手法，而这些措施和手法必须得到更全面和有系统的检视。在面对快速经济发展和同样快速的贫富分化的状况时，香港和澳门，以及中国内地的社会发展似乎走到了一个十字路口，不少议者都倡导对现行社会政策和福利制度进行变革。但在变革主张中出现不少分歧，主要争论仍聚焦于政府和市场的二元争论。政府论者强调福利领域的过度市场化会导致贫富分化等种种社会问题，强调政府责任，强调恢复"政府主导"（bringing the state back in）。市场论者则认为目前经济及社会发展不平衡，在于市场化不够彻底，以及是行政管控的路径依赖造成的，因此现在的改革应该是以"市场主导"为纲。

上述谈及政府和市场之间的争论，把当前香港和澳门面对的社会问题的解决方案变得过分简单化，我们要问的是：福利及社会政策的提供是否只能在市场和政府之间选择？彭华民（2008：96）说得恰当："当我们深入社会福利制度发展的历史脉络，解读社会政策理论家的思考时就会发现，按照国家和市场的作用关系来划分社会政策理论不能深入描述社会政策理论的本质。"这种"二元对立"的论述，在现今复杂的经济、政治及社会发展状况下是站不住脚的。

因此，我们应更加有系统地分析市场与政府之间的角色，并引入社会上不同的持份者（stakeholders），尽量发挥不同社会组织的能量，以达致市场、政府及社会不同持份者的有机结合，各尽所长，各演其职，各尽所能，各执其责。我们要有系统地搞清在推行社会政策和福利措施时，市场、政府及社会应扮演什么样的角色。在以下不同治理（governance）活动中，弄清楚谁是最好的角色扮演者，做好具体分工，厘清三者之间的关系、角色和权责，将有助于推动福利政策。

（a） Provision （供应者角色）
（b） Financing （财政提供者角色）
（c） Regulation （规范操控角色）

我们在探索市场、政府及社会（民间）在上述不同领域的权责及角色分工时，不要误以为每个领域只由一个持份者担岗而已。在面对全球化复杂多面的局面，在不同的社会发展阶段，社会需要结构必然不同，所以福利制度的具体内容也不同，表现为随经济社会发展而产生的福利变迁。这就需要厘清上述有关政府、市场及社会（民间）不同持份者的角色和权责，以协同力量扩广社会福利事业和社会政策。这种关系重整就如罗斯所倡导的"福利三角"理论，又引证吉登斯（2000，2009）近年倡导的"第三条道路"，形成政府、商业部门、志愿组织、非正规部门共同提供社会福利的多元主义。

结　论

在因应社会经济变迁和满足人们不断提升的福利期望之时，将香港和澳门的个案分析置于"生产主义福利体制"可持续性和实施"利贫增长"

议题背景下探讨，可以发现，香港和澳门特区政府现有的社会发展政策和福利策略无法满足日益复杂的全球化进程中不断增长的社会福利需求，因而两个政府应当全面审视并妥善调整。当两个政府并非由直选而来，政治体制合法性的基础就在于，政府因应影响民众社会、经济问题时所实施的政策策略能否获得民众支持。可见，政权合法性的挑战不可避免。面对失业率的增加，收入不均的加剧和经济结构调整带来的种种社会与经济问题，再加上保护公民社会和经济权力的"公民社会的兴起"，特区政府最终都需要重新反思自身的政策和策略，通过社会发展政策和福利策略改革以维护政权体制。

参考文献

澳门博彩企业员工协会，2009，《政府力控赌业发展规模》，网址：http://www.mgesa.org.mo/web/? action-viewnews-itemid-1527，11月9日。

澳门公民网，2009，《低薪补贴放宽申请》，网址：http://www.macaucitizen.org/? action-viewnews-itemid-2473，3月21日。

澳门日报，2010，《工作补贴三千八万人受惠》，网址：http://www.macaucitizen.org/? action-viewnews-itemid-2473，5月6日。

吉登斯，安东尼，2000，《第三条道路：社会民主主义的复兴》，北京大学出版社。

吉登斯，安东尼，2009，《超越左与右：激进政治的未来》，社会科学文献出版社。

莫家豪、梁家权，2011，《"教育与澳"的理想与现实》，载张妙清、黄绍伦、尹宝珊、郑宏泰编《澳门特区新貌：十年发展与变化》，香港中文大学香港亚太研究所。

彭华民，2008，《社会福利与需要满足》，社会科学文献出版社。

澳门社会工作人员协进会，2008，《学者忧现代贫穷》，网址：http://www.mswa.org.mo/xoops223a/modules/news/article.php? storyid=515，1月25日。

香港大学民意网站，2008，《特首及问责司长民望数字》，网址：http://www.hkupop.hku.hk，12月。

香港劳工处，2007：《交通费支援计划》，网址：http://www.tss.labour.gov.hk/gui_eng/faq.html。

香港劳工及福利局，2008a，《儿童发展基金简介》，网址：http://www.cdf.gov.hk/english/aboutcdf/aboutcdf_int.html。

香港劳工及福利局，2008b，《儿童发展基金先导计划下月正式推行》，网址：http://www.cdf.gov.hk/english/publication/files/20081123_cdf_nextmonth.pdf。

Castells, M. and Himanen, P. 2002. *The Information Society and the Welfare State: The Finnish Model*. Oxford: Oxford University Press.

Chan, Kam Wah, and James Lee. 2010. "Rethinking the Social Development Approach in the Context of East Asian Social Welfare." *China Journal of Social Work.* 3 (1): 19 – 33.

Chiu, Stephen, and Tai-Lok Lui. 2009. *Hong Kong: Becoming a Chinese Global City.* London: New York: Routledge.

Chui, Ernest, Tsang, Sandra, and Ka-Ho Mok. 2010. "After the Handover in 1997: Development and Challenges for Social Welfare and Social Work Profession in Hong Kong." *Asia Pacific Journal of Social Work and Development* 20 (1): 52 – 64.

Chui, Sai-On. 2010. *Policy Address for Fiscal Year* 2010. Macau: Macau SAR Government.

Chung, Ting-Yiu et al.. 2000. "Comparison of Public Opinions of Hong Kong and Macau before the Handover." The Public Opinion Program of the University of Hong Kong, http://hkupop.hku.hk/chinese/macau/pdf/Macau_ HO_ 1999.pdf.

Commission on Poverty, HKSAR Government. 2007. *Report of the Commission on Poverty.* Hong Kong: Hong Kong SAR Government.

Consultant Team. 2010. *Research of Social Development and Social Indicators in Macau*, Macau. The Government of the Macau SAR.

Holliday, Ian. 2000. "Productivist Welfare Capitalism: Social Policy in East Asia." *Political Studies* 48: 706 – 723.

Holliday, Ian. 2005. "East Asian Social Policy in the Wake of the Financial Crisis: Farewell to Productivism?" *Policy and Politics.* 33 (1): 145 – 162.

Hudson, J. and Kuhner, S. 2008. "The Challenges of Classifying Welfare State Types: Capturing the Productive and Protective Dimensions of Social Policy." In Maja Gerovska Mitev (ed.) *Reframing Social Policy: Actors, Dimensions and Reforms.* Skopje: Friedrich Ebert Stiftung.

Hudson, J. and Kuhner, S. 2009. "Towards Productive Welfare? A Comparative Analysis of 23 Countries." *Journal of European Social Policy* 19 (1): 34 – 46.

Hudson, J. and Kuhner, S. 2010. "Beyond the Dependent Variable Problem: The Methodological Challenges of Capturing Productive and Protective Dimensions of Social Policy." *Social Policy and Society* 9 (2): 167 – 179.

Hwang, G. J. 2010. "Welfare State Adaptations in East Asia." Paper presented at the 7th East Asia Social Policy Network Annual Conference *Searching for New Policy Paradigms in East Asia*, 20 – 21 August 2010, Sogang University, South Korea.

IMF. 2009. The Implications of the Global Financial Crisis for Low-Income Countries, March, http://www.imf.org/external/pubs/ft/books/2009/globalfin/globalfin.pdf.

Kakwani, Nanak, and Ernesto M. Pernia. 2000. "What is Pro-Poor Growth?" *Asian Development Review* 18 (1): 1 – 16.

Kim, Y. M. 2008. "Beyond East Asian Welfare Productivism in South Korea." *Policy & Politics* 36 (1): 109 – 125.

Lai, Dicky Wai Leung. 2003. *Macao Social Policy Model.* Macao: Macao Polytechnic Institute.

Lai, Dicky Wai Leung. 2005. "Diffusion and Politics: Social Security Developments of Hong

Kong and Macao in the Colonial Era." *Asian Journal of Social Policy* 1 (1): 9 – 24.

Lai, Dicky. 2010. "The Political Economy of Social Security Development in Macao", *China Journal of Social Work* 3 (1): 65 – 81.

Lai, Wai Leung. 2006. "Macao's social welfare model: A productivist welfare regime." *The Hong Kong Journal of Social Work* 40 (1/2): 47 – 59.

Lai, Wai Leung. 2008. "The regulatory role of social policy: Macao's social security development", *Journal of Contemporary Asia* 38 (3): 373 – 394.

Lau, Maggie, and Mok, Ka-Ho. 2010. "Is Welfare Restructuring and Economic Development in Post-1997 Hong Kong in Search of a Cohesive Society?" in Mok, Ka-Ho, and Yeun-Wen Ku (eds.) *Social Cohesion in Greater China: Challenges for Social Policy and Governance*. Singapore: World Scientific, pp. 287 – 318.

Lee, Eddy. 1998. *The Asian Financial Crisis: The Challenge for Social Policy*, Geneva: International Labour Office.

Lee, Eliza, W. Y. 2009. "Social mobilization, blame avoidance, and welfare restructuring in Hong Kong." In Sing Ming (ed.) *Politics and Government in Hong Kong*. London: Routledge, pp. 162 – 175.

Liao, P. S., Fu, Y. C and Yi, C. C. 2005. "Perceived Quality of Life in Taiwan and Hongkong: An Intra Culture Comparison." Journal of Happiness Studies 6: 43 – 67.

Liu, Chun Wah. 2009. "Labor, employment and human resources in Macao." In Hao, Yu Fan and Wu, Zhi Liang (eds.) *Annual Report on Economy and Society in Macau2008 – 2009*. Beijing: Social Sciences Academic Press, pp. 153 – 170. (In Chinese).

Macau Daily. 2004. "Hu Jintao States Four Aspirations to Encourage the Macau People." 21st December.

Macau Daily. 2005. "Premier Wen: 15 – year Compulsory Education is Extraordinary", 29th December.

Macau Daily. 2009. "Hu Jintao Wishes Macau to Build First Class Universities", 21st December, http://www.macaodaily.com/html/2009 – 12/21/content_ 406595.htm.

Macau Daily. 2010. "Push for Minimum Wage, Alleviate Working Poverty", 17th March, p. D09.

Macau Youth Research Association, and General Association of Chinese Students-Macau. 2007. *The Impacts of the Opening Up of the Casino Industry on Macau: Opinion Survey of the Youth*. Macau: Macao Youth Studies. (In Chinese).

Mok, Ka-Ho, and Ray Forrest. 2009. "Introduction: The Search for Good Governance in Asia." In Mok, K. H., and R. Forrest (eds.) *Changing Governance and Public Policy in East Asia*. London: Routledge, pp. 1 – 22.

Mok, K. H. 2011. "Right Diagnosis and Appropriate Treatment of the Global Financial Crisis: Social Policy Responses and Social Protection in East Asia." In Hwang, J. (ed.) *Welfare Regimes in East Asia*. Cheltenham: Edward Elgar, forthcoming.

Oriental Daily. 2006. "Students' competition to be Casino Dealers has Driven the Wave of School Dropouts", 12th September.

Oriental Daily. 2010. "Lack of Government Responsibility in Welfare Planning", 23rd May, http://www.orientaldaily.on.cc/cnt/news/20100523/00176_014.html. (In Chinese).

Ott, J. C. 2010. "Good Governance and Happiness in Nation: Technical Guality Precede Democracy and Quality Beats Size." Journal of Happiness Studies 11: 353 – 368.

Pernia, Ernesto M. 2003 *Pro-Poor Growth: What is It and How is It Important?* Asian Development Bank, ERD Policy Brief Series No. 17, June.

Public Opinion Programme of the University of Hong Kong. 2010. "People's Level of Concern about Political, Economic and Livelihood Problems", June.

Ramesh M. 2009. "Responding to the Social Repercussions of Economic Crisis in Southeast Asia: Past Experience, Future Directions." the 9th Annual Conference of Taiwanese Association for Social Welfare, Taiwan, 23 – 24 May.

Ravallion, Martin. 2008. *Bailing out the World's Poorest*, World Bank Research Development Group, Policy Research Working Paper 4763, October.

Ross, Michael. 2006. "Is Democracy Good for the Poor?" *American Journal of Political Science.* 50 (4): 860 – 874.

Sherraden, Michael et al. 1995. "Social Policy Based on Assets: The Impacts of Singapore's Central Provident Fund." *Asian Journal of Political Science* 3 (2): 112 – 133.

Sherraden, Michael. 2000. "From Research to Policy: Lessons from Individual Development Accounts." *The Journal of Consumer Affairs*, 34 (2): 159 – 181.

Sherraden, Michael. 2001. "Assets and the Poor: Implications for Individual Accounts and Social Security." Invited Testimony to the President's Commission on Social Security, Washington D. C., 18th October.

Social Welfare Advisory Committee, HKSAR. 2010. *Long-term Social Welfare Planning in Hong Kong-Consultation Paper*, April.

Society for Community Organization. 2010. *Position Paper on the Long-term Social Welfare Planning in Hong Kong Consultation Paper*, May.

Son, H. H. 2007. *Interrelationship between Growth, Inequality, and Poverty: The Asian Experience*, EPD Working Paper Series, No. 96, Manila, Asian Development Bank.

Standing, G. 2010. "Work After Globalization: Building Occupational Citizenship." Paper presented at the 7th East Asia Social Policy Network Annual Conference. *Searching for New Policy Paradigms in East Asia*, 20 – 21 August 2010, Sogang University, South Korea.

Subcommittee to Study the Subject of Combating Poverty, Legislative Council of the HKSAR. 2006. *Report on Working Poverty*, LC Paper No. CB (2) 1002/05 – 06, February.

Tang, Kwong-leung, and Lin, Jingwen. eds. 2005. *How to Design Social Policies for Reducing*

Intergenerational Poverty. Occasional Paper No. 161. Hong Kong: Hong Kong Institute of Asia-Pacific Studies. (In Chinese).

Tang, Kwong-leung. 2000. "Asian Crisis, Social Welfare, and Policy Responses: Hong Kong and Korea Compared." *International Journal of Sociology and Social Policy*, 20 (5/6): 49 – 71.

Tang, Kwong-leung. 2006. "Welfare-to-work Programs in Hong Kong: A New Direction in East Asian Social Welfare?" In Yang, Yunzhong (ed.) *Development of Macau Social Welfare System: Characteristics and Tendency*. Macau: Centre for Macau Studies of the University of Macau (Aomen: Aomen da xue Aomen yan jiu zhong xin), pp. 166 – 179.

Tang, Yuk Wa. 2009. "Development and reforming of social security in Macao." In Hao, Yu Fan and Wu, Zhi Liang (eds.) *Annual Report on Economy and Society in Macau 2008 – 2009*. Beijing: Social Sciences Academic Press, pp. 171 – 188. (In Chinese).

Task Force on Economic Challenges. 2009a. *CE Announces New Measures to Tackle Financial Tsunami*, 22nd January 2009.

Task Force on Economic Challenges. 2009b. *Transcript of Remarks by CE at Media Session after Meeting of Task Force on Economic Challenges*, 3rd April 2009.

The Hong Kong Council of Social Service. 2010. *Position Paper on the Long-term Social Welfare Planning in Hong Kong Consultation Paper*, 5th June.

Tian, B. H., and Jiang, C. 2006. "'From Welfare to Work' - The Development of Macau's Social Welfare." In Yang, Yunzhong (ed.) *Development of Macau Social Welfare System: Characteristics and Tendency*. Macau: Centre for Macau Studies of the University of Macau (Aomen: Aomen da xue Aomen yan jiu zhong xin), pp. 166 – 179. (In Chinese).

Wong, Chack Kie. 2008. "Squaring the Welfare Circle in Hong Kong: Lessons for Governance in Social Policy." *Asian Survey* 48 (2): 323 – 342.

World Bank Development Research Group. 2008. *Lessons from World Bank Research on Financial Crises*. Policy Research Working Paper 4779, November.

方法论

社会福利理论的总体性研究论纲

——关于社会福利哲学的理论性质与方法论问题探讨*

钱 宁**

摘 要：社会福利是作为工业化和现代化的后果而进入社会科学研究的视野，并且在20世纪的西方学术领域得到较为充分发展的一门新兴学科，也是一门整合多种学科的理论与方法于社会福利问题的分析，为社会福利发展提供理论、知识和方法的综合性学科。在这个学科中，福利哲学处于基础研究的地位。发展福利哲学的研究，对促进社会福利学科发展具有战略意义。本文通过分析社会福利理论研究的结构，社会福利理论与社会政策、社会服务的关系，区分社会福利理论中的社会事实认知与社会理想表达的功能，以及社会福利研究中的价值观和方法论问题，为推动社会福利的学科化提供总体性研究论纲。

关键词：福利哲学 理论特征 总体性研究

引 言

社会福利是一个高度实践性的领域，也是一个充满理论争论和价值判断的领域。自工业革命以来，如何解决工业化与城市化带来的社会风险对人们生活的威胁和道德破坏，一直是政治家和社会理论家们共同关注的问题。社会福利既关涉社会所有成员的生活安全和幸福，国家实施的社会政策和社会保障制度能否及怎样满足人民的基本生活需要，以及社会能否有

---

* 本文为作者所著《社会正义、公民权利和集体主义》一书的"导言"，收入本刊时做了改写。该书由社会科学文献出版社于2007年出版，并由云南大学出版社再版。
** 钱宁，云南大学社会学与社会工作系教授。

效地提供支持和协助、帮助那些陷入生活困境的人摆脱其不幸的"命运",获得新的生活机会这样一系列具体的社会政策和社会服务问题,也是关涉现代国家政治稳定和社会和谐的基本要求。因而,社会福利问题逐渐成为现代社会政治的主要议题。而社会福利也从简单的济贫助弱的慈善活动,发展为以公民权利和社会正义的哲学理念为核心、建立起制度化的社会保障体系和提供专业社会服务的现代社会福利体制。

与此相适应,社会福利作为一个理论和知识的体系也发展起来。福利思想家和理论家们通过对社会福利的哲学、社会学、政治经济学的研究,发展了社会福利研究的知识论和方法论,从伦理学和社会政治理论方面阐述了社会福利与权利、平等、自由和社会正义等社会政治哲学概念之间的密切联系,并发展了批判和反思的方法分析社会福利发展中的理论与实践问题,形成了20世纪对社会福利具有重大影响的各种社会福利思潮和社会福利理论,促进了社会福利的学科化。在西方学术界,以自由主义、社会民主主义和西方马克思主义为代表的三大社会福利思潮此消彼长的理论争论,正是社会福利研究理论化、学术化和学科化的重要表现。在这些意识形态对立的理论争论中,社会福利由具体的慈善行为和人道主义理想,演变成为具有重大政治和道德意义的普遍理论问题(钱宁,2004)。因而,回答社会福利发展提出的各种政治、道德问题,并从学理上梳理社会福利的基础理论、概念和理论范畴,建构制度规范体系,成为当代社会福利研究的热门话题。

然而,社会福利思想与政治和道德规范在概念上的纠缠,以及各种意识形态借社会福利问题进行思想的较量,也造成了社会福利发展中理论上和实践上的混乱。正如诺曼·巴利(Norman Barry)指出的,由于福利被以一种假定的合理性与正义和个人权利相联系,被亚当·斯密用于否定性价值的正义概念,当代福利哲学则把它用于资源的再分配;权利本来是阻止他人对一个人进行侵犯的概念,而今却被看做个人从国家那里得到的福利权;而自由的概念则被联系到福利的集体主义理论上(Norman Barry,1990:5-6)。福利概念与其他政治和道德概念在一定程度上的混淆,不仅引起了政治理论领域的混战,也使社会福利的研究不可避免地陷入一种说不清道不明的困窘之中。因此,如何使它摆脱理论上的混乱,厘清福利理论与政治理论和道德学说的关系,整合社会学、政治学和经济学的知识来为社会福利的学科化提供思想范式和知识基础,规范社会福利研究,就成为当代社会福利理论必须解决的问题。

在我国，社会福利的发展正在经历着一场重大的制度转型和研究范式的变革。把社会福利当做一门学科来建设，建立具有独立学科地位的社会福利学来推动中国社会福利事业的改革与发展，改变社会福利研究缺乏基本理论支持的局面，是一项重大的战略性任务。而从福利哲学的角度阐述关于社会福利的总体性研究论纲，无疑是一项基础研究工程。本文的目的，就是要通过这种总体研究论纲的分析，探讨社会福利作为一门社会科学的基础理论和方法论的依据，为推进社会福利研究的学科化奠定知识论和方法论的基础。

一 作为综合性社会科学研究的社会福利学

在社会科学领域，社会福利理论具有极其不确定的学科性质和地位。从它的知识构成来看，包含了经济学、政治学、社会学和哲学等多种学科的知识要素；而从方法论的依据来看，它又兼收并蓄了反思批判的哲学方法、功能和结构的实证分析的社会学方法、制度和意识形态分析的政治学方法，以及价值和道德判断的方法等多种学科方法；而从其研究路径来看，经验实证的政策分析和实践取向的行动研究同对政治理念和道德追求的反思性批判，构成了这一学科既具有经验科学和实践行动的特质，又具有思辨和批判的人文主义精神的多学科性特征。这一学科特征决定了社会福利研究的经验层面和理论层面相互依托、紧密联系的关系：实践行动对理论假设和价值判断的要求高、依赖性强，而理论的反思具有强烈的实践行动动机。社会福利研究的这些特点，表达出它是一个受强烈理论动机支配的以实践为取向的综合性社会科学研究。分析其知识结构的特点及其对学科构成的意义，对我们的研究是必不可少的。

日本著名社会福利学者一番ク濑康子在解释社会福利的理论特征时指出：当我们考虑构筑社会福利学的理论时，首先需要明确的一点是社会福利并不是单纯的作为目的、概念以及活动的方法而成立的，它同时又是在社会的实际运行当中，作为一种制度或者政策而存在的（一番ク濑康子，1998：89）。

因此，从社会福利的知识构成与理论结构的分层来看，社会福利可分为理论和实务两个部分。作为一种以实践为取向的学科，在直接的意义上,"社会福利指的是促进人们幸福的行动"(周永新,1998:4),它是一定的组织、机构或政府对它们所认识到的社会问题做出的反应或采取的措施。其主要内容包括针对贫困、失业、疾病、养老和各种天灾人祸的社会保险、公共救助及福利服务。但是,社会福利又是与现代人的生存状况相联系的重大社会现象,它涉及现代社会一系列深刻的政治与道德问题。从理念上讲,"社会福利可能最好被理解为一种关于公正社会的理念,这个社会为工作和人类的价值提供机会,为其成员提供合理程度的安全,使他们免受匮乏和暴力,促进公正和基于个人价值的评价系统……这种社会福利的理念基于这样的假设:通过组织和智力,人类社会可以生产和提供这些东西,而因为这一理念是可行的,社会有道德责任实现这样的理念"(尚晓援,2001)。

从社会变迁的角度看,社会福利是由工业革命和资本主义的发展带来的制度性安排。在工业革命以前,人类并没有制度化的社会福利概念,虽然封建国家也出于政治的考虑建立了赈灾救济制度,但是,这些举措至多不过是显示君主对臣民的仁慈和父权主义的关爱,而不是社会的责任。[1]工业革命和资本主义制度的建立,个人及家庭在市场化的经济活动中抵御风险和解决困难的能力日趋减弱,传统的救贫措施无法应付日益复杂的社会现实。各种社会不平等也以更普遍、更深刻的社会问题的形式表现出来。贫困、失业、疾病、养老和各种伤残障碍,以及教育、就业、健康和医疗保健等问题,不再仅仅是个人的困扰,也成为社会公共议题。而随着各种理论的介入,社会福利问题更上升为政治和道德意识形态的争论,从而成为一个重要的哲学论域。阐述一种福利哲学,为社会福利的学科化奠定知识论、方法论和价值论的基础,就变得日益紧迫。

首先,就思想与现实的关系而言,建构一种社会福利哲学的必要性就在于:福利思想或理论本身虽然并不像实务工作那样直接干预现实的福利状况,然而它对社会福利的实践却产生着重要的影响。如前所述,社会福利是一项关涉人的幸福及社会公平的事业,更多的是由与人的自由和平等、社会正义等政治和道德考虑相联系的政治路线和意识形态的要求决定的。政治和意识形态的冲突在社会政策的确定和福利制度的建立等方面起着思想支配的作用。从19世纪欧洲开始建立社会保障制度以缓解自由市

---

[1] 在中国传统封建社会里,这种仁慈是通过"君主民本"的意识得到认同和张扬的。

场经济带来的严重社会分裂，到 20 世纪 30～40 年代凯恩斯－贝弗里奇国家干预的经济政策和福利国家的社会政策选择以挽救被经济萧条和战争弄得支离破碎的西方社会，再到福利国家危机论和新自由主义思潮的兴起，有关社会福利的各种哲学思潮一直支配着社会福利的理论与实践的发展。尤其是近二十年来，随着社会福利理论的日趋成熟，政治哲学和道德哲学的争论越来越成为社会福利研究和实践的思想动机来源。理论问题的解决对社会福利实践的影响，通过社会福利的价值取向选择、福利制度和社会政策的制定等直接地表现出来。

其次，社会福利作为当代社会政治和道德的重大议题，它本身也越来越引起哲学家们的注意。比如，当代政治哲学和道德哲学关于权利、自由、平等和社会正义的争论，自由主义和社群主义在政治和福利观念上的冲突，利己主义和利他主义价值观的斗争，各种非马克思主义和马克思主义在意识形态上的角逐，使社会福利成了各种政治的道德的和社会的思潮进行思想较量的场所。特别是福利国家危机发生以后，西方发达国家新右派和新左派围绕着效率和公平而展开的市场对国家的角力，使自由、平等、公民权利和社会正义等政治哲学和道德哲学的概念成为社会福利理论研究的基本概念，而社会福利问题的解决也越来越依赖于对这些基本概念的澄清。因此，一种关于社会福利的哲学研究作为实践的要求提了出来。这就是以政治和道德哲学的讨论为基础，运用哲学的反思批判方法，探讨社会福利的本质与规范，以及它们对人们追求幸福的行为的规范引导作用。在这个意义上，福利哲学（philosophy of welfare）是对社会福利实践所奉行的不同政治和道德原则进行反思，并为其提供理论依据的工作。

然而，正如我们已经指出的那样，社会福利是一个由各种理论和实证的知识构成的综合领域，也是一个跨学科知识互动的空间，一个现代意识形态进行思想角力的场域。它既包含着关于我们生活的社会应该怎样和如何使人们的生活更幸福的哲学思辨，也包含着对一个实然社会的问题的工具性或实用性解决的可能性考虑。换句话说，社会福利是一个充满了理想冲动和平衡现实社会各种需要冲突的领域，道德的追求和理性的选择在这个领域高度地融合。在这个领域，一方面，纯思辨的讨论不能促进问题的解决反而可能使问题更复杂；另一方面，思考福利问题的人又必须在对现实的关系中保持一定的张力，以纠正现实的不合理性。因而，社会福利哲学不可能像一般哲学那样，仅仅满足于思辨地解决问题，它也要具有某种现实性，针对现实社会中不合理、不公正的现象，提出自己的批评和解决方案。这使得福利哲学的探讨区别于一般哲学的理论思辨，不是从命题、概念本身来反思其逻辑的问题，而是运用概念、命题的逻辑反思现实的社会关系，发现现实社会的矛盾。在这一点上，福利哲学只是一种关于社会福利的基本概念和规范理论的哲学思考。其反思的对象是社会福利实践中的政治和道德关系，而不是作为思想对象的概念、命题本身。它的理论依据来自政治和道德哲学，它的现实根源却在市场经济社会人性与物性、公平和效率的矛盾冲突中。因此，福利哲学的探讨属于社会政治哲学和道德哲学的范畴，是关于社会福利的政治和道德基础，也就是其后设理论的研究。

二 社会福利学的学科属性分析

福利哲学与现实社会的关系，最直接的是通过社会政策与现实社会的福利问题联系起来的。因此可以说，社会福利的哲学思考对我们生活中的福利问题的影响，最直接地表现在对社会政策的影响上。

总体而言，福利哲学和社会政策（social policy）都属于社会福利理论研究的范畴，而且由于二者之间存在着密切的联系，许多社会福利学者并不对它们之间的区别做出明确的界定。另外，社会福利本身强烈的实务性质，也使人们习惯于站在实证的或解决问题的立场看问题。因而，他们常常把社会福利理论研究归结到社会政策研究的范畴，使福利哲学成为社会政策的一部分。比如，加拿大社会福利学者密什拉（Ramesh Mishra）认为，社会政策、社会福利和福利这三个概念在含义上都是一样的，"都意指使人类需要得以满足的社会安排或结构模式"（李明政，1998：12）。而另外一些学者则认为，社会政策是福利哲学的社会政治理想和道德追求的表达，因而，社会政策研究必然是以福利哲学为基础，并且包含了福利哲学（Kathleen Jones, John Brown and J. Bradshaw, 1987：序言）

造成这种状况的原因，一方面是社会福利在传统上的实务立场，注重现实社会问题的解决；另一方面是19世纪以来实证主义对社会科学研究的影响，使人们总是相信社会问题可以通过发现一种客观的、在价值判断上保持中立的科学方法加以解决。因此，寻求一种社会共识的达成来终结意识形态争论,① 就可以使社会福利问题作为"社会工程"的问题来解决（Kathleen Jones，John Brown and J. Bradshaw，1987：18）。然而，20 世纪 70 年代的石油危机对福利国家财政的冲击，使这种所谓共识的福利观发生了危机。哈耶克的自由主义哲学的重新发现，罗尔斯对康德义务论道德哲学的恢复，社群主义在甚嚣尘上的个人主义喧闹中恢复生机……意识形态的争论以更深刻、更尖锐的形式出现在社会福利领域。那种认为意识形态斗争已经终结，社会福利问题的解决只需要通过工程学方法加以解决的社会工程思维变得十分苍白无力。对种种社会政策作出政治和道德判断的哲学思维日益凸显出其价值和必要性。福利哲学和社会政策在理论属性上质的差别也日益清楚地表现出来。

　　社会政策作为社会福利总体研究的一部分，其主要的功能是将社会福利所追求的政治上和道德上的目标与理想整合为可操作的行动原则和路线，贯彻到实践中，以引起现实社会的变化。换句话说，社会政策是针对实然世界的目的性思考和追求，它主要受工具理性思维的支配，把有限的社会目标或具体的社会问题作为行动的对象，运用工程学的方法来实现福利资源在不同社会群体中的分配。而福利哲学则不同，它所关心的是行动原则本身的问题，是在政治路线背后的意识形态根据和价值判断的标准问题。因而，福利哲学是运用价值理性反思人类的福利需要，探索其人性根源，建构其政治、道德基础并解释其合理性的活动。如果用康德哲学的方式来表达，那就是：作为人类基本需要的福利及其在现实的合理分配如何可能？

　　对社会福利问题作康德式的提问，把我们引导到对实现社会的普遍福利状态的可能条件及其限制的分析上。在这个领域，福利不是作为实然目标，而是作为范导性的目标进入我们的认识与行动中，实证的、可操作的技术分析也被思辨的批判性思想所取代。在这里，福利所要解决的不再局限于在现实社会不平等的条件下，如何保证每一个成员的基本需要都能得

---

① "意识形态终结论"是美国社会学家、哲学家丹尼尔·贝尔在他于 1960 年出版的《意识形态的终结》中阐述的著名政治观点，在他看来，现代社会是一个由技术统治的社会，政治上的左派和右派的意识形态斗争，社会主义和资本主义的对抗，被发展经济和民族繁荣的现代化追求所取代，使传统的意识形态都暴露出它们的虚假性和欺骗性。因而，各种政治观念必然走向衰微，必然被非意识形态的社会工程思维所代替。参见贝尔《意识形态的终结》跋，《重读意识形态的终结：1988》，江苏人民出版社，2001。

到公平地对待的问题，而是要问"一种社会福利的可能条件是什么""我们对一种满足人的基本需要的福利的追求受什么条件限制""我们应该如何对待自己的福利需求"等这样一些反思性、批判性或者说形而上学的问题。因此，作为区分社会政策和福利哲学的根据，我们把支配这两个领域的理性活动特征分为工具理性和辩证理性，并以此来界定它们的理论性质。

马克斯·韦伯在研究人类社会行为的类型时，对影响人们行为的理性因素作了区分。在他看来，目的理性和价值理性的不同在于"后一行为的当事人有意识地强调行为的最终价值，并且有计划地、始终如一地以该价值为行为的指南"。"纯粹的价值理性行为，指的是行为者无视可以预见的后果，而仅仅为了实现自己对义务、尊严、美、宗教训示、崇敬或者任何其他一种'事物'重要性的信念，而采取的行动。"而前者指的是，"行为者以目的、手段和附带后果为指南，并同时在手段与目的、目的与附带后果，以及最后在各种可能的目的之间做出合乎理性的权衡"。从动机上讲，目的理性是基于功利的目标而采用的方式，它与价值理性的最大区别就在于"从目的理性的立场出发，价值理性总是非理性的，而且，价值理性越是把当作行为指南的价值提升到绝对的高度，它就越是非理性的，因为价值理性越是无条件地考虑行为的固有价值（如纯粹的意义、美、绝对的善、绝对的义务），它就越不顾及行为的后果"（韦伯，2000：32-33）。韦伯对理性的这种区分是动机论的，他揭示了目的论和义务论的道德动机在人的社会行为中的对立，并试图以此来解释社会学所要处理的不同研究对象。

和韦伯在社会学层面区分理性的类型不同，法兰克福学派根据马克思对德国古典哲学的辩证法的革命性解释，从思想的肯定性和否定性的辩证关系提出了他们对实证科学和辩证法在理论属性上的区别的看法。马尔库塞指出，肯定的理性与否定的理性的区别，源于辩证法和实证主义的对立。辩证法反对所有性质的实证主义哲学，因为辩证法是反思的哲学，它的"力量存在于批判的确信之中，全部的辩证法都被一种弥漫着本质否定的存在形式的概念联系着"。而实证主义哲学"把事实作为最大的权威，把观察当下特定的一切作为证明的基本方法。……它使思想满足于事实，拒绝任何对事实的超越和对现存条件关系的偏离"（马尔库塞，1993：24）。因此，肯定的理性是实证的或工具的理性，而否定的理性则是辩证的或反思的理性。辩证的或反思的理性高于实证理性的地方就在于它能以一种否定的方式超越现存的关系来理解经验所提供的事实，从而使思想保持对现实生活的自由。这种自由正是思想具有批判性的源泉和赖以存在的沃土。

不仅如此，批判的社会理论也从否定的方面对启蒙运动以来的思想状况提出了批评。在它们看来，启蒙运动使人们的思想从专制和迷信的压迫中解放出来，使实证理性取得了对神话的胜利，但是它"是以理性服从直接被给予的事实为代价的"（欧力同、张伟，1990：164）。结果是工具理性大行其道，"直接同一性"思维控制了哲学，以至于"它反对旧的压迫，却助长了新的压迫，……人们为自由和压迫寻找一个共同的公式：把自由割让给那种限制自由的合理性，把自由从经验中清除掉，人们甚至不想看到自由在经验中得以实现"（阿尔多诺，1993：203）。面对工具理性主义的"极权主义"，批判的社会理论主张"认识不应只是对事物作肯定的理解、分类和计算，而且应该包括'对每一个直接的事实作有规定的否定'即反对被绝对化、偶像化的概念，……使理性不再成为肯定与维护既成的事实与统治的工具"（阿尔多诺，1993：164－165）。这就是辩证理性的意义。

通过对理性问题的哲学考察，我们看到，在社会科学的研究中，区分不同的理论属性不仅是一种科学研究的必要措施，也涉及社会科学中的理论与实践的关系。尤其是在社会福利这个既以实践为主要目的，又有高度价值关涉性的领域内，没有理论对实践的某种超越，使之对实践保持某种自由，我们就无法通过追求社会平等与公正的福利实践，促进社会的进步与人的自由。因此，本文对福利哲学作这样的区分，并不是要把它变成一种脱离当前政治和文化状况的纯思辨的智力游戏。相反，这一做法是要表明，在社会不平等和两极分化日趋严重、各种政治和道德观念的冲突已经成为当前社会福利实践混乱的主要原因之一，并使社会福利的价值及其合法性越来越受到人们普遍怀疑的情况下，不对社会福利在当代社会存在的政治道德基础进行反思，不研究各种意识形态所信奉的社会理想和价值观的政治道德根据，不对社会福利所遵循的基本原则和概念作必要的诠释，社会政策就不可能在实践中保持基本的一致性，社会福利所谋求的社会正义的理想也就不可能对人们的社会行动产生批判性引导的作用。因此，阐释社会福利理论与实践的批判性思想内涵，使之成为人的解放的工具，应该成为福利哲学的真正目的。

三 社会福利研究的规范性与工具性问题

在社会科学的研究中，基本概念和一般规范性理论的阐述构成了它们的方法论领域。范伯格（Joel Feinberg）在关于社会科学研究的方法论的讨论中，把社会哲学的问题区分为两类：一类是"概念性问题"，即关于社会科学理论中所运用的关键概念和社会问题阐述中使用的关键概念的分析与诠释；另一类是"一般规范性问题"，它们涉及社会政策及人们的社会实践有争议的领域，需要对决策和判断有指导意义的原理作出系统的论述。他指出，"相对于主要的社会理论而言，对概念性问题的解答是中立的（仅有少数例外和限制）。为了恰当地解决这些问题，必须考虑到我们使用某些词语时，它们在通常情况下所指的是什么意思，而且，如果我们想要进行有效的沟通，避免悖谬，达到普遍的一致，那么，这些词语的含义要正好是我们所表达的意思；另一方面，规范性问题却要求我们放弃中立，投身于人们的利益和思想完全受其左右的道德舞台上去，在那里相互冲突的实践规范和政策正在竞相争取我们对它们的忠诚"（范伯格，1998：4）。

在这里，对一般概念的分析与解释是社会科学研究的基础和工具性准备，而表述人们社会认识的概念通常包括对社会事实的认知和社会理想的表达两类。从福利哲学的角度看，前者主要由一些表述个人和集体福利现象及社会问题的基本概念组成，诸如"利益""需要""权利""责任""义务"以及"损害""贫困""失能""异化"等；后者通过"自由""平等""正义"等概念表达人们对人的价值和社会理想的追求。福利哲学就是通过这些概念的分析与解释，阐述它对人的需要及社会福利的可能性的看法，为社会政策及人们的福利实践提供指导性的意见或理论依据。为了使我们对社会福利理想的表达和现实福利问题的分析具有较高的可信度和一致性，不在逻辑上发生悖谬，我们必须使这些概念本身清晰明确，并且尽可能地排除主观随意性的解释，使之成为我们讨论的共同基础。

把福利哲学研究的基本概念分为对社会事实的认知和社会理想的表达两类，虽然表明这两类概念有明显的区别和各自的对象属性，但是，在实际的社会情景中，辩证的思维需要我们把它们联系起来。因为我们的思想在表述它对某种社会事实的看法时，不可能脱离其特定的理想动机，而它之所以有某种理想的观念，也是因为有现实的动力因素推动。所以，表述社会事实的概念和表达社会理想的概念总是互相交织、互为前提地存在于我们的分析过程中，在实际的过程中我们无法将它们截然区分开来。

在对基本概念的工具性运用中，我们需要采取客观和中立的态度。这是为了使它们在使用中保持逻辑上的一致性，避免思维的混乱。因而，我们不能任意地赋予这些概念其他的含义，它们必须首尾一致。但是，当它们被用于实际的争论，变成人们阐述他们的立场、观点的工具，与他们的利益联系起来时，我们就必须将它们看做一般规范的问题，同人们的政治、道德立场联系在一起，并使其客观性从属于他们的政治、道德要求。福利哲学通过阐述它在政治上和道德上的基本立场，形成普遍理论来表达它对社会福利"一般规范性"争论的看法。因而，在社会福利的领域内，一般规范的问题实质上属于基本原则和基本政策依据的讨论。它要对涉及社会福利重大决策的选择、判断及对社会政策的实践具有指导意义的原理作出系统的论述。而作这样的论述必然涉及一些重大的基本理论争论，并在一些基本价值观上发生冲突。正像人们指出的，"社会福利"是一个价值概念。它包含有一种欲求的目的，对这一目的的规定需要作出价值判断。因而，那些提出关于怎样实现社会福利的理论的人，可能要有关于社会福利的构成及其与个人福利的关系的各种不同的概念。这样一来，关于实现社会福利的各种含义的表面上的争论就可能被隐喻的或明确表述的关于其目的的不同意见弄得复杂起来（Anthony Forder et al.，1984：15）。

社会福利概念与人的价值判断必然的联系，引导我们去探讨引起价值冲突的价值论根源，而在这个领域，基本价值观的对立使我们不得不对自己的价值立场作出选择。这样，社会福利的研究就不断成为人们进行价值观和意识形态较量的场所。而试图在这一领域保持价值中立的研究立场，就不仅不能增加我们研究的科学性，反而会因此而损害它作为一种追求社会正义，消除社会不平等的事业应有的客观价值和社会进步意义。

从历史的角度看，关于社会福利概念的争论，基本的对立来自关于社会福利的个人主义传统和反个人主义传统。起源于18世纪"启蒙运动"而盛行于20世纪的个人主义，在基本的立场上是把社会福利看做个人福利的总和。这一传统是由功利主义哲学家边沁（Jeremy Bentham）和自由主义哲学家密尔（J. S. Mill）奠定的（Anthony Forder et al.，1984：16）。他们用功利主义的术语把福利定义为个人满足的最大化，而古典主义和新古典主义的经济学家则以功利主义的抽象个人为前提,强调经济的增长是社会福利的尺度,认为经济的增长将满足个人的福利需求,充分的自由权和自由竞争的市场经济是个人福利的根本保证。而自由竞争市场中的失败是个人的失败,不能以牺牲自由竞争的效率来换取个人福利的社会保证。个人主义的传统为当代西方世界自由至上主义(libertarianism)反对国家干预的社会福利政策提供了福利哲学依据。

个人主义福利观的方法论根据是社会是个人的集合,它常常忽略了社会的文化和结构因素,把社会看做原子式集合的共同体。与此相反,反个人主义的社会福利观认为,社会是一个有机的整体。功利主义将抽象的个人作为福利的对象,把社会制度看做是个人行为决定的,虚构出"以个人概念为基础的利益、欲望、目的或需要",而没有看到这些概念是个人社会化的结果。因此,反个人主义的社会福利观从整体的观念出发,强调社会结构和社会过程对个人行为具有持久的影响,而它们却不能被完全还原为个人行为。以这种观点看待社会福利,就不能把它理解为由个人的选择而得到的满足的总和,相反,它应该被看做是由社会的文化和结构引起的社会互动性质决定的(Anthony Forder et al., 1984: 20-21)。因而,把个人福利可能的发展与社会合作及对社会结构性平等的追求结合起来,通过国家干预或公共调节机制的建立,使处境最差的社会成员在基本需要的满足上,得到与其他成员平等的对待,就成为社会民主主义的福利观和福利国家兴起的政治道德哲学依据。

社会福利研究的基本价值观对立,把福利哲学引向了政治和道德意识形态争论的领域:福利是个人的还是社会的,是价值中立还是价值涉入的?对此,我们需要明确的是:正确的普遍原则和基本的政策不会自发地产生,也不是从自明的原理中演绎出来的,获取它们的唯一方法是从那些涉及我们最有把握的社会问题的特殊判断着手,力图从中抽象出它们所包含的基本原理。只有修订普遍原则使之与特殊判断协调一致,改变经过良好检验或者已深深确立了的普遍原则所需要的特殊态度,并且目标总是针对富有理解力的人的理想和人际团结一致的理想(其中特殊判断和普遍原则才得以保持"相互平衡"),我们才可以试验性地将抽象出的原理运用于错综复杂的情况(范伯格,1998: 5-6)。

要做到这一点,我们需要借助于知识社会学的方法,从思想与现实社会情景关系的分析出发,把各种福利理论所遵循的价值论原则同它们赖以存在的社会结构及其政治经济制度联系起来，把它们所表达的社会理想与价值观看做"是处于某种历史－社会情景的具体背景之中的思想"（卡尔·曼海姆，2001：3），在对它们所阐述的一般规范性原理的批判性评价中达到对社会福利思想的客观掌握。在这一点上，马克思关于思想范畴与历史关系的分析向我们揭示了知识社会学的一般方法论意义。他指出：哪怕是最抽象的范畴，虽然正是由于它们的抽象而适用于一切时代，但是，就这个抽象的规定本身来说，同样是历史关系的产物，而且，只有对于这些关系，并且在这些关系之内才具有充分的意义（马克思，1972：107~108）。

这就是说，在社会科学研究的领域，任何概念的表述都具有其时代的生活内容，任何一般理论的阐述都反映着一定时代人们的社会关系和社会交往方式所追求的目的、意义。只有在思想与社会情景的历史关系分析中，概念才能获得其完整的意义。福利哲学所涉及的概念和规范也应该是这样。围绕着基本概念的理解而形成的关于一般规范问题的基本理论和价值观的争论，正是理论家们基于他们所处的社会情景观察社会现象形成的判断。因此，站在什么样的政治道德立场上，选择什么样的价值观，就是福利哲学必须研究的基本问题。我们探讨社会福利的政治和道德基础，在方法论上也就是遵循着这一原则。

四 社会福利哲学是一种批判性社会理想

马克思关于思想范畴与历史关系的这一知识社会学认识，为我们理解隐藏于人们日常生活和社会交往活动中的各种福利思想的政治道德要求，把握它们的价值论根据，并帮助我们建构起一种真正符合基本人性需要和人类道德准则的福利哲学提供了方法论的原则。然而，福利哲学所追求的不仅仅是一种社会福利如何可能的认识论把握，也不仅仅是为我们选择某种福利制度或进行福利实践提供所谓的"哲学依据"。如果仅仅是这样，那么福利哲学就只能是一种实用哲学，一种站在本质主义立场追求"客观知识"的知识论哲学（理查德·罗蒂，1987；钱宁，2003）。一方面，社会福利是一种包含以解决人类现实困境为目的的实用价值和以追求平等、正义的社会为目的的人文理想价值在内的崇高事业。它所要阐述的福利思想，不仅仅是在一般理论与现实的特殊判断之间寻求一种平衡，或者从思想与社会情景的关系分析中，找出一种福利理论之所以是合理的社会根源及价值论依据。更重要的是，它要从社会理想的高度发展出一种反思现实不合理（也包括当前盛行的某些福利价值观）的批判性思想方法，在思想与社会情景间形成一种"必要的张力"，来保证思想对现实的批判性引导作用。

在这里，社群主义者米勒（David Miller）对社会正义作为一种批判性社会理想的捍卫、米尔斯（Wright Mills）对"社会学想象力"及曼海姆（Karl Mannheim）"意识形态和乌托邦"关系等政治学、社会学和哲学的阐述，对我们理解福利哲学作为一种批判性思想的必要性及其人文理想价值，可以起到他山之石的作用。

戴维·米勒指出，社会正义作为一种社会理想在当代正受到人们的普遍怀疑，原因是"这一术语也许具有情感性的力量，除此之外并没有真正的意义"（戴维·米勒，2001：前言）。因而人们往往把这一思想看做一种乌托邦。然而，他认为：社会正义的观念不仅仅是一种乌托邦式的幻想，作为一种批判性的政治思想，它不仅是关于"好的东西和坏的东西应当如何在人类社会的成员之间进行分配"，即每一个社会成员能够得到什么样的福利，从而保证他的权利实现的问题。"社会正义常常是而且必须常常是一个批判性的观念，一个向我们提出以更大程度的公平的名义变革我们的制度和实践的挑战的观念。"（戴维·米勒，2001：前言）它表明，社会正义作为一种社会的政治理想，对我们在社会生活的政治与道德原则的选择上，以及这些原则如何保证每一个社会成员都能得到平等的对待等方面所具有的指导意义。因此，"对正义的科学研究和哲学研究必然是互相依赖的"。科学研究是要为正义在不同的社会条件下如何发挥作用做经验的分析，以便明确正义的经验界限和具体形式；而哲学的研究属于理论规范的研究，它所表达的是"人们关于正义是什么的深思熟虑的意见"，而不是"人们对调查表或人为的实验的当下反应"。"政治哲学告诉我们的是，对于正义我们应该想到的是什么，而不是现实所想的是什么，"这就是社会科学和政治哲学对待正义的不同态度（戴维·米勒，2001）。

然而，在另一方面，对正义的社会科学研究与规范理论的研究又是互相补充的事业。"一方面，为了能够把表达了正义和没有表达正义的信念和行为样式区分开来，并恰当地说明这种信念和行为，经验研究者、社会学家和社会心理学家需要一种规范理论。另一方面，在陈述正义理论时，那些由类似于罗尔斯式的反思平衡和公共可辩护性观念指导的规范理论家们需要关于人们事实上在不同的社会情景中把什么样的东西当作公平和不公平的证据。"（戴维·米勒，2001：64）据此米勒认为，尽管社会科学研究的目的是"尽可能精确地理解和说明人们在不同实践和不同地点所支持的正义规范"，而哲学的规范理论是要"发展一种能够说服人们应当改变他们在某些方面的思考和行为方式的理论"，它们之间存在一定的张力。然而，这种张力是必要的。正是这种张力使社会正义作为一种社会理想对人们实际上如何分配正义，保持一种"充分独立于我们现实制度"的立场和批判的态度。正如他所说："应得是一个批判性的概念，当我们说'他应得这个'或'她不应得那个'时，我们恰恰是在对我们的制度在特定的场合或一般的场合分配利益的方式提出挑战。"（戴维·米勒，2001：157）

米勒对规范性理论的阐述，表达了批判性理论对现实政治制度变革的指导作用的内在价值。而赖特·米尔斯对"社会学的想象力"的分析，则进一步揭示出：即使是以实证研究为基础的社会学，如果没有富有想象力的思想，社会科学家们是无法做出一流的研究的，更不用说"完成他们学科中的经典传统使其本能实现的文化期待"（赖特·米尔斯，2001：13）。

米尔斯指出，"社会科学家首要的政治与学术使命是搞清当代焦虑和淡漠的要素"，因而，社会科学理论应该成为"我们时代文化的共同尺度"，而社会学的想象力则应该成为"我们最需要的心智品质"（赖特·米尔斯，2001：12）。然而，结构功能主义的宏观理论，抽象经验主义完全形式化、教条化地对待实证研究，功利化的实用主义的泛滥，以及科学哲学对"理论"和"方法"充满了"常识的日常经验论"的"陈规旧矩和对某一特定社会的假设"的讨论，严重地限制了社会科学作为时代文化共同尺度的作用和社会学想象力的发挥。由于缺乏想象力，社会科学要么迷失在诸如帕森斯的结构功能主义的宏大理论中（赖特·米尔斯，2001：132、12、203），被包罗万象的体系对历史和社会结构的一般性理论及与它相适应的概念体系的构造掩盖了；要么因为着迷于对事实本身的精确数量关系的统计与分析、制定"标准化""合理化"和"规范化"的社会研究方案、发现能够揭露事实真相的"科学方法"与"科学理论"等而陷入抽象经验主义的盲目性之中。

米尔斯对社会科学研究缺乏想象力的批评向我们表明，一方面，如果社会科学家们坚持"社会科学的目标是预测与控制人类行为"的科学原教旨主义,将自然科学和社会科学作简单的类比,把自己装扮成解决"人类工程"问题的技术专家,"认为自己的工作是政治上中立的,与道德无关的",那么他们就不可能对那些流行的社会思潮,不合理、不公正的社会现实,以及造成社会"异化"的各种经济、政治势力保持政治上和道德上的独立性,也就不可能用批判性思想去反思这些问题,引导社会超越时代的局限。而在另一方面,如果人们坚持用宏大理论来指导社会科学的研究,"试图通过宏大理论来逃避常识的经验论",就会"把活生生的清楚的经验材料从你所使用的概念中隔离出来",制造出一个"超越历史的世界",并使理论变得无所依托。而发挥社会学的想象力不仅可以使我们像"一流的学术巧匠"一样,"在宏观视角的思想和细节性的阐释间不停地穿梭",以修正思想的偏差,克服经验的局限,而且,还可以使我们担当起社会科学的政治和道德责任,以严肃的充满想象力的态度运用诸如"自由和理性"这样为人们所珍视的价值,去反对并纠正工业化、技术化和科层化带来的"异化"(赖特·米尔斯,2001:122、132、184)。

在现代社会科学的研究中,批判性的社会思想不仅表现为"社会学的想象力",更表现为特定社群的精英们运用政治和道德的想象力对现实世界实有状况作否定思考的"乌托邦式思维"。对此,曼海姆通过分析"意识形态"和"乌托邦"这两个既相联系又相区别的概念,向我们指出:虽然在文明历史的任何时期人们都会有各种超越现存秩序的观念,但这并不意味它们是作为乌托邦在发挥作用。相反,如果"它们是有机地、和谐地与其所处时代特有的世界观结合成为一体,它们就都是有关这个生存阶段的适当的意识形态"。而"当一种心灵状态与它在其中发生的那种实在状态不相称的时候",我们才可称它为乌托邦。换句话说,意识形态是这样一种虚幻意识,它是那些"进行统治的群体"通过制造某些超越现实的观念来掩盖现实,以达到维护现存秩序,稳定社会的目的[①];而乌托邦是通过表达一种与现实相对立的虚幻意识,来达到"破坏和变革某种既定社会状况"(卡尔·曼海姆,2001:228-229、45)的目的。

[①] 在《德意志意识形态》里,马克思和恩格斯对意识形态的看法即是这样,它是统治阶级有意无意地歪曲事实,对真实世界颠倒的映象。见《德意志意识形态》,人民出版社,1961,第19~20、27~28页;参见曼海姆《意识形态和乌托邦》,第45页;李明政:《意识形态与社会政策》,台湾:洪叶文化事业有限公司,1998,第20~21页。

这两种思想形式的特点使它们在近代以来的社会政治和伦理思想发展中扮演了重要的角色。意识形态的"虚假性"使对立的社群把揭露对方意识形态的虚伪作为政治斗争的重要手段，发展出意识形态分析方法，从而使意识形态斗争成为反对现实不合理，或者主张自己权利，寻求社会公正的思想批判武器。而"马克思主义理论，第一次把特定的意识形态观念和总体性意识形态观念结合了起来"，使"运用意识形态分析揭露其对手那些隐秘的动机，确实有时似乎是富有战斗精神的无产阶级所特有的权利"。然而，在现代，"追溯资产阶级思想的意识形态基础并且因此而败坏其名声"的意识形态分析方法，"已经不再是社会主义思想家们专门具有的特权"。作为现代政治思想斗争的"一种过于重要的武器"，"坚持任何一种观点的群体，都运用这种武器来反对其他所有的群体"（卡尔·曼海姆，2001：84-85）。

在现代福利思想的发展中，意识形态分析发挥了重要作用。各种福利思想此消彼长的背后，自由主义、保守主义和社会主义等意识形态观念的斗争，正是通过互相揭露对方的价值观和利益动机，来赋予福利思想意识形态的内容，使之对现实的社会状况保持一种政治批判的性质。而乌托邦思想，正像人们所承认的那样，"令人鼓舞的理想具有一种潜力，它能最终推动人们把理想变成现实"（乔·奥·赫茨勒，1990：258）。作为一种道德力量，乌托邦思想并不是没有根基的虚幻意识，而是既定的社会历史和现实秩序转化的结果。"现实秩序产生了各种乌托邦，而这些乌托邦接下来则打破了现存秩序的各种纽带，使它沿着下一种生存秩序的发展方向自由发展。"因此，乌托邦和现存秩序之间存在一种辩证关系。这种辩证关系使乌托邦能够将代表特定时代人们所欲所愿的各种倾向——这些倾向是尚未得到满足或实现的——以观念和价值的形式表现出来，"变成摧毁现存秩序的各种界线的爆炸性材料"（卡尔·曼海姆，1990：236），用以否定现实的不合理。社会福利作为一种批判性社会理想，正是借助于其中所包含的乌托邦思想，形成对实有世界的道德张力。我们说福利哲学要发展出一种反思和批判性思想来阐述社会福利作为一种社会理想价值对现实不断进行超越，也就是在乌托邦思想不满于意识形态对现实的掩饰和控制，不断追求超越的努力中，发掘出福利思想所包含的关于人类福祉的理想境界。对我们的实践来说，这种理想境界是一个不断向后推移的目标，但是它照亮着我们的前方，使我们不致迷失在各种需要冲突的现实生活中。

五　作为社会福利研究理论预设的社会福利哲学

在上述的讨论中，我们分别对福利哲学性质、对象及其价值论和方法论问题进行了探讨。笔者希望通过这种探讨来说明福利哲学与一般社会福利研究的不同；同时，也希望通过这种讨论，来说明福利哲学对社会福利做一种批判性社会理想表达的可能性，以及使用这种批判性思想去分析我们时代所拥有的各种福利观念的必要性，以此来反对那种仅仅把社会福利问题看做政策性或操作性研究的实证主义。为建构一个总体性的社会福利理论、促进社会福利的学科化提供思考的空间。

笔者认为，用"福利哲学"这个名词来表征它超越于实证经验研究的性质，表达了这样的认识：社会福利不是一种单纯的救助弱者，或者为满足社会所有成员的基本需要而采取的行动。社会福利对现代社会的政治和道德进步的影响、对人类行为基本价值取向的判断、对增进人类福祉、促进人性完善的社会理想的追求等方面的意义，远远大于这些所谓的实际功用，而目前的研究并没有将这些意义发掘出来。这反过来又影响了我们对社会福利应当如何实践的认识。福利哲学就是针对这些被传统社会福利研究视为"后设理论"的问题，为社会福利的研究与实践的发展建构更广泛的理论基础。因此，福利哲学并不像我们通常理解的那样，是一种"部门哲学"或"应用哲学"。它是一种对社会福利作总体性研究的理论，它要将社会福利问题放到人的发展和社会进步的总体框架下，对影响这个总体目标的各种福利思潮和我们时代流行的福利观念作出批判性的分析和理解。从这一立场出发，福利哲学是一种总体性社会研究理论[①]，它要通过对社会政治和道德领域的广泛探索来建构起符合时代特征和人类共同利益的社会福利观，为人们的实践提供政治和道德的支持。

然而，囿于不同群体所处的社会情景，人们在社会理想及其意识形态上总是存在不同程度的对立，并形成互相冲突的福利观念。福利哲学又必须具体回答社会政策和社会福利实践提出的理论问题，要处理各种棘手的政治道德冲突造成的混乱，对各种福利观念的对立作出某种价值选择。这样，持不同政治道德立场的福利理论就必须要建立自己的一以贯之的规范

[①] 有关这一结论的分析，参见拙作《社会正义、公民权利和集体主义》第29页注释。

理论，为自己的价值选择作出辩护。因此，福利哲学又必须针对社会福利领域的特殊问题做概念的讨论，如资源与需要、福利的全民性与选择性、专业化与民间自助等，发展一套关于社会福利的哲学理论。福利哲学在这个层面的讨论就属于应用哲学的范畴。

社会福利哲学的研究属于总体性社会理论的范畴，这就是通过分析影响、制约人们的福利观念的政治和道德概念，揭示福利哲学作为一种追求社会福利的人文理想价值的方法，对现实社会存在的种种缺陷的批判意义。但是，福利哲学的这两个方面是无法截然分开的。当我们运用思想和社会情景的分析方法，对社会福利所涉及的政治、道德问题进行分析时，我们是不可能完全摆脱有关的规范理论去做不偏不倚的价值判断的。关于社会科学研究的"价值无涉"论，不过是实证主义的"科学幻想"。而且，规范性研究也有助于总体性社会理论在发展中避免陷入"宏大理论"的抽象性陷阱。

把福利哲学当做总体性社会理论来研究，是一种新的探索，也是需要通过不断的研究才能得到发展的学术事业。实现社会福利研究学科化的基础在于福利哲学的建立。但是，在这一范围里，存在许多基本理论和意识形态的分歧，政治学和伦理学许多基本观点上老的对抗仍然在发展着，新的冲突又不断出现。要想对社会福利研究所涉及的各种理论问题做出明确的论断，是不明智的，也是不可取的。不过，一种批判性的理论思考和总体性研究的方法，却有助于发展已有的理论与经验，与时俱进地建构新的理论来规范社会福利的研究与实践，使我们能够把当代社会福利问题放到一个更广阔的政治文化背景和人类道德追求的努力中来认识，以提高我们对社会福利问题认识的自觉性，同时，也为进一步从学科建设的角度研究社会福利理论奠定基础。

参考文献

米尔斯，C. 赖斯，2001，《社会学的想象力》，三联书店。
范伯格，J.，1998，《自由、权利和社会正义—现代社会哲学》，贵州人民出版社。
阿多尔诺，1993，《否定的辩证法》，张峰译，重庆出版社。
米勒，戴维，2001，《社会正义原则》，江苏人民出版社。

贝尔，丹尼尔，2001，《意识形态的终结》，江苏人民出版社。
曼海姆，卡尔，2001，《意识形态和乌托邦》，华夏出版社。
李明政，1998，《意识形态与社会政策》，洪叶文化事业有限公司。
罗蒂，理查德，1987，《哲学和自然之镜》，商务印书馆。
马尔库塞，1993，《理性与革命》，程志民等译，重庆出版社。
马克思，1972，《政治经济学批判》导言，《马克思恩格斯选集》第二卷，人民出版社。
马克思、恩格斯，1961，《德意志意识形态》，人民出版社。
欧力同、张伟，1990，《法兰克福学派研究》，重庆出版社。
钱宁，2003，《超越知识论的真理观》，《云南大学学报》（哲社版）第2期。
钱宁，2004，《从人道主义到公民权利——现代社会福利政治道德观念的历史演变》，《社会学研究》第1期。
赫茨勒，乔·奥，1990，《乌托邦思想史》，商务印书馆，第258页。
尚晓援，2001，《"社会福利"与"社会保障"再认识》，《中国社会科学》第3期。
韦伯，2000，《社会学的基本概念》，上海人民出版社。
一番ク濑康子，1998，《社会福利基础理论》，华中师范大学出版社。
周永新，1998《社会福利的观念与制度》（增订版），香港中华书局。
Anthony Forder, Terry Caslin, Geoffrey Ponton, Sandra Walklate. 1984, *Theories of Welfare*. England: St Edmundsburry Press.
Kathleen Jones、John Brown、J. Bradshaw 等著，1987，《社会政策要论》*Issues In Social Policy*，詹火生译，台湾巨流图书公司。
Norman Barry. 1990. *Welfare*. Open University Press, Bukingham.

研究报告

福利需要、多元供给与福利模式
——苏南 T 市的案例分析

房莉杰[*]

摘　要：在我国社会福利整体转型的背景下，本文试图跳脱出目前的政府与市场之争，从福利需要和福利多元供给的角度讨论福利模式的设计。以苏南 T 市为案例，本文发现在兼具从传统向现代、从工业向后工业转变，以及老龄化等经济社会背景下，T 市的福利需要既有经济保障的公平性需要，也有就业领域的能力建设需要，更有健康保健和老年服务需要。但是从福利供给上却表现为政府角色的无限扩大，以及市场和社会的相应萎缩。一方面，这使户籍人口福利资源分配的公平性提高，但另一方面却是大量服务和发展型需要得不到满足；此外还间接影响到福利资源的使用效率和社会团结。进一步的，T 市的情况对于全国的启示是，在复杂的需要结构下，应该超越目前的"加大政府投入"和"社会保障"模式，建立综合的、多元的、积极的福利模式。

关键词：福利需要　福利多元主义　福利模式

一　研究背景

经历了 30 年的计划经济和 30 年的市场化改革，面对快速的经济发展和同样快速的贫富分化，中国似乎走到了一个十字路口，近几年来对于改革的讨论日盛，政府和市场的二元对立是争论的理论前提。在社会福利领

---

[*] 房莉杰，中国社会科学院社会学所社会政策研究室副研究员。

域，过去 30 年的变迁既有对原有制度的路径依赖，又有对其根本性的改革。因此在政府和市场的二元争论中，政府论者认为是福利领域的过度市场化导致了贫富分化和种种社会问题，因此强调政府责任，主张回复"政府主导"（李玲，2010；葛延风，2007）；市场论者认为目前种种问题恰是市场化不彻底、原有的行政管控的路径依赖造成的，按照这个逻辑，未来的改革方向应该是"市场主导"的，包括医改在内的社会福利改革也不例外（顾昕，2006；周其仁，2008）。然而在目前中国的社会福利体系面临重新规划之际，我们有理由对上述争论的价值提出质疑。

其一，"政府与市场"之争是否是福利讨论的起点？从"福利存在的价值"这一根本点上看，福利的英文是 welfare，即它关注的是"人们活得好不好"（迪安，2009），因此福利是关于人类幸福的，或者说它是能使人生活幸福的各种条件（钱宁，2006）。幸福涉及的是具体时期人们需要的满足程度，从这个意义上说，福利制度是为了满足人类需要而存在的，这是福利讨论的起点。政府和市场都只是福利的提供主体而已，这样看来，脱离需要评估的政府和市场之争，似乎成了无本之木。

其二，福利提供是否只能选择市场和政府非此即彼？政府的原则是平等，市场的原则是效率，而这两点在福利提供中都是不可或缺的，所以讨论两者的具体角色似乎比将两者对立起来更有意义。然而更为重要的是，西方工业化国家在过去一百多年的发展中，一度是在政府和市场之间摇摆，但是从 20 世纪 70 年代开始，福利国家陷入危机，无论（新）自由主义、凯恩斯主义，还是传统的社会民主主义都无法有效解决问题。因此越来越多的学者试图超越政府和市场的二分法，"第三条道路"、福利三角、福利多元主义等即是这类尝试（彭华民，2009）。从更深层次看，"二元对立"是工业社会思潮的主要特征，但是在后工业社会，随着全球化、信息化，以及社会的更加多元化等，"二元对立"对于社会的解释力已经越来越有限，而对"二元对立"的超越与解构正在成为主流思潮（刘少杰，2002）。

综上所述，本文试图跳脱出目前关于政府和市场二元对立的争论，从福利需要出发，在福利需要和多元供给的互动中分析福利模式的定位。还需要说明的是，中国幅员辽阔，各地情况差异很大，因此各地的福利需要结构必然表现出较大的异质性；同时，从我国的政策过程看，县一级既是在整个国家的政策框架下运作,又具有较大的财权和决策独立性,因此县域研究是政策研究的重要范式。本文即以苏南的一个县为案例,对上述思路进行阐释。

二 基于福利供需的分析框架

1. 福利供需在西方福利制度的演绎

福利需要是福利制度存在的基础,或者说福利的存在就是为了满足人们的各种需要,那么福利制度首先面临的问题就是人们有哪些需要?需要有什么特征?正是因为这是一个根本性问题,所以有很多相关的研究。彭华民(2008:8)对这些福利需要理论进行了综述,认为与经济学的"经济人"假设不同,社会福利研究的前提是"社会人"假设。即一方面,人的需要是多元的和分层次的,既有生物性,亦有社会性,正因如此,景天魁(2010)曾将福利从低到高分为三个层次:获得基本物质生活资料、提高全体成员的生活质量,以及在前两者基础上实现社会成员的幸福与满足;另一方面,个人的行为是嵌入在社会环境中的。人们的需要被具体的环境形塑,并且随环境的变化而变化,因此在不同的社会发展阶段,福利制度的核心内容也不同,表现为随经济社会发展而产生的福利变迁(彭华民,2009;周健林、王卓祺,1999)。

有需要自然就有供给,福利供给同样是嵌入在社会环境中的。自资本主义国家建立以来,福利提供一度摇摆在政府和市场的此消彼长中。然而正如本文开篇所言,并不只有政府和市场两个福利提供主体。罗斯(1986)最早提出了"福利三角"的理论,他认为福利的提供不仅仅来源于政府,而应该是政府、市场、家庭三方的总和。在此基础上,约翰逊(1987)加入了"志愿组织",形成了政府、商业部门、志愿组织、非正规部门共同提供社会福利的"多元主义"观点。由于这类理论是对西方1970年以来福利国家困境的一种回应,因此在学界得到重视和发展,很多相关理论应运而生。伊瓦思(1988)在罗斯的"福利三角"理论的基础上进一步分析指出,市场的价值是选择和自主,国家的价值是平等和保障,家庭的价值是团结和共有。进一步理解伊瓦思的观点,首先,福利提供者各自的特点不同,因此在福利提供中承担不同的角色;其次,福利提供者的发展情况不仅直接导向福利需要的满足,还间接影响社会发展,如自由、平等、团结。

综上所述，福利需要和多元供给构成了福利制度的供需两个方面，而这两者都是嵌入在经济社会环境中的。因此通过西方社会福利制度的变迁可以看到"经济社会环境——社会福利需要和多元供给——社会福利模式"之间的互动，这一变迁过程可以总结为表1。

表1 西方国家的社会福利变迁

时间	经济社会背景	福利需要	福利的核心内容	政府的角色	市场的角色	社会的角色
工业革命初期至"二战"	资本主义初期，资本主义发展是核心目标	对工业化和城市化带来的生存风险的基本保障	社会救济和劳动保障	开始介入社会福利的提供，但是被动地从属于市场	市场自由竞争占据一切的主导	传统社会联系和社会保障削弱
"二战"后至20世纪70年代	资本主义成熟期，经济快速发展，权利意识上升	全面保障，维持一定的生活水准	面向全民的社会保障	政府承担主要的福利责任，通过提供福利促进平等	市场的作用被政府挤压	政府和市场进一步挤压社会
20世纪70年代末至今	向后工业社会过渡、全球化、老龄化、信息化使风险和需要结构发生巨大变化	应对后工业社会新的风险，以及基本需要的结构性变化*	社会服务和能力建设	政府退出部分责任	引入私立部门和市场竞争	反思和强调社会的作用

* 以医疗和养老为例，这种结构性变化包括老龄化带来的健康保健、护理等需要的上升，因此福利需要的核心不再是经济保障，而是如何将经济资源转化为适当的服务。

如表1所示，西方从工业社会初期到成熟期，再到后工业社会时期，福利需要的内容和层次也经历着变化——从单纯的物质和经济需要，向包括心理和社会需要在内的综合需要转变；从最基本的生活保障，转向维持一定水平的生活质量，进而由于后工业社会的转型产生新的应对风险的需要。这些直接导向的是福利核心内容的变迁——从劳动保障到社会保障，再到社会服务和能力建设。由于政府、市场、社会等福利提供主体的特点和作用不同，因此在不同的福利内容下，各自的地位不同——劳动保障是以市场作为福利提供的主要方式，政府从属于市场；社会保障强调的是社会平等，因此政府居于主导性地位；但是在社会服务方面，政府和公立机构显然存在效率低下等劣势，而市场和社会则有各自优势，同时能力建设更需要福利对象的参与及其主体性的发挥，因此福利的多元化是一个必然选择。除此之外，政府的行为原则是平等、市场的行为原则是效率、社会的行为原则是团结。只有三者共同发展，相互合作和制衡，才能实现社会整体的均衡发展；而某个角色的欠缺或过度发展都会产生相应的问题——比如政府角色的欠缺会使福利资源分配不公平，而过度强调国家的角色则会带来福利依赖等。

2. 分析框架和调查方法

结合上述讨论，可以归纳出社会福利体系分析框架（见图1），按照"经济社会环境——福利需要和多元供给——福利制度的结果"这一思路，本文将依次分析T市的经济社会发展背景、T市的福利需要以及多元福利提供者的情况，在此基础上对T市的福利模式进行分析。

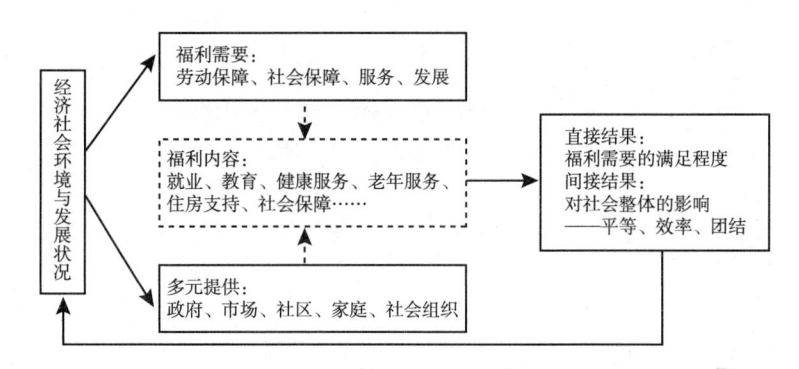

图1　社会福利体系分析框架

如上所述，本文是以一个县的个案为例的研究，2011年3月，苏南的一个县级市T市委托笔者所在的研究机构承担该市的"社会建设规划研究"，笔者承担其中的"社会福利研究"，本文的数据和资料即来源于此。从2011年4月到2012年3月，笔者五次赴T市调研，共计近40天，完成调查问卷1300余份，其中有效问卷1232份①。赴相关政府部门、乡镇、社区、各级医疗机构、学校、工厂等进行访谈80多次，收集了大量统计数据和文件。下文的分析就是建立在这些调查资料的基础上。

---

① 在调查样本中，本市户籍人口占74.9%，外来人口占25.1%；非农户籍人口占44.0%，农村户籍人口占56.0%；男性占43.1%，女性占56.9%。样本中性别和城乡的比例与总体情况接近，外来人口样本比例小于实际，总体中外来人口的比例在50%左右。

三 T市的经济社会发展背景

T市位于江苏省南部,具有典型的"长三角"特点。

第一,在经济环境方面,T市经济发展水平很高,产业结构以第二产业为主,财政实力雄厚。与其他地区的工业化发源于城市不同,"乡镇企业"是苏南的一大特色,20世纪50年代T市即开始了这一农村就地工业化的过程。之后经历了乡镇企业改制和招商引资,目前外资、台资、港资企业,以及本地的私营企业占据经济主导。通过60年的工业化积累,以及依赖长三角地区的区位优势,T市经济发展水平很高。如表2所示,目前T市的人均地区总收入不仅远高于全国平均水平,且高于中等偏上收入国家的平均水平。从产业结构看,结合表3可以看到,在三产分布上,无论产值还是就业人员,第一产业占比很低,而第二产业占比非常高。此外,T市财政资金雄厚,根据统计公报的数据,2011年,全市完成财政收入226.45亿元,比上年增长25.8%,而同年地区生产总值的增长率是13%。

表2　T市经济发展指标与全国和国际情况的比较*

	人均国民/地区总收入(美元)	第一产业占比(%)	第二产业占比(%)	第三产业占比(%)
T市	16206	3.7	57.4	38.9
中国	4283	10.2	46.8	43.0
世界平均水平	8613	3.0	28.0	69.0
中等偏下收入国家	2078	13.7	40.8	45.5
中等偏上收入国家	7878	6.0	32.6	61.4
高收入国家	39345	1.4	26.1	72.5

* 国际数据来源于国家统计局网站,国际统计数据2009:http://www.stats.gov.cn/tjsj/qtsj/gjsj/2009/,数据时间是2008年;全国数据来源于国家统计局网站,2010年统计公报:http://www.stats.gov.cn/tjgb/ndtjgb/qgndtjgb/t20110228_402705692.htm,数据时间是2010年;T市数据来源于T市政府网,2010年统计公报:http://www.taicang.gov.cn/art/2011/3/14/art_6161_109461.html。T市和全国的"人均国民/地区总收入"是人民币收入按目前的汇率折算的,由于数据来源不同,统计口径也可能存在差异,本表不苛求精确,只反映大致情况。

第二,在城乡结构方面,T市的特点是农村就地城市化,从城乡"二元"社会向城市"一元"社会快速变迁。一般的城市化过程意味着代表现代的城市崛起,代表传统的农村凋敝,人口从农村流向城市,城市的范

表3　按产业类型划分的就业构成*

单位：%

	第一产业	第二产业	第三产业
美　国	1.5	20.8	77.7
德　国	2.3	29.8	67.8
英　国	1.3	22.0	76.4
加拿大	2.6	22.0	75.3
日　本	4.3	28.0	66.6
韩　国	7.7	26.3	65.9
巴　西	19.3	21.4	59.1
墨西哥	14.1	27.4	57.8
中　国	38.1	27.8	34.1
T　市	5.7	60.0	34.3

* 国际数据来源于国家统计局网站，国际统计数据2009：http://www.stats.gov.cn/tjsj/qtsj/gjsj/2009/，数据时间是2006年；全国数据来源于国家统计局网站，2010年统计年鉴：http://www.stats.gov.cn/tjsj/ndsj/2010/indexch.htm，数据时间是2009年。

围向郊区和农村扩展。在T市，尽管也存在城乡差距和人口向城市的流动，但是与上述工业化历程相关的，还包括农村就地城市化的过程——伴随着乡镇企业发展、改制以及后来招商引资的工业发展历程，村落式的工业发展模式逐渐被土地集约型、空间聚集型的模式所取代，由此推动了众多现代工业化的小城镇和城市化的发展（徐永祥，2009）。尤其是进入21世纪以来，农村地区纳入工业发展的统一规划，越来越多的农民拆迁"上楼"，集中居住，而农村户籍人口无论从职业上还是从居住和生活方式上都已经不再是传统的农民，城乡各方面的差距正在逐步缩小。

第三，就农村社区而言，农村集体经济的实力一直较强，"村集体"并未随改革开放而解体，社区福利也一直在延续。在全国大部分地区从计划经济向市场经济过渡的过程中，随着家庭联产承包责任制、税费制度改革，直到取消农业税，村社掌控的资源逐步减少，举办社区福利的能力也不断削弱，直到几近消失。但是T市的经历却与此不同，这还是与其工业化历程相关的，由于乡镇村办企业的存在，集中于农业的联产承包责任制和税费改革并没有对村集体经济产生太大冲击。尽管在20世纪90年代，乡镇企业一度衰落、转制，但是从90年代后期开始，全市掀起了征地拆迁、招商引资的浪潮，农村集体的主要收入来源由过去的经营企业转变为兴建和出租厂房，在过去的十年间收入迅速增长。目前 T 市村集体年均收入超过 500 万元，大部分收入来源于村集体的土地和厂房的租金。

第四，在人口结构方面，T 市的主要特征是外来人口比例大和老龄化严重。根据 T 市 2010 年的统计公报和第六次人口普查公布的数据，该市 2010 年末户籍人口 46.89 万，常住人口 71.2 万人，即外来人口的数量应该在 24 万以上，占全部人口的 1/3 以上，以青壮年为主。在年龄结构方面，全市常住人口中，0～14 岁人口为 69261 人，占 9.73%；15～64 岁人口为 563318 人，占 79.11%；65 岁及以上人口为 79490 人，占 11.16%，远高于全国 8.87% 的水平。而且 T 市吸纳了大量劳龄外来人口，如果排除掉这个原因，其户籍人口的老龄化更严重——据民政局的介绍，60 周岁以上的人口为 11.4 万人，占户籍人口的 24.37%。

第五，在家庭文化和功能方面，一方面是原有的家庭传统一直传承了下来，另一方面是家庭自我服务的能力下降。因为中国传统的家庭文化在 T 市的延续，成年子女大部分跟父母住在一起，四代同堂甚至五代同堂的家庭很多，老人入住养老院的比例并不高。但是近十年来却面临越来越大的冲击，这主要包括以下几个方面的原因：一是 T 市计划生育政策执行得较好，人均寿命达 81 岁，高龄化伴随着少子化，目前非常普遍的现象是一对年轻夫妻上面有四位低龄老人，以及八位高龄老人，过去依靠家庭满足经济保障和家庭照护的情况已经无法持续；二是农村拆迁以前的户均面积大都在 200 平方米以上，但是集中居住后，往往被分在几套单元房，无法几代共同居住；三是越来越多的年轻人将生活重心转移到城区，在城区买房，与父母分开居住，该市近几年也开始出现农村空心化加剧的趋势。

综上所述，T 市在经济上已经进入成熟的工业化阶段，整个社会正在经历全面和快速的城市化。目前阶段的经济社会背景特点是：经济发展水平和财政收入高意味着可以有较多资源用于社会福利；较强的农村集体经济和社区福利传统，以及传统家庭文化的存在，都意味着传统福利资源有很大的利用空间；但是与此同时，迅速增加的"农转居"人口，以及数量庞大的外来人口和老年人口，都使得福利需要变得复杂；而且家庭功能的下降趋势，及其可能对福利和社会造成的影响，也是未来不得不考虑的。

四 T市的福利需要

按照传统的社会福利内容划分，社会福利可以分为就业、社会保障、健康服务、老年服务、教育、住房支持等，而这些正是人类需要的主要内容。

1. 就业需要

经济高速发展带来的是较高的就业率，2010年T市的城镇登记失业率只有2.32%。在我们访问到"目前最苦恼的事"时，只有105位被访者选择"找工作困难"，占所有被访者的8.6%；但是"收入低"是很多被访者感到苦恼的事，共有449位被访者选择该项，占所有被访者的37.0%。从这些数据可以看出，工作机会在T市不是太大的问题，但是跟就业质量相关的"收入低"却需要引起重视。从表4可以看出，尽管本地人和外来人都被收入低困扰，但是外地人有接近一半有这方面的苦恼，情况较本地人严重得多。

表4 分本地和外地就业与收入主观评价情况

		最苦恼的事(人)	第二苦恼的事(人)	第三苦恼的事(人)	总计(人)	占该类被访者的比例(%)
收入低	本市户籍	197	87	29	313	33.9
	外来人口	96	35	5	136	46.6
找工作困难	本市户籍	25	25	22	72	7.8
	外来人口	11	15	7	33	11.3

上述情况是跟T市的产业结构和阶层结构相关的，以制造业为主的第二产业比重较大，造就了大批技术性和收入水平都较低的蓝领工人，因此就整个T市来讲，就业需要主要集中在对劳动力的"能力建设"上，即通过技术培训提高他们的专业性，从而提高收入。

2. 社会保障需要

我国的社会保障制度有明显的"身份制"特点，即不同的制度对应不同的身份群体，公务人员、企业职工和居民之间，城市人口与农村人口之间，本地人与外地人之间等，在社会保障待遇上都会有较大差距。在T市的调查中，也反映出这种差异。所有被访者中，对社会保障制度表示满意的占58.6%，不太满意的占24%，非常不满意的占4.6%，没想过的占11.7%；其中，本地人对社会保障的满意程度要明显好于外地人，而且本地人的态度更明确，外地人对这方面关注度较低（见表5）；非农户口和农村户口之间也有差距，非农户口的满意度更高（见表6）。

表5 分本地和外地的社会保障满意度

单位：%

	满意	不太满意	很不满意	不清楚/没想过	不适用	总计
本市户籍	63.8	24.3	7.5	0.8	0	100
外来人口	42.3	22.7	7.3	24.8	0.1	100

表6 分城市和农村的社会保障满意度

单位：%

	满意	不太满意	很不满意	不清楚/没想过	不适用	总计
非农户口	62.5	25.5	3.0	8.0	1.1	100
农村户口	55.5	22.6	5.9	14.8	1.2	100

我们在访谈中进一步证实，首先，外来人口以青壮年为主，打工赚钱是他们的主要目的，他们对T市的融入度和认同感都较低，对他们来说，社会保障制度主要是"针对本地人"的，其社会保障的覆盖率也远低于户籍人口；其次，"身份制"为基础的社会保障使得城乡人口之间的保障水平存在差异，对于农民和"失地农民"而言，社会保障同时存在绝对水平不足和相对被剥夺感。如一位失地老大爷所言：

城乡一体化，就要城乡一样，我们就是"伪城市居民"，没有土地了，跟城市居民已经没有区别了。……但是我们的养老金比他们少很多，我们一个月只有600块，他们3000多，……现在的物价我们怎么生活。

3. 健康需要

尽管T市的医疗体系建设走在全国前列，但是从我们调查的情况看，被访者仍认为政府在医疗服务方面应该有更多作为。在"最需要政府提供的帮助"中，选择医疗服务的被访者占35.5%，居所有选项之首，远高于职业介绍、技能培训、住房等选项。另外，如图2所示，被访者及家人最需要的医疗服务是"健康体检"，有37.7%的被访者选择了这项，后面依次是慢性病治疗（12.8%）、大病治疗（12.3%）、健康教育（11%）、小病治疗（6.8%）等。

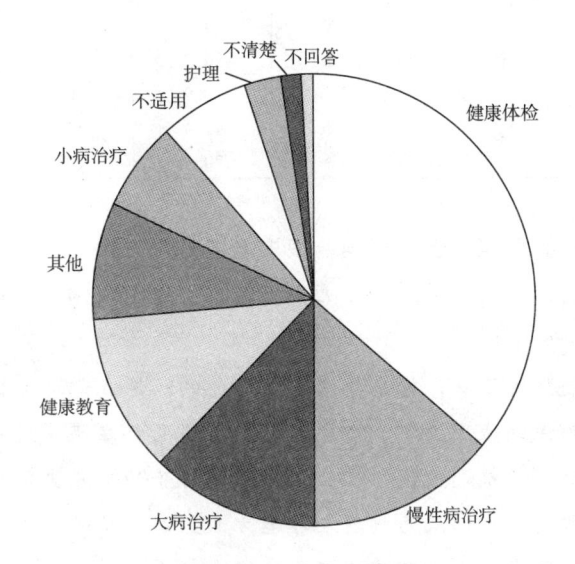

图2 被访者及家人最需要的健康服务

这反映了随着老龄化和疾病谱的变化，人们的健康需要也在发生变化，从疾病治疗向健康保健发展；也表明跟T市经济社会发展水平相对应的，人们的健康意识正在提高。

4. 老年服务需要

在我们的问卷调查中，有9.3%的家庭有老人或残疾人需要护理，其中绝大部分由"家里人"提供护理，而如表7所示，被访者最需要的养老支持，首先是为老年护理提供现金补贴，其次是办社区养老机构，再次是办养老院，然后是安排护理员上门服务，最后是给家属提供护理培训。

我们的访谈也反映出类似的情况——老人大多跟子女一起居住，即使失能也倾向于由子女照顾，其原因主要是老年人不愿离开子女，也不愿离开熟悉的生活环境，而且因为传统"孝道"的存在，"将父母送到养老院会被邻居骂的"；但是受T市老龄化严重和失业率较低的双重影响，家属

表7 被访者最需要政府提供的养老支持

单位：%

	最需要	其次	再次	总计
办养老院	14.1	3.7	2.6	20.4
办社区养老服务机构	17.6	11.3	3.4	32.3
给家属提供护理培训	6.0	7.6	2.8	16.4
安排护理员上门服务	3.2	7.2	6.6	17.0
为老年护理提供现金补贴	21.8	6.7	8.1	36.6
没想过	35.2	0.9	0.7	36.8
不适用	1.5	42.4	51.0	94.9
不回答	0.5	20.1	24.8	45.4

照顾老人的意愿和能力已经很弱，很多老人对未来比较担忧，他们自知未来靠儿女养老，给儿女带来的压力很大，一位老阿姨的话比较典型：

> 都是独生子女，将来养老负担蛮大的。像我们这个村，一多半的年轻人都住到城里去了，有能力的、有钱的都在城里买房子，在城里工作。留下的都是没钱、在城里买不起房子的，或者是就在这个附近工厂工作的。我们认为政府在养老方面应该支持的，在小区里办养老院最好，离子女近，照顾方便，环境也熟悉。

从问卷和访谈中都可以看出，由政府支持的社区养老服务是最主要的服务需要，它所承载的不仅是老年人舒适的晚年生活，更是传统文化的传承，以及社会的团结。

5. 教育需要

我们的调查显示，T市的义务教育做得比较好，被访者在这方面的经济压力不大，但是仍有其他"苦恼"。如表8所示，在30～50岁的被访者中，本市户籍人口有22.2%为子女上学而苦恼，而外来人口的这一比例是28.8%。

表8 （30～50岁）本地人和外地人在"子女上学"情况上的差异

	最苦恼的事	第二位苦恼的事	第三位苦恼的事	总计	占该类被访者比例(%)
本市户籍人口	52	26	13	91	22.2
外来人口	25	7	2	34	28.8

在义务教育阶段（见表9），本市户籍人口和外来人口最烦恼的事都是"家长没能力辅导孩子功课"，此外，本市户籍人口还因"学校太远，接送不方便""择校困难，费用高""本地教育水平低，升学困难"而烦恼，也就是说相当一部分本市家长对附近学校不满意，不愿就近入学。

表9 义务教育阶段最烦恼的教育问题

	学费太贵	学校乱收费	学校太远,接送不方便	本地教育水平低,升学困难	择校困难,费用高	家长没有能力辅导孩子功课	孩子放学之后无人管理	没烦恼	其他	总计
本市户籍	4	2	19	11	15	54	15	94	34	247
外来人口	9	0	7	12	4	18	0	19	8	77
总计	13	2	26	23	19	72	15	113	42	324

通过访谈我们了解到，尽管T市在义务教育方面很注意城乡的均衡发展，但是城乡在教育质量上的差距仍然存在，因此经济条件比较好的农村家庭倾向于让孩子在市区的学校就读，这样很多农村学校面临生源不足的情况，便吸纳外来人口子女就读，于是农村学校的外来人口子女比例普遍偏高，有的超过了70%；进一步的，"作为家长来讲，不希望自己的孩子和外地的小孩在一起读书"，因此觉得"本地学校教学质量差"，这样本地家长给孩子转校的意愿更强。一位农村小学的校长跟我们提到：

"我们学校的教学质量，肯定不能跟城区比，在农村小学里处于中等水平。我们生源也蛮困难的，本地家庭条件比较好的，家长都到城里买房子，小孩都到城里读书了，剩下的都是家庭条件差一些的。来打工的也是这样，我们的外来务工子弟占到60%以上，他们的父母就是最最基本的打工的，有时候我们到他们家里看，真是……出租房里面孩子的学习条件很差。"

6. 住房需要

住房支持既包括使所有的社会成员有房可住，还包括其住房环境是干净舒适的。T市的经济发展水平较高，自然环境也非常好，因此在环境卫生、公共设施等方面不存在太大问题。从我们调查的情况看，外来人口与本地人口在住房上有较大差异。

由表 10 可知，在被访的户籍人口中，租赁住房的比例不足 5%，住房自有率非常高；而外来人口的住房是以租房为主，住房自有率只有 10% 左右；在租赁的住房中，主要以租赁私房为主，其次是集体宿舍，也就是说在住房租赁这个领域，主要还是市场在起作用；由于 T 市有大量外来人口，而他们的私房租赁率高同时也表示本地人口的住房是比较充裕的。除了住房的客观情况外，不同住房者的需求满足情况如表 10 所示。

表 10　外来人口与本地人口的住房情况

单位：%

	外来人口	户籍人口		外来人口	户籍人口
租赁私房	50.16	2.39	商品房	8.20	26.38
租赁公房	10.49	2.17	宅基地置换房	0	12.49
集体宿舍	21.64	0.43	其他	6.89	5
自建房屋	2.62	51.14			

表 11　因"住房条件差"而苦恼的被访者情况

	最苦恼	第二位苦恼	第三位苦恼	总数	占比(%)
租赁私房	3	21	9	33	18.9
租赁公房	8	6	0	14	26.9
集体宿舍	4	4	3	11	15.7
自建房屋	7	15	7	19	4.0
商品房	7	11	3	21	7.8
宅基地置换房	1	1	0	2	1.7

从表 11 可以看出，住房自有的被访者一般不存在"住房条件差"的问题，对于租房者而言，住房不是他们最苦恼的事，但是也是主要的苦恼之一，其中租赁公房的被访者对住房情况最不满意，比例超过 1/4。由此可以看出，T 市住房支持的总体需求不是很大，需求的重点在于改善租赁住房的条件，而由于租赁住房者绝大部分是外来人口，因此需要住房支持的主要是外来人口。

7. 小结

通过上述对于福利需要的调查分析可知，T 市的福利需要结构比较复杂——在社会保障、就业、教育、住房等多个领域都存在福利资源分配的公平性问题。它跟城市化和人口流动有关系，反映的是从传统向现代转型的过程中，福利权的重新界定问题，这个问题颇有"中国现阶段特色"，在全国各地都普遍存在。在就业领域，核心是蓝领工人的能力建设和自我提升的需要，这又跟第二产业技术升级和第三产业发展相联系，进一步反映的是工业社会向后工业社会转型产生的需要；在健康福利和老年福利中，核心需要正从经济保障转向服务提供，这种趋势源于老龄化和经济发展水平的提高，跟发达国家目前的情况更相似。

五　T市的多元福利提供

如上文所述，福利的供给主体应该是多元的，政府、社会、市场构成了"福利三角"，三者角色不同。在T市的社会福利提供中，这三个角色的作用都存在，但是其地位和发展程度却不相同。

1. 政府的福利提供

政府作为福利的"提供者"，主要通过三个渠道发挥作用：一是对社会保障体系的筹资，二是对公共服务的筹资，三是直接提供服务。在T市，由于绝大多数的公共服务都是公立机构提供，所以对公共服务的财政支持与直接提供服务几乎是重合的。

（1）社会保障体系

从20世纪90年代至今，T市逐渐建立了覆盖全部人口的社会保障制度框架。在养老保险领域，城镇职工基本养老保险在20世纪90年代建立，新型农村养老保险从2003年开始推行，城镇职工平均养老金水平是1500元/月，纯农民是200～220元/月，土地换保障的农民是650元/月，这三项制度覆盖了95%以上的户籍人口；在医疗保险领域，2008年将新农合和城镇居民医疗保险合在一起，2011年筹资标准是500元/年（两级财政贴350元，居民个人缴150元），城市职工医疗保险的筹资标准是2500～3000元/年，另外还有一个T市特色的"住院医疗保险"，筹资标准是800元/年，这三项制度也覆盖了几乎全部户籍人口；在最低生活保障领域，现在城市的保障标准是460元/月，农村是410元/月。

从上述三项主要的社会保障政策来看，与全国其他地区相比，T市的社会保障体系是走在全国前列的——起步早、覆盖面广、水平相对较高、城乡和不同群体之间的差距也相对较小。但是结合上述需要调查的情况可以看出，T市社会保障的公平性还有待提高。事实上，在城乡差距方面，

T市已经在解决中，比如最低生活保障制度将在2012年实现城乡标准一体化；未来保障领域的"城乡一体化"已经明确列入发展目标，而且制定了分阶段实现的具体计划。

然而最主要的不公平不在城乡居民之间，而在本地人口和外来人口之间。上述保障主要针对的是本地户籍人口，尽管制度本身对外来人口是开放的，但是外来人口的参保率并不高。从我们调查的情况看，外来人口参加本地医疗保险和养老保险的比例分别只有51%和31%，而本地人的这两项参保率都在95%以上。

（2）对公共服务的财政支持和直接提供的公共服务

在医疗卫生领域，T市的财政投入一直比较大，而且主要投向公立机构。一方面是对各级医疗机构的硬件支持，比如财政补助1.5亿元用于T市第一人民医院新院的建设；2008年投入1400万元专门对乡镇卫生院"提档改造"，硬件设施已经远远超过一般乡镇卫生院的配置；村卫生室也提档改造成标准化的社区卫生服务站，硬件投入全部由财政负担。另一方面是充裕的公共卫生经费，财政筹资标准为每年每人70元，远高于全国平均水平，这些公共卫生经费都按服务人数、比例分配给各级公立医疗机构。

T市在医疗领域的特色是"乡村一体化"，即将原来隶属于社区的村卫生室也纳入公立医疗系统管理。从全国来看，在计划经济时期就形成了县医院、乡镇卫生院、村卫生室三级的医疗服务网络，一般来说县医院与乡镇卫生院都属于公立医院范畴，而村卫生室在改革开放前隶属于其服务的生产大队，改革开放后则实质上变成了自负盈亏的个体行医者。但是T市的情况有所不同，由于农村集体经济一直存在，因此T市的村医一直由其服务的行政村"发工资"，也就是说其服务一直是以集体福利的性质存在。这种情况在20世纪世纪90年代中期发生了变化，由于集体经济的衰落，财政开始对其提供部分支持，之后随着新农合的实施，以及公共卫生经费等财政投入的加大，村庄对村卫生室的控制逐渐削弱，政府和公立医疗机构的控制日益加强。目前有些乡镇的村卫生室已经彻底脱离了社区的管理，而转变为乡镇卫生院的派出机构，纳入公立医疗系统管理，这样县、乡、村三级医疗机构已经全部公立化。一位老村医描述到：

以前用的药量和病人量跟工资没关系。现在归医院管理了，就跟我们收入稍微有点关系了，因为根据你的营业额、门诊工作量（发工资），就这样就有点关系了。现在工资是医院发，跟村里没有关系。……归医院管理之后，就相当于医院的一个科室了，就考核我们的利润和成本，就跟我们的收入有点挂钩了。以前属于村集体的时候，一点都不挂钩，都是固定工资。

在教育领域，全市只有2个私立幼儿园（共33个幼儿园）、8个民办农民工子弟学校，其余从基础教育到职业教育，全部是公立教育机构，原来仅有的1所私立中小学，近年也转为公立。也就是说，除了少数幼儿教育是私立部门提供外，其余所有户籍人口的教育全部由公立机构提供。"十一五"期间全市教育经费总投入43.52亿元，幼儿园和学校在硬件设施上都实现了水平较高的标准化，城乡差距不大。然而对于民办农民工子弟学校而言，它们只获得了极少数财政投入，平均到每所学校获得的经费，这些民办学校是不能与公立学校同日而语的。

在养老服务体系中，"十一五"以来，财政在该领域投入的重点是新建或改扩建公办养老院，目前全市有公办养老院9个，总床位数2715张。其中，财政支出1.5亿元对三个镇的福利院进行改造，即将附近原有的几个乡镇敬老院合并到一处，改造为现代化的大型养老院——"颐乐院"，床位在500张左右。与此相对的，对居家养老和社区养老的支持仅处于初步尝试阶段，进展缓慢。

2. 社区与家庭的福利提供

在传统社会，家庭、社区、亲缘关系网络等是社会的主体，也是传统社会福利的提供主体；伴随工业化和城市化，一般而言，家庭和社区已不再有足够的能力自我保障与服务，专业服务组织、职业共同体等社会组织逐渐发展起来，部分替代了家庭和社区的功能。而T市的特点在于，农村集体经济一向发达，传统的家庭文化也保留了下来，因此农村社区和家庭一直是福利的主要提供者；然而尽管T市的经济发展水平较高，已经处于成熟的工业化阶段，但是社会组织的发育却非常不足，几乎没有与公共服务相关的专业社会组织。

（1）社区的福利提供

T市的社区可以分为城市社区、农村社区、农转居社区三种类型。T

市传统的城市社区数量较少，在性质上跟全国其他地区差异不大。城市社区没有任何可以用于投资和服务的社区资源，诸如环境卫生、治安等公共服务全部由政府提供，所有工作经费全部来源于上级财政，因此根本谈不上利用"社区资源"给居民自主地提供福利。

而与此相对的，依赖村庄"集体经济"，T市农村社区福利一直存在。原有的村庄福利内容包括：行政村区域内的公共卫生和基础设施建设，乡村医生提供的初级卫生保健，特殊人群的救济和福利（比如低收入者、大病患者、高龄老人、残疾人等）。除了卫生服务外，其他的社区福利仍是目前T市农村社区的主要内容；而在农转居社区，社区福利内容更是减少，基础设施建设、物业费、卫生费等也都改由财政负担。一个比较典型的拆迁后的村庄福利构成如下：

①"望病费"，按住院费用分档次：2000~10000元的200元，10000~30000元的300元，30000元以上的500元；②特困户及困难户照顾，500~1000元/年/人不等；③养老金，每月分年龄段：60~69岁的150元，70~79岁的170元，80~89岁的230元，90岁以上的350元；④居民医疗保险，个人部分150元/年，社区补贴140元/年，个人交10元/年；⑤意外险，60岁以上，有股份制的，个人只交10元/年；⑥计划生育费；⑦义务兵、复退军人慰问金；⑧其他：有线电视、老年手机、购年历、天然气安装（每户1000元/年）……

去年该村庄所有的福利支出总计247万元，占该村集体全部收入（1141万元）的21.6%。在拆迁后的所有村庄中，用于村庄福利的支出，以及福利支出占总收入的比例，都跟上述这个村庄没有太大差异。这些村庄福利大多形成于计划经济时期，从福利内容上看，基本上还是物质型、救济型，以及低水平的。改革开放三十几年来，社会环境和人们的生活日新月异，农村集体经济规模也日益壮大，但是村庄福利内容和水平没有太大变化；不仅如此，从农转居社区的情况来看，甚至更多的是政府在村庄福利领域的介入，以及相应的村庄角色的后撤。

除了上述传统福利内容外，还值得一提的是农村社区在就业方面的作用。依赖乡镇企业的发展，T市一直有在农村社区就业的传统。20世纪90年代以来，乡镇企业逐渐解体，社区就业率下降。之后在农转居的过程中，拆迁征地对农民最主要的影响是失去土地的同时生活成本增加；而且低龄健康老人从原来在田间劳作变得无事可做，日常生活也发生很大变化。因此社区创办劳务合作社、物业公司等,支持社区的低龄老年人就业。这种形式从 2008 年开始在一些社区自发实践,现在几乎涵盖所有农转居社区。劳务合作社主要是给政府和企业提供绿化、河道养护、街道卫生等服务,政府也意识到这是提高失地农民收入、维护社会稳定的有效举措,因此积极支持,优先从劳务合作社和社区自己成立的物业公司购买服务。社区本身不仅不会对劳务合作社和物业公司等有经济投入,相反可以从中获得收入。我们访到的发展比较好的一个社区,安排了近 500 位老人在社区就业,几乎占该社区低龄健康老人的 80%,而该社区每年也可以从中获得净利润 20 多万元。

(2) 家庭的福利提供

在传统社会,绝大多数福利都是家庭自我提供的,就我国目前而言,家庭仍是福利提供的主体,但是从发达国家和我国大城市的发展来看,家庭的作用在日渐萎缩,与之相伴随的是家庭传统文化的日益衰落。

如上文所述,T 市的特点是家庭功能和传统的保持。首先,家庭是儿童和老年人照顾的提供者,在 T 市的传统观念中,老人"不送养老院的,子女蛮好的,人家听到不好听的"。因此如果家庭有能力照顾的话,还是尽量将老人留在家里照顾。其次,T 市的家庭经常几代人共同生活,构成了经济共同体,家庭经济保障的能力相对核心家庭要高得多。但是这些都无法掩盖家庭功能日渐衰落的趋势,而针对这种衰落,并没有对应的支持出现。

3. 市场的福利提供

从全国情况来看,改革开放以来,财政对公立机构的支持减少,公立机构转向市场谋求经济出路,出现所谓的"公立机构私立行为";而 21 世纪以来正在通过加大对公立机构的财政支持扭转上述情况。就 T 市而言,与政府的"强大"相关的,一方面是财政对公立机构的投入非常大,所有的义务教育学校和基层卫生服务机构都获得了全额财政拨款,而职业学校、综合医院、养老院等公立机构也得到了很多财政支持;另一方面是政府对私立机构的支持非常有限,私立机构的发育缓慢,仅处于弱势的补充地位。

首先,私立机构的数量和服务量都不可与公立机构同日而语。T 市现有民营医院 4 所,加上门诊部(四五家)、口腔诊所、中医诊所等,总共 20 家左右;民营医院的床位数是 270 张,占所有床位数的 8.9%;T 市 31

所幼儿园中只有2所民办；小学只有8所农民工子弟小学是民办的；T市有民办养老机构1个，床位数400张，占所有床位数的12.9%……

其次，民办机构的职工水平、待遇、社会地位等，都跟公立机构有一定的差距。如一位民办小学老师提到的："公办学校工资，体现了国家对教育的重视。我们是不可能的，他们的钱是国家支付的。……出去开会就有感觉，别人都是公办的，我是民办的，别人是正规军，我们是土八路。"一位民办医院的院长也提到，该医院的医护人员的待遇与县级医院有较大差距，因此其职员大多来自中西部和苏北地区，"跟原来比他们收入是高，但是还是不能跟县医院的人比"。

再次，从相关政府部门对待私立机构的态度上看，尽管有鼓励和支持政策，但是未来还是将其作为补充。比如卫生局的负责人一方面强调"鼓励和引导社会资本来进入医疗领域"，另一方面提到这些得到鼓励的私立机构"主要是康复、护理、口腔等"，这些相对于现有的公立机构而言是"相对薄弱方面和特殊领域"。

除了私立机构处于补充地位外，从服务对象上看，由于财政资金和公立机构主要是面向户籍人口规划的，所以很多外来人口的福利需要只能通过私立机构和市场满足。比如，公立养老院的性价比要远高于私立养老院，但是明确规定只有户籍人口才可以入住；户籍人口都可以进入公立学校就读，但是大部分外来人口子女只能进入民办的外来工子弟学校；外来工的住房需要主要是通过私有房市场满足等。

4. 小结

如果单就经济社会发展环境而言，T市的多个福利提供主体都有很好的发展资源——成熟的工业化社会和较高的经济发展水平，以及离上海非常近的区位优势，这些都是孕育市场和发展专业社会组织的基础；农村社区经济实力很强，且一直有社区福利的传统；传统家庭观念依旧有较大的影响力；政府财政资源雄厚。尽管如此，在过去十年实际的福利提供中，却是政府一元角色在迅速扩大，市场、社区、家庭等角色在相应萎缩——覆盖全部户籍人口和部分外来人口、以政府筹资为主的社会保障制度建立；政府加大对公立机构的财政支持力度，公立机构几乎垄断了公共服务；学校的私立变公立和村卫生室的公立化，意味着原来由市场和社区提供的福利改由政府提供；在农转居社区，公共卫生、基础设施建设，甚至物业费等都改由政府筹资，社区和政府的福利责任进一步此消彼长；针对家庭功能的自然萎缩，并没有相应的社会支持政策……从这一发展趋势看，T市政府在福利筹资、提供、监管等各个环节都在承担越来越多的责任，日益向政府垄断福利的方向迈进。

在城乡、户籍之间的福利差距问题上，按照马歇尔的观点，享受福利是一种权利，它是与公民身份联系在一起的（郭忠华、刘训练，2007）；施世骏（2009）的研究发现，中国大陆福利分层的主轴正在从城乡向地区转变。T市的情况印证了这一点，其城乡福利水平尽管仍有差距，但是正处于逐步缩小的过程中；但是对于外来人口，政府只是提供诸如公共卫生、计划生育等外部性较强的福利。也就是说，政府行为的"平等"原则只适用于本地人口，由于并不承认外来人口在本地的公民身份和福利权，自然也就不会考虑将他们与本地人口待遇的同等化。

六 结论与讨论

1. 对T市福利模式的总结与评价

T市的社会福利模式体现了较多现阶段中国特色和苏南特色。从福利内容看，我国的社会福利模式正处于从"劳动保障"向"社会保障"转型的过程中，即在20世纪90年代建立了面向劳动者的社会化的保障体系之后，进入21世纪开始构建覆盖全民的社会保障框架。在这个过程中，经济发展水平高、财力雄厚的T市走在全国前列。"社会保障"的特点在于，注重经济层面的风险保障，目的是将社会成员的生活维持在一定的经济水平，强调政府在收入分配中的作用。因此T市过去几年的社会福利建设为缩小收入差距、维护社会稳定起到了巨大作用。我们在调查中了解到，尽管T市处于急速的社会转型过程中，尤其征地拆迁规模很大，但是社会矛盾相对缓和，近几年市级以上一直是"零上访"，当地政府官员将这一成就归因于社会福利领域的"让利于民"。

然而正是因为T市政府对福利的垄断更甚于福利国家"二战"后的情况，我们更有理由提出质疑，这种福利模式能否满足T市复杂的福利需要？

从满足福利需要的角度，结合福利国家的发展历程，我们可以将福利按照需要的内容和层次依次分为经济保障、社会服务以及发展支持。就T市而言，其经济发展水平高、处于快速的城市化过程中，以及正在从成熟的工业社会向后工业社会转型等复杂的背景环境决定了其福利需要也是复杂的——既有农民、农转居人口、外来人口的社会保障问题,又有老龄化等带来的服务需要问题,同时还有社会转型相伴随的提高产业工人的就业质量,以及增加农转居低龄老人的就业机会的问题。也就是说兼具了保障、服务、发展三类福利需要。

在这种情况下,一方面,T市政府在"社会保障"领域的责任仍需加大,以确保福利资源分配的公平性;另一方面,单纯强调政府责任的"社会保障"模式显然已经无法满足需要。而在服务领域,正是因为公立机构对于公共服务的垄断,造成了市场和社会组织发育缓慢,并在破坏原有的福利提供(比如社区福利);而公立机构效率低下、缺乏灵活性的弊端又进一步造成了服务供给与需求之间的巨大差距。尽管政府投入大量资金建设公立机构,但是这些机构的利用率非常有限,如养老机构的入住率不到60%,村卫生室服务量较小等;与此同时却是大量的老年服务、健康保健、就业培训等服务和能力建设需要得不到满足。

有必要补充的是,在T市政府一元权责日益强大的趋势下也有特例,比如上文提到的旨在解决社区低龄老人就业的"劳务合作社",就是社区应对环境变化的自发行为,其基础是社区已有的组织资源,而效果是居民、社区、政府多方受益。从中可以看到社区自主应对环境变化的强大动力,以及灵活性优势,也可以证明社区在福利提供中是有资源和利用空间的。

综上所述,经历了十几年的快速发展,T市已经初步建立起以"社会保障"为核心的福利模式。尽管社会保障制度还有待完善,尤其是公平性有待提高,但是其社会福利建设已经不是现阶段习惯强调的"加大财政投入"的问题了,而是如何从单一的"社会保障"模式向综合性的福利模式转型,以及为应对转型的需要,如何从政府权责过于强大转变为政府、市场、社会多元主体的协调发展。

2. 进一步的讨论——多元、综合的福利模式

相对我国而言,福利国家过去一百多年的发展是一个循序渐进的缓慢过程,社会福利需要随着经济社会发展而变化和上升,依次经历了保障、服务、发展。但是正如T市的情况所示,处于快速的社会变迁和复杂的内外环境中的社会,社会异质性增加,社会结构复杂。因此无法用人均GDP或人口结构这样的单一维度,将中国某地区与西方某时期的社会进行简单类比,更不能以此作为福利规划的根据。本文是聚焦于苏南一个县级市的

个案研究，由于我国幅员辽阔，各地情况差异很大。但是从全国范围来看，各地都处于快速转型期，处于全球化、信息化以及老龄化的共同背景中，且存在大规模的人口流动，由此可以判断，尽管各地福利需要的具体结构会有很大不同，但是福利需要的复杂性应该是各地的共性。正因如此，只强调"扩大财政投入"的"社会保障"模式不仅不适合 T 市，也同样不适合其他地区；福利需要结构复杂，意味着对应的福利模式应该是"综合性"的。

在综合性福利的前提下，福利不再只是"撒钱"，而更应该注重服务的整合和资金的使用效率；在福利提供方面则强调政府、市场、家庭、社会组织等福利多元责任。政府的角色在平等分配福利资源方面具有优势，但是在服务提供和应对需要方面相较市场、社会组织、社区、家庭等处于劣势。因此在面对复杂的福利需要结构时，应该在需要评估的基础上分析各个角色的具体定位，而非强调政府主导；同样对政府和市场非此即彼的讨论意义也不大，综合、积极的福利模式需要的是多元角色的合作和协调发展。

3. 一点补充

本文是从社会成员的需要的视角出发进行的一项实证研究，然而这并不是唯一视角。再看西方福利国家的困境，黄黎若莲（2000）曾经将其概括为：一是政府提供的服务质量差、效率低、官僚化；二是国民习惯依赖福利金和政府服务，自力更生精神受损；三是削弱了家庭和社区的责任；四是政客压力团体和官僚为了讨好选民不断扩张福利，造成政府功能超负荷；五是政府负担过重触发财务危机，不利于经济发展，亦降低了竞争能力。由此可以看出，西方福利国家过分倚重政府和公立机构，除了资源利用效率低下、不能满足福利需要外，还包括财政的不可持续，以及对社会自身的福利能力的破坏。因此我们可以看到，费用控制是目前福利国家改革的核心。而吉登斯等人从更深层次理解这一困境，认为从工业社会转型到后工业社会，信息化、全球化、老龄化、风险社会等新的社会特征使得形成于工业社会的社会福利制度完全不适用于后工业社会，因此应该从根本上进行反思，反思传统、重建团结，通过能力建设和合作，变原来被动的消极福利为主动的积极福利（吉登斯，2000；艾斯平－安德森，2010）。

由此可见，不仅社会成员有需要，社会本身也有需要，包括平等、效率、团结，以及发展的可持续性等。结合上述福利国家的分析和 T 市的情况，我们亦可以看到其危机所在：政府对福利的垄断，使得矛盾更容易集中在政府身上，长期来看，必然会形成个人对政府既依赖又对立的不恰当情绪，不仅破坏了社会团结，还会给社会稳定带来较大风险；再从持续性上看，这种单纯强调政府投入的模式是以较高增速的财政收入为基础的，对经济发展的依赖性较大，因而非常脆弱。因此这种模式不仅无法满足社会成员需要，还为社会发展埋下隐患，从社会和谐发展的角度说，强调福利体系的多元角色同样是非常必要的。

参考文献

埃斯平-安德森，戈斯塔，2010，《转型中的福利国家：全球经济中的国家调整》，杨刚译，商务印书馆。
迪安，哈特利，2009，《社会政策学十讲》，岳经纶、温卓毅、庄文嘉译，格致出版社。
葛延风，2007，《中国医改：问题、根源与出路》，中国发展出版社。
顾昕，2006，《诊断与处方：直面中国医疗体制改革》，社会科学文献出版社。
郭忠华、刘训练主编，2007，《公民身份与社会阶级》，江苏人民出版社。
黄黎若莲，2000，《"福利国"、"福利多元主义"和"福利市场化"》，《中国改革》第10期。
黄黎若莲，2009，《超越左与右：激进政治的未来》，社会科学文献出版社。
吉登斯，安东尼，2000，《第三条道路：社会民主主义的复兴》，郑戈译，北京大学出版社。
景天魁等，2010，《福利社会学》，北京师范大学出版社。
李玲，2010，《健康强国：李玲话医政》，北京大学出版社。
刘少杰，2002，《后现代西方社会学理论》，社会科学文献出版社。
庞元正、丁冬红主编，2001，《当代西方社会发展理论新词典》，吉林人民出版社。
彭华民，2007，《福利三角中的社会排斥》，上海人民出版社。
彭华民，2008，《社会福利与需要满足》，社会科学文献出版社。
彭华民主编，2009，《西方社会福利理论前沿》，中国社会出版社。
钱宁，2006，《现代社会福利思想》，高等教育出版社。
施世骏，2009，《社会保障的地域化：中国社会公民权的空间政治转型》，《台湾社会学》第18期。
徐永祥，2009，《新社会支持与服务体系：太仓新苏南模式构建的重要课题》，载陆学艺、浦荣皋主编《苏南模式与太仓实践》，社会科学文献出版社。
周健林、王卓祺，1999，《关于中国人对需要及其先决条件的观念的实证研究》，《中国社会科学季刊》春季号。
周其仁，2008，《病有所医当问谁》，北京大学出版社。

Evers, A. 1988. "Shifts in the welfare mix: Introducing a new approach for the study of transformations in welfare and social policy." In Evers, A. & Wintersberger, H. (Ed.) *Shifts in the welfare mix: Their impact on work, social services and welfare policies.* Eurosocial, Vienna.

Johnson, N. 1987. *The welfare state in transition: The theory and practice of welfare pluralism.* Brighton: Wheatsheaf.

Rose, R. 1986. "Common goals but different roles: the state's contribution to the welfare mix." In *Rose, R. & Shiratori, R. The welfare state east and west.* Oxford: Oxford University Press.

图书在版编目（CIP）数据

社会政策评论. 总第3辑, 福利向何处去: 2012年冬季号/王春光主编. —北京: 社会科学文献出版社, 2012.11
ISBN 978-7-5097-3983-9

Ⅰ.①社… Ⅱ.①王… Ⅲ.①社会政策-研究-文集 Ⅳ.①C916-53

中国版本图书馆CIP数据核字（2012）第264368号

社会政策评论　2012年冬季号（总第三辑）
——福利向何处去

主　　编/王春光
副 主 编/潘　屹　房莉杰

出 版 人/谢寿光
出 版 者/社会科学文献出版社
地　　址/北京市西城区北三环中路甲29号院3号楼华龙大厦
邮政编码/100029

责任部门/社会政法分社（010）59367156　　责任编辑/谢蕊芬　史雪莲
电子信箱/shekebu@ssap.cn　　　　　　　　责任校对/白桂芹
项目统筹/童根兴　　　　　　　　　　　　　责任印制/岳　阳
经　　销/社会科学文献出版社市场营销中心（010）59367081　59367089
读者服务/读者服务中心（010）59367028

印　　装/北京季蜂印刷有限公司
开　　本/787mm×1092mm　1/16　　印　张/13
版　　次/2012年11月第1版　　　　　字　数/218千字
印　　次/2012年11月第1次印刷
书　　号/ISBN 978-7-5097-3983-9
定　　价/45.00元

本书如有破损、缺页、装订错误，请与本社读者服务中心联系更换
版权所有　翻印必究